《中国佛学经典宝藏》目录

编号	书名
1	中阿含经
2	长阿含经
3	增一阿含经
4	杂阿含经
5	金刚经
6	般若心经
7	大智度论
8	大乘玄论
9	十二门论
10	中论
11	百论
12	肇论
13	辩中边论
14	空的哲理
15	金刚经讲话
16	人天眼目
17	大慧普觉禅师语录
18	六祖坛经
19	天童正觉禅师语录
20	正法眼藏
21	永嘉证道歌 · 信心铭
22	祖堂集
23	神会语录
24	指月录
25	从容录
26	禅宗无门关
27	景德传灯录
28	碧岩录
29	缁门警训
30	禅林宝训
31	禅林象器笺
32	禅门师资承袭图
33	禅源诸诠集都序
34	临济录
35	来果禅师语录
36	中国佛学特质在禅
37	星云禅话
38	禅话与净话
39	释禅波罗蜜次第法门
40	般舟三昧经
41	净土三经
42	佛说弥勒上生下生经
43	安乐集
44	万善同归集

编号	书名
45	维摩诘经
46	药师经
47	佛堂讲话
48	信愿念佛
49	精进佛七开示录
50	往生有分
51	法华经
52	金光明经
53	天台四教仪
54	金刚錍
55	教观纲宗
56	摩诃止观
57	法华思想
58	华严经
59	圆觉经
60	华严五教章
61	华严金师子章
62	华严原人论
63	华严学
64	华严经讲话
65	解深密经
66	楞伽经
67	胜鬘经
68	十地经论
69	大乘起信论
70	成唯识论
71	唯识四论
72	佛性论
73	瑜伽师地论
74	摄大乘论
75	唯识史观及其哲学
76	唯识三颂讲记
77	大日经
78	楞严经
79	金刚顶经
80	大佛顶首楞严经
81	成实论
82	俱舍要义
83	佛说梵网经
84	四分律
85	戒律学纲要
86	优婆塞戒经
87	六度集经
88	百喻经

编号	书名
89	法句经
90	本生经的起源及其开展
91	人间巧喻
92	大乘本生心地观经
93	南海寄归内法传
94	入唐求法巡礼记
95	大唐西域记
96	比丘尼传
97	弘明集
98	出三藏记集
99	牟子理惑论
100	佛国记
101	宋高僧传
102	唐高僧传
103	梁高僧传
104	异部宗轮论
105	广弘明集
106	辅教编
107	释迦牟尼佛传
108	中国佛教名山胜地寺志
109	敕修百丈清规
110	洛阳伽蓝记
111	佛教新出碑志集萃
112	佛教文学对中国小说的影响
113	佛遗教三经
114	大般涅槃经
115	地藏本愿经外二部
116	安般守意经
117	那先比丘经
118	大毗婆沙论
119	大乘大义章
120	因明入正理论
121	宗镜录
122	法苑珠林
123	经律异相
124	解脱道论
125	杂阿毗昙心论
126	弘一大师文集选要
127	《沧海文集》选集
128	《劝发菩提心文》讲话
129	佛经概说
130	佛教的女性观
131	涅槃思想研究
132	佛学与科学论文集

《中国佛学经典宝藏》

华人佛学界顶级专家团队编撰。大陆首次引进简体中文版。

读得懂，买得起，藏得下的“白话精华大藏经”。

《中国佛学经典宝藏》白话版系列丛书，共计132册，由星云大师总监修，大陆、台湾百余专家学者通力编撰而成。

丛书依大乘、小乘、禅、净、密等性质编号排序，将古来经律论中之经典著作，依据思想性、启发性、教育性、人间性的原则，做了取其精华、舍其艰涩的系统整理。每种经典都按原文、注释、译文等体例编排，语言力求通俗易懂、言简意赅，让佛学名著真正做到雅俗共赏；还以题解、源流、解说等章节，阐述经文的时代背景、影响价值及在佛教历史和思想演变上的地位角色。丛书还开创性地收录了一些有代表性的现代读本。

星云大师总监修

“人间佛教”的践行本

专家推荐

星云大师常常说，佛学不是少数人的专利，它应该是每一个人都能够接触的。这套书推动了白话佛学经典的完成。

——依空法师

佛光山长老，文学博士，印度哲学博士

星云大师对编修《中国佛学经典宝藏》非常重视，对经典进行注、译，包括版本源流梳理，这对一般人去看经典、理解经典的思想，是有帮助的。

——赖永海

南京大学教授，旭日佛学研究中心主任

《中国佛学经典宝藏》精选了很多篇目，是能够把佛法的精要，比较全面地给予介绍。

——王志远

中国社会科学院研究生院导师，中国宗教协会副会长

传统大藏经 VS 中国佛学经典宝藏

	传统大藏经		中国佛学经典宝藏
第一回合	**卷帙浩繁** 普通人阅读没头绪、没精力、看不懂。	VS	**精华集萃** 星云大师亲选132种书目，提纲挈领，方便读经。
第二回合	**古文艰涩 繁体竖排** 佛经文辞晦涩，多用繁体竖排版：读经门槛高。	VS	**白话精译 简体横排** 经典原文搭配白话精译，既可直通经文，又可研习原典。
第三回合	**经义玄奥 难尝法味** 微言大义，法义幽微，没有明师指引难理解。	VS	**专家注解 普利十方** 华人佛学界顶级专家精注精解，一通百通。

本生经的起源及其开展

中国佛学经典宝藏

90

依 淳 著

星云大师总监修

人民东方出版传媒

東方出版社

《中国佛学经典宝藏》
大陆简体字版编审委员会

总序

星云

自读首楞严，从此不尝人间糟糠味；

认识华严经，方知己是佛法富贵人。

诚然，佛教三藏十二部经有如暗夜之灯炬、苦海之宝筏，为人生带来光明与幸福，古德这首诗偈可说一语道尽行者阅藏慕道、顶戴感恩的心情！可惜佛教经典因为卷帙浩瀚、古文艰涩，常使忙碌的现代人有义理远隔、望而生畏之憾，因此多少年来，我一直想编纂一套白话佛典，以使法雨均沾，普利十方。

一九九一年，这个心愿总算有了眉目。是年，佛光山在中国大陆广州市召开“白话佛经编纂会议”，将该套丛书定名为《中国佛教经典宝藏》①。后来几经集思广

① 编者注：《中国佛教经典宝藏》丛书，大陆出版时改为《中国佛学经典宝藏》丛书。

益，大家决定其所呈现的风格应该具备下列四项要点：

一、启发思想：全套《中国佛教经典宝藏》共计百余册，依大乘、小乘、禅、净、密等性质编号排序，所选经典均具三点特色：

1. 历史意义的深远性
2. 中国文化的影响性
3. 人间佛教的理念性

二、通顺易懂：每册书均设有原典、注释、译文等单元，其中文句铺排力求流畅通顺，遣词用字力求深入浅出，期使读者能一目了然，契入妙谛。

三、文简意赅：以专章解析每部经的全貌，并且搜罗重要的章句，介绍该经的精神所在，俾使读者对每部经义都能透彻了解，并且免于以偏概全之谬误。

四、雅俗共赏：《中国佛教经典宝藏》虽是白话佛典，但亦兼具通俗文艺与学术价值，以达到雅俗共赏、三根普被的效果，所以每册书均以题解、源流、解说等章节，阐述经文的时代背景、影响价值及在佛教历史和思想演变上的地位角色。

兹值佛光山开山三十周年，诸方贤圣齐来庆祝，历经五载、集二百余人心血结晶的百余册《中国佛教经典宝藏》也于此时隆重推出，可谓意义非凡，论其成就，则有四点可与大家共同分享：

一、佛教史上的开创之举：民国以来的白话佛经翻译虽然很多，但都是法师或居士个人的开示讲稿或零星的研究心得，由于缺乏整体性的计划，读者也不易窥探佛法之堂奥。有鉴于此，《中国佛教经典宝藏》丛书突破窠臼，将古来经律论中之重要著作，做有系统的整理，为佛典翻译史写下新页！

二、杰出学者的集体创作：《中国佛教经典宝藏》丛书结合中国大陆北京、南京各地名校的百位教授、学者通力撰稿，其中博士学位者占百分之八十，其他均拥有硕士学位，在当今出版界各种读物中难得一见。

三、两岸佛学的交流互动：《中国佛教经典宝藏》撰述大部分由大陆饱学能文之教授负责，并搜录台湾教界大德和居士们的论著，借此衔接两岸佛学，使有互动的因缘。编审部分则由台湾和大陆学有专精之学者从事，不仅对中国大陆研究佛学风气具有带动启发之作用，对于台海两岸佛学交流更是帮助良多。

四、白话佛典的精华集萃：《中国佛教经典宝藏》将佛典里具有思想性、启发性、教育性、人间性的章节做重点式的集萃整理，有别于坊间一般“照本翻译”的白话佛典，使读者能充分享受“深入经藏，智慧如海”的法喜。

今《中国佛教经典宝藏》付梓在即，吾欣然为之作序，并借此感谢慈惠、依空等人百忙之中，指导编修；吉广舆等人奔走两岸，穿针引线；以及王志远、赖永海等大陆教授的辛勤撰述；刘国香、陈慧剑等台湾学者的周详审核；满济、永应等“宝藏小组”人员的汇编印行。他们的同心协力，使得这项伟大的事业得以不负众望，功竟圆成！

《中国佛教经典宝藏》虽说是大家精心擘划、全力以赴的巨作，但经义深邈，实难尽备；法海浩瀚，亦恐有遗珠之憾；加以时代之动乱，文化之激荡，学者教授于契合佛心，或有差距之处。凡此失漏必然甚多，星云谨以愚诚，祈求诸方大德不吝指正，是所至祷。

一九九六年五月十六日于佛光山

原版序
敲门处处有人应

慈惠

《中国佛教经典宝藏》是佛光山继《佛光大藏经》之后，推展人间佛教的百册丛书，以将传统《大藏经》精华化、白话化、现代化为宗旨，力求佛经宝藏再现今世，以通俗亲切的面貌，温渥现代人的心灵。

佛光山开山三十年以来，家师星云上人致力推展人间佛教，不遗余力，各种文化、教育事业蓬勃创办，全世界弘法度化之道场应机兴建，蔚为中国现代佛教之新气象。这一套白话精华大藏经，亦是大师弘教传法的深心悲愿之一。从开始构想、擘划到广州会议落实，无不出自大师高瞻远瞩之眼光，从逐年组稿到编辑出版，幸赖大师无限关注支持，乃有这一套现代白话之大藏经问世。

这是一套多层次、多角度、全方位反映传统佛教文化的丛书，取其精华，舍其艰涩，希望既能将《大藏经》

深睿的奥义妙法再现今世，也能为现代人提供学佛求法的方便舟筏。我们祈望《中国佛教经典宝藏》具有四种功用：

一、是传统佛典的精华书

中国佛教典籍汗牛充栋，一套《大藏经》就有九千余卷，穷年皓首都研读不完，无从赈济现代人的枯槁心灵。《宝藏》希望是一滴浓缩的法水，既不失《大藏经》的法味，又能有稍浸即润的方便，所以选择了取精用弘的摘引方式，以舍弃庞杂的枝节。由于执笔学者各有不同的取舍角度，其间难免有所缺失，谨请十方仁者鉴谅。

二、是深入浅出的工具书

现代人离古愈远，愈缺乏解读古籍的能力，往往视《大藏经》为艰涩难懂之天书，明知其中有汪洋浩瀚之生命智慧，亦只能望洋兴叹，欲渡无舟。《宝藏》希望是一艘现代化的舟筏，以通俗浅显的白话文字，提供读者遨游佛法义海的工具。应邀执笔的学者虽然多具佛学素养，但大陆对白话写作之领会角度不同，表达方式与台湾有相当差距，造成编写过程中对深厚佛学素养与流畅白话语言不易兼顾的困扰，两全为难。

三、是学佛入门的指引书

佛教经典有八万四千法门，门门可以深入，门门是无限宽广的证悟途径，可惜缺乏大众化的入门导览，不易寻觅捷径。《宝藏》希望是一支指引方向的路标，协助十方大众深入经藏，从先贤的智慧中汲取养分，成就无上的人生福泽。

四、是解深入密的参考书

佛陀遗教不仅是亚洲人民的精神归依，也是世界众生的心灵宝藏。可惜经文古奥，缺乏现代化传播，一旦庞大经藏沦为学术研究之训诂工具，佛教如何能扎根于民间？如何普济僧俗两众？我们希望《宝藏》是百粒芥子，稍稍显现一些须弥山的法相，使读者由浅入深，略窥三昧法要。各书对经藏之解读诠释角度或有不足，我们开拓白话经藏的心意却是虔诚的，若能引领读者进一步深研三藏教理，则是我们的衷心微愿。

大陆版序一

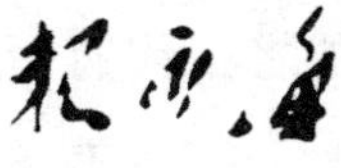

《中国佛教经典宝藏》是一套对主要佛教经典进行精选、注译、经义阐释、源流梳理、学术价值分析，并把它们翻译成现代白话文的大型佛学丛书，成书于二十世纪九十年代，由台湾佛光文化事业有限公司出版，星云大师担任总监修，由大陆的杜继文、方立天以及台湾的星云大师、圣严法师等两岸百余位知名学者、法师共同编撰完成。十几年来，这套丛书在两岸的学术界和佛教界产生了巨大的影响，对研究、弘扬作为中国传统文化重要组成部分的佛教文化，推动两岸的文化学术交流发挥了十分重要的作用。

《中国佛学经典宝藏》则是《中国佛教经典宝藏》的简体字修订版。之所以要出版这套丛书，主要基于以下的考虑：

首先，佛教有三藏十二部经、八万四千法门，典籍浩瀚，博大精深，即便是专业研究者，穷其一生之精力，恐也难阅尽所有经典，因此之故，有“精选”之举。

其次，佛教源于印度，汉传佛教的经论多译自梵语；加之，代有译人，版本众多，或随音，或意译，同一经文，往往表述各异。究竟哪一种版本更契合读者根机？哪一个注疏对读者理解经论大意更有助益？编撰者除了标明所依据版本外，对各部经论之版本和注疏源流也进行了系统的梳理。

再次，佛典名相繁复，义理艰深，即便识得其文其字，文字背后的义理，诚非一望便知。为此，注译者特地对诸多冷僻文字和艰涩名相，进行了力所能及的注解和阐析，并把所选经文全部翻译成现代汉语。希望这些注译，能成为修习者得月之手指、渡河之舟楫。

最后，研习经论，旨在借教悟宗、识义得意。为了将其思想义理和现当代价值揭示出来，编撰者对各部经论的篇章品目、思想脉络、义理蕴涵、学术价值等所做的发掘和剖析，真可谓殚精竭虑、苦心孤诣！当然，佛理幽深，欲入其堂奥、得其真义，诚非易事！我们不敢奢求对于各部经论的解读都能鞭辟入里，字字珠玑，但希望能对读者的理解经义有所启迪！

习近平主席最近指出：“佛教产生于古代印度，但传入中国后，经过长期演化，佛教同中国儒家文化和道家文化融合发展，最终形成了具有中国特色的佛教文化，给中国人的宗教信仰、哲学观念、文学艺术、礼仪习俗等留下了深刻影响。”如何去研究、传承和弘扬优秀佛教文化，是摆在我们面前的一个重要课题，人民东方出版传媒有限公司拟对繁体字版的《中国佛教经典宝藏》进行修订，并出版简体字版的《中国佛学经典宝藏》，随喜赞叹，寥寄数语，以叙因缘，是为序。

二〇一六年春于南京大学

大陆版序二

依空

身材高大、肤色白皙、擅长军事的亚利安人，在公元前四千五百多年从中亚攻入西北印度，把当地土著征服之后，为了彻底统治这里的人民，建立了牢不可破的种姓制度，创造了无数的神祇，主要有创造神梵天、破坏神湿婆、保护神毗婆奴。人们的祸福由梵天决定，为了取悦梵天大神，需要透过婆罗门来沟通，因为他们是从梵天的口舌之中生出，懂得梵天的语言——繁复深奥的梵文，婆罗门阶级是宗教祭祀师，负责教育，更掌控了神与人之间往来的话语权。四种姓中最重要的是刹帝利，举凡国家的政治、经济、军事、文化等等都由他们实际操作，属贵族阶级，由梵天的胸部生出。吠舍则是士农工商的平民百姓，由梵天的膝盖以上生出。首陀罗则是被踩在梵天脚下的土著。前三者可以轮回，纵然几世轮转都无法脱离原来种姓，称为再生族；首陀罗则连轮回的因缘都没有，为不生族，生生世世为首陀罗，子孙也倒霉跟着宿命，无法改变身份。相对于此，贱民比首陀罗更为卑微、低贱，连四种姓都无法跻身其中，只能从事挑粪、焚化尸体等最卑贱、龌龊的工作。

出身于高贵种姓释迦族的悉达多太子，为了打破种姓制度的桎梏，舍弃既有的优越族姓，主张一切众生皆平等，成正等觉，创立了佛教僧团。为了贯彻佛教的平等思想，佛陀不仅先度首陀罗身份的优婆离出家，后度释迦族的七王子，先入山门为师兄，树立僧团伦理制度。佛陀更严禁弟子们用贵族的语言——梵文宣讲佛法，而以人民容易理解的地方口语来演说法义，这就是巴利文经典的滥觞。佛陀认为真理不应该是属于少数贵族、知识分子的专利或装饰，而应该更贴近普罗大众，属于平民百姓共有共知。原来佛陀早就在推动佛法的普遍化、大众化、白话化的伟大工作。

佛教从西汉哀帝末年传入中国，历经东汉、魏晋南北朝、隋唐的漫长艰巨的译经过程，加上历代各宗派祖师的著作，积累了庞博浩瀚的汉传佛教典籍。这些经论义理深奥隐晦，加以书写的语言文字为千年以前的古汉文，增加现代人阅读的困难，只能望着汗牛充栋的三藏十二部扼腕慨叹，裹足不前。

如何让大众轻松深入佛法大海，直探佛陀本怀？佛光山开山宗长星云大师乃发起编纂《中国佛教经典宝藏》。一九九一年，先在大陆广州召开“白话佛经编纂会议”，订定一百本的经论种类、编写体例、字数等事项，礼聘中国社科院的王志远教授、南京大学的赖永海教授分别为中国大陆北方与南方的总联络人，邀请大陆各大学的佛教学者撰文，后来增加台湾部分的三十二本，是为一百三十二册的《中国佛教经典宝藏精选白话版》，于一九九七年，作为佛光山开山三十周年的献礼，隆重出版。

六七年间我个人参与最初的筹划，多次奔波往来于大陆与台湾，小心谨慎带回作者原稿，印刷出版、营销推广。看到它成为佛教徒家中的传家宝藏，有心了解佛学的莘莘学子的入门指南书，为星云大师监修此部宝藏的愿心深感赞叹，既上契佛陀“佛法不舍一众”的慈悲本怀，更下启人间佛教“普世益人”的平等精神。尤其可喜者，欣闻现大陆出版方东方出版社潘少平总裁、彭明哲副总编亲自担纲筹划，组织资深编辑精校精勘；更有旅美企业家鲁彼德先生事业有成之际，秉“十方来，十方去，共成十方事”之襟怀，促成简体字版《中国佛学经典宝藏》的刊行。今付梓在即，是为序，以表随喜祝贺之忱！

二〇一六年元月

目录

提 要

《本生经》是十二分教之一，不仅是佛教文学、艺术的宝库，更是菩萨思想和大乘佛教的根源。就整个佛教的发展来说，《本生经》实有举足轻重的地位。本书全部分十章：

第一章讲述研究本书的动机和方法。

第二章界定本生的定义，除了说明本生的类别、特色和与因缘、本事、譬喻的关系外，并把原始圣典中经师所传的本生和律师所传的本生、佛本生与弟子本生、详说本生与略说本生予以介绍。

第三章论述本生兴起的原因、时间，并由各地的浮雕去看本生的发展。

第四章论述和介绍小乘经律二藏中各部派所传的本生谈。

第五章讲述菩萨思想的起源、发达与本生谈的关系。并依本生谈将部派佛教时代菩萨的身份、修行的内容、行位等做详细的介绍。

第六章叙述《本生经》中的特殊思想。

第七章论述大乘佛教与《本生经》。本章先谈大乘佛教的兴起与本生的关系，次举述十方现在佛、菩萨本生，其次叙述大乘本生与本愿思想的关系。

第八章介绍现存的《本生经》的集成本。

第九章讲述《本生经》在文学中的地位及其影响。除了说明本生文学影响到其他佛教文学的实例外，并举例说明本生对印度其他文学及东西方文学的影响。

第十章依前面各章做个总结，把本生发展后在各方面的贡献和价值加以提挈出来，作本书的结束。

第一章　绪论

第一节　研究动机

佛教，有人把它当哲学来研究，有人把它当文学、艺术来欣赏，有人把它当宗教来信仰。事实上说一即不中，佛教不只是哲学，不只是文学、艺术，不只是宗教信仰而已，它是含蕴一切的，是厉行实践的、生活的、感性的大宝山，里面应有尽有。这座宝山中，开着许多门，有各种珍宝任我们采撷，并且内中四通八达。只要有兴趣，可以打开任何一扇门，从任何一条道路为始去畅游，去撷宝，不论从哪一方向去，都会有收获的。

常常地，我觉得自己不是个很有思辨能力的人，对那些摸不着边的形上东西，总是头痛有加，只会脚踏实地、呆呆板板地生活，老老实实地学习。上了研究所，仍然一样，喜欢找一些属于与生活相应的，比较有感性的和比较有趣味性、宗教性的东西来研究。我发现在印度诸学当中，属于佛教又适合于我的，一共有三门，一门是佛教史，一门是佛教文学，一门是菩萨思想。三门中，佛教史我教过，也编过讲义，研究起来，要占些便宜，但总觉得挑战性不够。对佛教文学才产生兴趣，才跨入门，觉得颇具挑战性，但是又感范围太大。想研究菩萨道，着手去做，才发现，研究菩萨道须先从佛教文学中的《本生经》去下手。这是我研究《本生经》的第一个动机。

其次，我自认为自己是个发心、负责、带劲、热心、有理想、有见地、有目标又诚恳的人，可是常常要遭遇到一些莫须有的冤枉、委屈和陷害。看起来虎背熊腰，强壮如牛，却是个药罐子，全身没一处不痛，没几天就要病一回，并且这个病好，又接那个病，说重不重，却是够瞧、够受的。起初相当不能平衡，不过后来想，终归有道理吧！于是向藏经中探求，希望能找一个与我相应，又能令我心甘情愿受这些罪苦折磨的理由。果然，我在《本生经》中找到了心甘情愿为过去受苦的理由，也找到了改良未来和创造未来的方法和希望。因此，我下定决心——深入研究它。这是我研究《本生经》的第二个动机。

最后，本生这一法宝，除了日本干潟龙祥做过较深入的研究外，本国除了印顺导师做附带研究外，尚未有人做深入、专门的探讨。我觉得十分可惜。因为本生在佛教史的发展上和宗教信仰的确定上，乃至于布教的方法技术和文学发展上，都有举足轻重的地位。尤其对大乘佛教的兴起，可谓厥功至伟，其价值贡献和影响殊巨。这是我研究《本生经》的第三个动机。

更重要的是，生不值佛世，瞻仰不到佛的尊容，亲聆不到佛的教诲，我和部派佛教时代那些怀念佛的弟子们一样地思念佛，一样地认真于“佛何以成佛？佛之所以异于人，所以成佛，必须是多生多劫就修来的”等问题。至于如何修，修什么，我只有往经中找寻可以依循的实例，在《本生经》中，我得到了具体的答案和方法。同时，又发现了原来释尊与十方佛、菩萨都有许多精彩、感人的本生事迹和伟大的誓愿，他们在过去生中依着自己所发的誓愿去厉行、去实践，最后功果圆满才自致成佛。这样的事，足够做我们的榜样。我常自认为自己根性驽钝，业障深重，于是想从释尊与十方佛、菩萨的本生事迹中去学习一些经验，来激发自己的热情，并坚固自己的道心和愿心。这是我研究《本生经》最后也是最主要的一个动机。

第二节 研究方法

有关本生的资料，说多，实在不少；大小二乘的三藏中，北传的，除了《大正藏》本缘部的本生集成外，四部阿含、五部律、华严、法华、涅槃、宝积、大集、经集各部中都可以找到本生谈。此外南传小部中的本生谈更多，有五百多则。因为本生是以十二分教的方式出现，所以它所散布的范围非常广，也非常稀，光凭集成本是不够的，必须在所有的经律中去摸索才能探出，不过也够令人兴奋的。说少，也真少得可怜，很少有研究过的成果可资参考。虽有一些，但十分简单，中文资料和日文资料中一些提到本生的，如前田惠学的《大乘佛教成立论序说》、平川彰的《初期大乘佛教の研究》、西义雄编的《大乘菩萨道の研究》及《菩萨思想》、木村泰贤的《小乘佛教思想论》及《大乘佛教思想论》、龙山真章的《印度佛教史》、糜文开的《印度历代文学名著选》、英国麦唐纳的《印度文化史》等都提到本生，但都是就分教去解释名辞，顶多略提一下本生与菩萨思想的关系。有些提到本生对大乘的兴起有重大的影响，至于如何影响，就没下文了。此外有的作品标明《本生经》，却只是自佛经中抄录一些本生故事而已，或者把它译成白话罢了。即使在日本深浦正文的《佛教文学》

中对所提到的本生的介绍也非常简单，以举故事为要。不过，我仍然很感激，至少这些作品给我一个肯定的结论——《本生经》值得研究。

后来，我又在印顺导师的《原始佛教圣典之集成》和《初期大乘佛教之起源与开展》中找到了一些较具体的资料，但也不多，都是在九分教与十二分教中说的；在《宗教的新意识》这一章中，也提了一些，这对我来说是够珍贵的了。国内研究本生的前辈难觅，跑一趟台中法雨精舍，向印老请益，获益良多，更增加了我研究本生的信心。寻后，又得到家师及慈惠法师的支持和鼓励，所长答应指导我，慈惠法师更把他留学日本时，同学赠送他的《本生经类思想の研究》（干潟龙祥著）的影本借给我，我去拷贝了一份。又托杨白衣教授到日本之便带回了干潟的另一本著作《本生经の概说》。此二书原本是宝，可惜我日文程度太差，不能畅心使用，只能看个大概，而且进度很慢。于是我返回《大藏经》中求，以最笨又最老实的方法，在三藏中作泳，不过还好，凭借印老和干潟的作品，我有脉络和方向可以掌握。此外《国译一切经》及日译《南传大藏经》、中译《南传大藏经》都提供给了我宝贵的资料。

首先，我把《本生经》的定义加以确定，然后再凭此去三藏中收集有关本生的资料，我以速读的方式，翻阅大小二乘的主要圣典，把本生资料一一记出。并翻阅其他与本生有关，或提到本生的书籍，并加以整理、研究。

其次，我针对“本生最初是在怎样的情况下兴起的”去探讨，有关这一点，我从与本生有关的经、律、论集出的时间及各地窟院、塔堂的浮雕、壁绘的遗迹中去确定。

其次，就菩萨思想的兴起、发展与本生的关系上去研究，同时把《本生经》中的特殊思想加以提出。这些特殊的思想包括授记思想、十方现在佛的信仰、念佛的思想、广发誓愿的思想。

接着研究大乘佛教与本生。关于这一层面，我先从大乘兴起的原因与部派时代释尊本生的关系上加以研讨，发现是释尊的本生刺激了十方现在佛的观念生起，产生了新的佛、菩萨观，诞生了新的佛、菩萨，因此带来了大乘佛教的兴起。

其次，大乘的兴起是因为大乘本生的出现而有以致之，于是我继续研究大乘诸佛、菩萨的本生事迹。此时又发现了大乘信仰的流行在于大乘佛、菩萨本生中的本愿思想的兴起和建立。于是我找到了成佛和行菩萨道的方法——至诚为众生的福利设施发广大心，除誓愿为众生祚福、求益以外，更要努力去实践它，完全实践誓愿之时，即成佛之日。

其次，再就文学的立场去研究本生。

末后把所研究的成果做个总结，把本生发展后在各方面的贡献和价值加以提挈出来，作本书的结束。

最后特别向指导教授星公大师，给我宝贵意见的印公长老及热心的杨白衣教授致以最高的谢意！

第二章　本生经概说

第一节　本生的意义

本生，梵语作 Jātaka，巴利语亦同。音译作阇多伽、阇陀，意译作本生、本起、本缘、本生谈（谭）、本生话、本生经或略称作生经。是九分教和十二分教之一。三藏十二部经浩瀚无比，究竟怎样的经，或者具有什么特色的经叫作本生经呢？

所谓本生是指佛及弟子们于过去生中的事，特别是指释迦牟尼佛于过去无数劫以来，修行种种菩萨行的故事。

《成实论》卷一说："阇陀伽者，因现在事说过去事。"[①]

《阿毗达磨大毗婆沙论》卷一二六说："本生云何？

谓诸经中，宣说过去所经生事，如熊、鹿等诸本生经。如佛因提婆达多说五百本生事。”②

《大般涅槃经》卷十五说：“何等名为阇陀伽经？如佛世尊本为菩萨，修诸苦行，所谓比丘当知：我于过去作鹿、作罴、作獐、作兔，作粟散王、转轮圣王、龙、金翅鸟，诸如是等行菩萨道时所可受身，是名阇陀伽。”③

《大智度论》卷三十三说：“本生经者，昔者菩萨曾为师子，在林中住，与一猕猴共为亲友。猕猴以二子寄于师子。时有鹫鸟饥行求食，值师子睡，故取猴子而去，住于树上。师子觉已，求猴子不得，见鹫持在树上而告鹫言：‘我受猕猴寄托二子，护之不谨，令汝得去，辜负言信，请从汝索。我为兽中之王，汝为鸟中之主，贵势同等，宜以相还。’鹫言：‘汝不知时！吾今饥乏，何论异同？’师子知其叵得，自以利爪掴其胁肉以贸猴子。又过去世时，人民多病，黄白痿热。菩萨尔时身为赤鱼，自以其肉施诸病人以救其疾。又昔菩萨作一鸟身，在林中住，见有一人入于深水非人行处，为水神所羂。水神所羂法者不可解。鸟知解法，至香山中取一药草着其羂上，绳即烂坏，人得脱去。如是等无量本生多有所济，是名本生经。”④

《瑜伽师地论》卷二十五说：“云何本生？谓于是中

宣说世尊在过去世彼彼方分，若死若生行菩萨行，行难行行，是名本生。”[5]

《大乘法苑义林章》卷二说：“本生相者，《瑜伽》二十五、《显扬》第六说：‘谓于是中宣说世尊在过去世，彼彼方分，若生若死，行菩萨行，行难行行，是名本生。谓说世尊往世于某方所有死生身，所行菩萨行，所有难行行，并名本生。’《对法》卷八十一云：‘所谓宣说诸菩萨行本相应事。’《涅槃经》言：‘如佛世尊本为菩萨，作鹿、作罴、作獐、作兔，乃至广作金翅鸟等所可受身，是名阇陀伽经。’《对法》但说诸菩萨行，《涅槃》唯说往昔菩萨身，《瑜伽》通说往昔菩萨若身，若行皆名本生。”[6]

《翻译名义集》卷四说：“阇陀伽（Jātaka），此云本生。此说菩萨行因，本曾为事也。……本生谓如来说菩萨本所修行相等应事。”[7]

由以上所列举的诸经论中，我们不难了解本生的真实意义。我们可以综合且明白地说，所谓《本生经》，即是指佛世尊在成正觉以前，于二十四佛（北传说六佛）时，以种种不同的身份行菩萨道的行为和德业，及弟子们的前生事，以说故事的方式表现出来，作为教育树人的教材。这类的本生题材相当多，散见于三藏中，其中有些已被陆续编辑出来，称为《本生经集》。

有关的本生经集和本生故事分布在三藏中的情形，留待后叙。

《本生经》因为都是宣说过去生中的故事，所以又称作“本生谈（谭）”或“本生故事”。

佛陀自说本生故事的主要目的，在于透过种种的故事、譬喻来教化弟子，因此本生经中，处处表现出道德的教训，出现许多醒世的箴言、寓言、格言。本生经中，关于俗语来源的解释、神话、民间信仰、宇宙形成的说明及含有童话风格的东西、传说、稗史等相当的多。由本生故事当中可以采撷到的，不仅仅有关于佛及佛弟子的多生事，还有佛陀时代及佛世以前的印度风貌、法制、民间故事和佛教教义。

第二节　本生与因缘、本事及譬喻的关系

本生、本事、因缘与譬喻是十二分教中的四分教。

十二分教（Dvādaśâṅga-buddha-vacana）又译作十二分圣教、十二部经。是佛所说的一切言教，依其内容和形式的不同所分成的十二部类。十二分教是：（一）修多罗（Sūtra），又作长行、经、契经；即以散文直说法相，不限定字句者，因行类长，故称长行。（二）祇夜（Geya），又作重颂；即既以长行宣说于

前，更以偈颂结之于后，以便于记颂者，因其具有重宣之义，故名重颂。（三）和伽罗那（Vyākaraṇa），又作授记、授决、记别；即佛为声闻弟子或菩萨授将来成佛和成佛时的名号的记别。（四）伽陀（Gāthā），又作颂、孤起颂、不重颂等；即不依前面的长行，而直接单独发起的颂。（五）优陀那（Udāna），又作自说、无问自说等；即佛未待弟子启问，而佛自说的经典。（六）尼陀那（Nidāna），又作因缘、缘起等；即述说见佛闻法或佛说教化的因缘。（七）阿波陀那（Avadāna），又作譬喻、解语等；即以譬喻说法义，令众生容易开悟的经文。（八）伊帝曰多伽（Itivṛttaka），又作本事、如是语等；即除本生以外，其他宣说前世事的经文，或者最后以"如是语"作结句的，或者佛说弟子过去世的经文。（九）阇多伽（Jātaka），又作本生等译；即说佛及其弟子在前世的种种大悲行的经文。（一〇）毗佛略（Vaipulya），又作方等、方广等；即宣说广大、平等、方正义理之经文。（一一）阿浮陀达磨（Adbhutadharma），又作未曾有法、稀有法等；即宣说佛及弟子等的稀奇、未曾有诸事的经文。（一二）优波提舍（Upadeśa），又作义、论议等；即以法理论议问答的经文。[⑧]

其中本生、本事、因缘、譬喻四者有近似而又不同的意义，不但关系密切，并且古来所定之义，常有变异，此为吾人所当注意者，故本节谨就此四者予以说明，其余八分教暂且不在讨论范围之内。

以下请看《成实论》《阿毗达磨大毗婆沙论》《大般涅槃经》《大智度论》《瑜伽师地论》《顺正理论》中有关本生、本事、因缘、譬喻的说明：

	本生	本事	因缘	譬喻
成实论（卷一）⑨	阇陀伽者，因现在事说过去事。如来虽说未来世事，皆因过去现在故不别说。	伊帝曰多伽者，是经因缘及经次第，若此二经，在过去世名伊帝曰多伽。秦言此事过去如是。	尼陀那者，是经因缘。所以者何？诸佛圣贤所说经法要有因缘，此诸经缘，或在修多罗中，或在余处，是名尼陀那。	阿波陀那者，本末次第说是也，如经中说，智者言说则有次第，有义有解不令散乱，是名阿波陀那。
阿毗达磨大毗婆沙论（卷一二六）⑩	本生云何？谓诸经中宣说过去所经生事，如熊、鹿等诸本生经，如佛因提婆达多说五百本事等。	本事云何？谓诸经中宣说前际所见闻事，如说：过去有大王都，名有香茅，王名善见。过去有佛，名毗钵尸，为诸弟子说如是法。过去有佛，名为式企、毗湿缚浮、羯洛迦孙驮、羯诺迦牟尼、迦叶波，为诸弟子说如是法，如是等。	因缘云何？谓诸经中，遇诸因缘而有所说。如义品等种种因缘；如毗奈耶作如是说，由善财子等最初犯罪，是故世尊集苾刍僧制立学处。	譬喻云何？谓诸经中所说种种众多譬喻。如长譬喻、大譬喻等。如大涅槃持律者说。

续表

	本生	本事	因缘	譬喻
大般涅槃经（卷十五）⑪	何等名为阇陀伽经？如佛世尊本为菩萨，修诸苦行，所谓比丘当知：我于过去作鹿、作罴、作獐、作兔，作粟散王、转轮圣王、龙、金翅鸟，诸如是等行菩萨道时所可受身，是名阇陀伽。	何等名为伊帝曰多伽经？如佛所说，比丘当知，我出世时所可说者名曰戒经。鸠留秦佛出世之时名甘露鼓。拘那含牟尼佛时名因法镜。迦叶佛时名分别空。是名伊帝曰多伽经。	何等名为尼陀那经？如诸经偈所因根本为他演说。如舍卫国有一丈夫，罗网捕鸟，得已，笼系随与水谷而复还放。世尊知其本末因缘而说偈言："莫轻小罪，以为无殃；水渧虽微，渐盈大器。"是名尼陀那经。	何等名为阿波陀那经？如戒律中所说譬喻，是名阿波陀那经。
大智度论（三十三卷）⑫	本生经者，昔者菩萨曾为师子，在林中住，与一猕猴共为亲友。猕猴以二子寄于师子。时有鹫鸟饥行求食，值师子睡，故取猴子而去，住于树上。师子觉已，求猴子不得，见鹫持在树上而告鹫言：我受猕猴寄托二子，护之不谨，令汝得去，辜负	如是语经者有二种：一者结句，言"我先许说者今已说竟"。二者三藏摩诃衍外更有经名一目多迦，有人言目多迦。目多迦名出三藏及摩诃衍。何等是？如佛说净饭王强令出家作佛弟子者，佛选择五百人堪任得道者，将至舍婆提。所以者何？以	尼陀那者，说诸佛法本起因缘。佛何因缘说此事？修多罗中有人问故为说是事。毗尼中有人犯是事故结是戒。一切佛语缘说事，皆名尼陀那。	阿波陀那者，与世间相似柔软浅语，如中阿含中长阿波陀那经，长阿含中大阿波陀那，毗尼中亿耳阿波陀那、二十亿阿波陀那，解二百五十戒经中欲阿波陀那一部，菩萨阿波陀那出一部，如是等无量阿波陀那。

	本　生	本　事	因　缘	譬　喻
大智度论（三十三卷）	言信，请从汝索。我为兽中之王，汝为鸟中之主，贵势同等，宜以相还。鹫言：汝不知时，吾今饥乏，何论异同？师子知其叵得，自以利爪掴其胁肉以贸猴子。又过	其未离欲，若近亲里恐其破戒，故将至舍婆提，令舍利弗、目犍连等教化之。初夜、后夜专精不睡，勤修精进故得道。得道已，佛还将至本国，一切诸佛法还本国时与大会诸天众俱住迦毗罗婆仙人林中，此林去迦毗罗婆城五十里，是诸释游戏园，此诸释子比丘处舍婆提。时初夜、后夜专精不睡，故以夜为长，从林中来，入城乞食，觉道里长远。尔时佛知其心。有一师子来礼佛足，在一面住。佛以是三因缘故说偈："不寐夜长，疲倦道长，愚生死长，		

	本生	本事	因缘	譬喻
大智度论（三十三卷）	去世时，人民多病，黄白瘘热。菩萨尔时身为赤鱼，自以其肉施诸病人以救其疾。又昔菩萨作一鸟身，在林中住，见有一人入于深水非人行处，为水神所羂。水神羂法者不可解。鸟知解法，至香山中取一药草着其羂上，羂即烂坏，人得脱去。如是等无量本生多有所济，是名本生经。	死知正法。”佛告诸比丘：汝未出家时，其心放逸多睡眠，故不觉夜长。今初夜、后夜专精求道，减省睡眠，故觉夜大长。此迦毗罗婆林，汝本驾乘游戏，不觉为远，今着衣持钵步行疲极，故觉道长。是师子鞞婆尸佛时作婆罗门师，见佛说法，来至佛所。尔时大众以听法故，无共语者。即生恶念骂言：此诸秃辈与畜生何异！不别好人，不知言语，以是恶口业故，从鞞婆尸佛乃至今日，九十一劫常堕畜生中。此人尔时即应得道，以愚痴故，自作生死		

续表

	本生	本事	因缘	譬喻
大智度论（三十三卷）		长久，今于佛所心清净故，当得解脱，如是等经名为出因缘，于何处出，于三藏摩诃衍中出，故名为出。云何名因缘？是三事之本，名为因缘经。		
瑜伽师地论[13]	云何本生？谓于是中宣说世尊在过去世彼彼方分，若死若生行菩萨行，行难行行，是名本生。	云何本事？谓诸所有宿世相应事义言教，是名本事。	云何因缘？谓于是中，显示能请补特伽罗名字种姓，因而请说，及诸所有毗奈耶相，应有因有缘别解脱经，是名因缘。	云何譬喻？谓于是中，有譬喻说，因譬喻故，本义明净，是名譬喻。
顺正理论（卷四十四）[14]	言本生者，谓说菩萨本所行行。……若依现在事起诸言论，要由过去事言论究竟是名本生。如罗刹私经。	言本事者，谓说自昔展转传来，不显说人、谈所、谈事。……或依过去事起诸言论，即由过去事言论究竟是名本事。如曼驮多经。	言缘起者，谓说一切起说所由，多是调伏相应论道，彼由缘起之所显故。	言譬喻者，为令晓悟所说宗义，广引多门比例开示，如长喻等契经所说。有说此是除诸菩萨，说余本行，能有所证示所化。

以上所举为小乘和初期大乘经论对本生、本事、因缘和譬喻的界定。虽然有此界定，事实上四者的关系非常微妙，难以作绝对的划分。有关此，吾人可以自现存最原

始的经、律二藏和稍后集出的《本生经集》看出。如本书第四章第一节所列举之《阿含经》中的本生谈，事实上是本事，只不过是在最后加上“即是我也”，而成为释尊的本生。这一类的本生和本事是混淆不清的，因为本事与本生一样，都是指陈有关过去的古往事迹。依前面所举《顺正理论》的定义，只要加上一二句，“本事”就成“本生”了。而说一切有部的《大毗婆沙论》则以“传说如此的过去事”为“本事”；而取律部的传说为“本生”，本事、本生的体例极为明显。《成实论》则认为“本事”是过去世的因缘和譬喻，事实上非唯如此而已，因缘和譬喻二者与本生也有相当的关系。特别是在传自律师的本生中，因缘与本生或因缘与譬喻可以说完全结合在一起，以“本生因缘”“因缘本生”“本生譬喻”“譬喻本生”的姿态出现。律部的本生都是属于这一类。所以形成这样的原因，是律师重视等流的因果，把前生、今世所发生的善恶因缘业果作对比的联结，以达教育、警诫之效。此外如撰集《百缘经》《杂譬喻经》《贤愚经》《杂宝藏经》等所出现的本生，大致上都是属于这一类带有因缘或譬喻性质的本生。有关这点，可以参考本书第八章第三节第三项、第六项、第七项等。

第三节　本生经的分类及特色

《本生经》分布于三藏中的情形十分广阔，由于结集传持者的不同、主角人物的相异及内容的简易有别，为了方便明了起见，可依下述来分类。

第一项　经师所传本生与律师所传本生

这是依结集传持者的不同而分类。

佛涅槃后，弟子们为使正法久住，一次又一次地结集三藏，由于弟子们的性向、受教、观念和着重的方向不同，所结集出来的三藏内容自然有异，此一情形到了部派佛教时代尤为甚。《本生经》最早的出典在《阿含经》和律藏中。目前最原始的经典——阿含藏和律藏都是部派佛教的产品，而且传自不同的部派[15]。早期大迦叶所主持的第一结集中所结出的经和律（八十诵律）早已失传。由现存原始经、律二藏中《本生经》的数量和内容看来，经中的本生和律中的本生有很大的不同，而且各具特色。因此我们可以将《本生经》分类成经师所传的本生和律师所传的本生二类来探讨。

一、经师所传的本生及其特色

经师所传的本生，大部分是佛化了的印度民族的古圣先贤故事，这些古圣先贤的伟大行谊，一部分被解释为释迦牟尼佛的本生。这是由本事而来的。如南传长部《大典尊经》（Mahāgovinda）“……我其时为大典尊婆罗门”[16]。长部《大善见王经》（Mahāsudarśana）“……我忆六度埋舍利于此。而（善见）王住转轮王法，……第七埋舍利于此。如来（今者）第八埋舍利于此”[17]。中部《陶师经》“……尔时青年 Jotipāla 即是我也”[18]。相应部蕴相应“……我于前生为刹帝利灌顶王”[19]等，都是把印度传统的过去贤圣故事指为释尊的本生。这种情形不唯南传的五《尼柯耶》如此，在北传的《中阿含》中的佛本生，也几乎是属于这一类的。如卷二的《世间福经》，佛昔为外道仙人宗师，名善眼大师[20]；卷十一的《四洲经》，佛昔为转轮圣王，名顶生[21]；卷十四的《大天棕林经》，佛昔为转轮圣王，名大天[22]；卷十四的《大善见王经》，佛昔为转轮圣王，名大善见[23]；卷三十九的《须达哆经》，佛昔为梵志大长者，名随蓝，极大富乐，财富无量[24]；卷四十的《阿兰那经》，佛昔为外道尊师，名《阿兰那》[25]等经中，佛的本生，不是人间难得的转轮圣王，就是名噪一时的博学外道尊师。

《阿含经》中的《本生经》几乎都是释尊的本生，

弟子的本生极少，只在《增一阿含经》中出现；而且释尊的本生，几乎都是人格崇高、万人景仰的圣贤人物。《阿含》是经师所传的经典，由这一点可以看出：经师是特重佛陀的。

《阿含经》中的本生，特别是在《中阿含》里，虽然所描述的佛的本生，都是极大富乐，能自饶益亦能饶益他人，能愍伤世间，能为天为人求益及饶益，并求安隐快乐的圣人贤者。但是经末总是交代道：

“我于尔时说法不至究竟，不究竟白净，不究竟梵行，不究竟梵行讫。我于尔时不离生老病死、啼哭忧戚，亦未能度脱一切苦。今生出世，成就正等正觉，圆成如来十号；复又自饶益，亦饶益他，饶益多人，愍伤世间，为天为人求义及饶益和安隐快乐；我今说法方得究竟，究竟白净；我今修行方得究竟梵行。今究竟梵行讫，终于得出离生老病死、啼哭忧戚，度脱一切苦。”

这一点至少说明了以下三件事：（一）早期，在经师的心目中，释尊在过去生中，都是十分杰出的圣贤之流。（二）虽然释尊于本生时就已功德殊胜，但并不究竟，因此纵经百千劫，总仍出离不了三界六道之苦，唯今生出世，圆成佛果，方才得到究竟解脱。（三）化本事为本生的倾向很盛。这是原始经典中经师所传本生的特色。

二、律师所传的本生及其特色

律师所传的本生，则是因当时比丘、比丘尼弟子或僧团所发生的事故，而去说明在过去生中早已如此了；最后再归结指出过去的某某就是今日的某某。从各部派所传持下来的不同律藏中，可以知道律师特重等流因果，因此所传持的本生并不限于佛一人，而是通于佛及七众弟子的。

律师所传的本生，大都是印度民间故事的佛化。本生中的主人翁非但不限于古圣贤者之流，而扩及各类有情众生，有天王、王、大臣、长者、婆罗门、仙人、平民、贱民、鬼神，乃至于鹿、象、猕猴、马、鱼、鸟类等傍生。律藏中的本生，以《摩诃僧祇律》和《根有律》为最多。而《根有律》中又以破僧事为最多。

有关律师所传持的本生，在文章的结构方面大体上一致，是一种三段式的结构：（一）当前的事缘；（二）广说过去生中事，以明非但今生如是，过去世亦曾若此；（三）结合过去世与当前的人事。

有关前述律师所传本生的诸种情形，谨举《僧祇律》中的本生数则以说明之：

（一）大名称王与陶利大臣（卷一）：舍利弗无事请佛制戒以约束僧众，佛说不可。诸弟子问佛："舍利弗为什么无事要佛制戒？"佛说："舍利弗非但今生无事请佛制戒，过去世时，舍利弗亦有类似的情形。”佛于是广说二人过去生中事言：昔日有一善王，号大名称；王有一大臣，名陶利。陶利大臣见天下升平，人民富乐，为不使国人因乐极而生过患，请大名称王制立刑罚以约束之。王说不可。佛最末终结说：昔日的大名称王即是我身，陶利大臣即舍利弗。过去国人没有过患，他请我制定刑罚；今日诸比丘没有过患，他又请我制戒立说波罗提木叉法。[26]

（二）金色鹿与王夫人（卷一）：耶舍比丘返回俗家探亲，受到母亲的引诱与俗家妻子行淫生子。众人不耻其所为，向佛举发。佛呵责耶舍，并应弟子之请，举说耶舍与其母亲在过去生中相互之间的一段无明愚痴的因缘，说明此二人的过患非始于今生，过去生中就曾如此过。佛举说：昔日有一金色鹿，王夫人于睡眠中梦见，遂召告猎人找寻它。金色鹿聪颖敏捷，猎人只能见到不能捉到。王夫人设计，令猎人以蜂蜜涂树叶诳诱金色鹿，鹿果然因贪吃，而中计被捉。佛最末终结说：昔日的金色鹿即今日的耶舍；昔日的王夫人即今日耶舍的母亲。耶舍的母亲在过去世曾用方便诳诱其子，令耶舍贪着受等诸苦恼，今生又如此。[27]

（三）猕猴捞月（卷七）：提婆达多害佛破和合僧团，六群比丘与共不止。六群比丘被佛训诫。诸比丘问佛："六群比丘为什么与提婆达多同恶语同邪见，自找苦吃呢？"佛说："六群比丘不但今生与提婆达多同恶语同邪见，而徒自受害，前世也曾如此。"佛举说：昔日波罗奈斯城有五百只猕猴住于闲林中，一日游行到一尼俱律树下，树下的井中有月影。猕猴王见月影，以为月亮跌落井中，遂呼群猕猴共同把月亮救出，以免长夜黑暗。群猴束手无策，猴王出主意，群猴盲信，结果全军覆没，俱落入深井里。佛终结说：昔日的猕猴王即今日之提婆达多，其它的猕猴即今之六群比丘；昔日六群比丘已曾随提婆达多受苦，今生又是如此。㉘

（四）鹦鹉（卷四）：有比丘众于结夏安居结束，告诉佛：夏安居中很快乐，行道也如法；但是乞食难得，衣物不足，诸优婆塞不太来供养。佛说出家人不能恒得世利，因为有八种世法与世人常相随伴。佛于是善巧说明世八法，并令比丘善谛观之、出离之。众比丘听后欢喜，赞叹为未曾有。佛说："如来、应供、正遍知已三达无碍，智慧之明如月满，说世八法，一点也不值得奇怪。我过去生中在畜牲道做鹦鹉的时候，就能为他鸟说世八法。"佛举说：过去世有一王，养二鹦鹉，一名罗大，一名波罗。国王喜爱异常，食辄同案。其后，有人送猕猴，王转爱猕猴，饲养、爱念胜过鹦鹉。波罗不满，有怨言。罗大劝波罗：一切无常，他日猕猴亦必失去此利养，不要为世间的利、衰、毁、誉、称、讥、苦、乐等非常之法所左右。后来猕猴因抓伤王子，终于被杀死。佛终结说：昔日的鹦鹉罗大即我身，鹦鹉波罗即今阿难；我过去生中做鹦鹉时就能为人说世八法，无常变异，不可久保，今日成正觉说世八法，又何足奇？

《僧祇律》所传的本生可分两大类，一类如前面所例举的数则本生，是属于详说的，共有二十八则，体裁完全一致；另一类是略指如本生、本生经、生经中所说的，如卷八的二水獭[29]、卷十二的三兽[30]等，共有二十五则。

有关律藏中本生的其他问题，留待下章再讲。

综合以上可知，早期经师所传的本生和律师所传的本生有很大的不同。经师所传的本生，都是以佛在过去生中的慈德懿行为主，且直说过去生中事，仅在末后结说“即是我也”。这是由本事演变而来的，并未具足本生文学的形式。律师所传的本生，其体裁具足了本生文学的形式，或善或恶，不限于佛的过去事，反而着重于弟子，因此弟子的本生在律藏中颇不少。

将早期经师所传的本生与律师所传的本生综合起来，采取律师所传本生的形式，和经、律二师所传，及经、律二师以外所传的有关佛本生的实质内容，形成了次一期共传的本生——释迦牟尼佛在过去生中行菩萨大行时的本生。

第二项　佛本生与弟子本生

《本生经》的分类除了前述依传持者的不同而分类外，也可依本生主人在今生的身份而予以大别为：一、佛本生；二、弟子本生。

一、佛本生

前面说过经师是特重于佛本生的，四阿含中的本生几乎都是佛的本生。律师所传的本生则通于佛及弟子。稍后又综合二者的形式和内容，着重释尊的本生，形成了专指释迦牟尼佛在过去二十四佛（北传说六佛）时代，尚未成正觉前，修种种难行行，忍种种难忍忍及一切利他行为，做成佛准备的本生故事。

佛本生到了部派佛教时代得到各部派共同的肯定和宣扬。主要的原因就是去佛日远，佛弟子们对佛的怀念愈盛，因此本生越传越多，不但影响了菩萨思想的兴起，也刺激了大乘佛教的兴起，有关此部分留待后叙。

有关佛（指释尊）本生在三藏中的主要分布，除了散见于各部《阿含经》和各部派所传持的不同律藏中外

（南北传均有），南传小部集成有本生五百四十七则；北传的《六度集经》《生经》《本生鬘论》《大庄严论经》《佛本行集经》《义足经》《佛说兴起行经》《杂宝藏经》《菩萨本行经》《悲华经》《大乘悲分陀利经》《众许摩诃帝经》等等均有许多佛的本生，尤其是南传的本生和北传的《六度集经》《生经》《本生鬘论》，内容几乎都是有关佛的本生。目前有关佛的本生究竟有多少数目，南传小部收集的就有五百四十七则，北传诸经、律、论中所收集的，有的有重复出现的情形，为数也不少，但还没确切的统计数目。

发展以后的佛本生数量多，内容丰富，不但所涉及的人、事、物十分广泛，而且本生的主人翁的身份，已不如经师所传的本生那样，把佛的本生都讲得非常的高贵、杰出、贤圣，反而把佛的本生加以凡化。说明佛释尊在未成佛以前，也是在六道中轮回，或天上、或人间、或王公大臣、或四足二足，或走的、或飞的、或水里游的，乃至于神鬼、外道仙人等，完全循着业力降世。不过不论释尊本生属何身份，他总是行菩萨行，他没有一生忘过当行种种波罗蜜，以饶益他人；他没有一生不精勤努力修持种种波罗蜜，终于在最后生功德圆满，成就了佛果。佛本生给予众生一种最好的启示——任何人只要矢志厉行菩萨道，因缘成熟时，必成正等正觉，就如同释尊一样。

关于菩萨所当行的波罗蜜多，《六度集经》依次作：布施、持戒、忍辱、精进、禅定、智慧。南传小部《本生经》因缘总序依次作：布施、护戒、出离、智慧、精进、堪忍、真实、决定、慈、舍。菩萨修行波罗蜜须全分修满才能成佛。其修行的时间，北传说三大阿僧祇又百劫；南传则说四大阿僧祇又百千劫。

下面自《六度集经》《生经》和南传《本生经》中各摘录一篇佛本生故事做介绍和比较说明。

（一）【涂毒本生因缘·南传本生第九十一则】[31]

序　分

此本生因缘是佛在祇园精舍时，就漫不经心而受用资具之事说的。相传那时的比丘得了衣服等物，常漫不经心地去受用。用漫然受用生活的四要物，不假思索，以致堕生于地狱、畜牲的很多。佛知道这原因，所以用种种方法对比丘众说法，讲述漫然受用物质之祸。说道："比丘们啊！获得比丘生活的四要物之后，不假思索，漫然受用是不行的，所以从今以后，非考虑了再去用不可。"又指示了反省的规则，如："比丘们啊！比丘须思索着去受用衣服，衣服是御寒之具。"如是把文具一一定好。

又道："比丘们啊！（比丘生活的）四要物非这样

经过思索而受用不可。不假思索而受用，等于服毒。从前曾有人毫不经心，不知过错而服毒，等到结果显现，遂受大苦。”接着就讲起过去的事来。

主　分

从前，当梵与王在波罗奈城治国时，菩萨生在一大富翁的家里，成年后成为大赌徒。时另有一个邪曲的大赌徒，他与菩萨争胜负，自己胜时不破坏赌场的秩序，觉得自己要负时，就将骰子投入口中说：“骰子没有了。”把赌场秩序破坏而去。

菩萨知道了这情形，说道：“好！那么我也有办法！”于是取了骰子回到自己家中，在骰子上涂了毒，干了后再涂，几次弄干后，拿到他的地方，说道：“喂！来赌胜负吧！”他说声：“好！”摆了赌场与菩萨争胜负。因见自己要负了，便取了一粒骰子投到嘴里去，菩萨见他这样做，便道：“你把它咽下才会知道这是什么东西吧！”为了责备他，唱出下面的偈语来：

你咽下了涂有剧毒的骰子，不曾自知；
咽吧！咽吧！你这万恶的赌徒！到后来，你将受苦！

菩萨正唱着的时候，那个赌徒因毒发，已气力渐弱，眼睛发眩，仆身倒地。菩萨觉得：“现在非救他的性命不可了。”遂给以采自药草的吐剂，叫他把毒吐出，又给他吃醍醐、蜜、糖等物，使他复原，然后教训他道：“以后不可再干这样的事。”自己则实行施舍等善业，依其业报投生于应生之处。

结　分

佛作此法话后，又道：“比丘们啊！不假思索而享用资具，正与不思索而服毒相同。”然后把本生的今昔联结起来道：“那时聪明的赌徒就是我。”

（二）【萨波达王本生——割肉喂鹰。六度集经卷一第二经】[32]

昔者菩萨为大国王，号“萨波达”，布施众生，恣其所索，愍济厄难，常有悲怆。

天帝释睹王慈惠，德被十分，天神鬼龙佥然而曰：“天帝尊位，初无常人，戒具行高，慈惠福隆，命尽神迁则为天帝。”惧夺己位，欲往试之，以照真伪。

帝命边王曰：“今彼人王，慈润霶霈，福德巍巍，恐于志求夺吾帝位。尔化为鸽，疾之王所，佯恐怖求哀彼王。彼王仁惠，必受尔归。吾当寻后从王索尔。王终不还，必当市肉，以当其处。吾诡不止，王意清真，许终不违，会自割身肉以当其重也。若其秤肉随而自重，肉尽身痛，其必悔矣。意有悔者，所志不成。”

释即化为鹰，边王化为鸽，鸽疾飞趣于王足下，恐怖而云：“大王哀我！吾命穷矣！”

王曰："莫恐！莫恐！吾今活汝。"

鹰寻后至，向王说曰："吾鸽尔来！鸽是吾食，愿王相还。"

王曰："鸽来以命相归，已受其归，吾言守信，终始无违。尔苟得肉食，吾自足尔令重百倍。"

鹰曰："吾唯欲鸽，不用余肉，希王当相惠而夺吾食乎？"

王曰："已受彼归，信重天地，何心违之乎？当以何物令汝置鸽欢喜去矣？"

鹰曰："若王慈惠必济众生者，割王肌肉令与鸽等，吾欣而受之。"

王曰："大善！"即自割髀肉称之，令与鸽重等。鸽逾自重，自割如斯，身肉都尽，未与重等，身疮之痛，其为无量。王以慈忍心愿，鸽活。又命近臣曰：

"尔疾杀我，秤髓令与鸽重等。吾奉诸佛，受正真之重戒。济重生之危厄，虽有众邪之恼，犹若微风，焉能动太山乎！"

鹰照王怀守道，不移慈惠，难齐，各复本身。帝释、边王稽首于地曰："欲何志尚恼苦若兹？"

人王曰："吾不志天帝释及飞行皇帝之位。吾睹众生没于盲冥，不睹三尊，不闻佛教，恣心于凶祸之行，投身于无择之狱。睹斯愚惑，为之恻怆，誓愿求佛，拔济众生之困厄，令得泥洹。”

天帝释惊曰：“愚谓大王欲夺吾位，故相扰耳，将何敕诲？”

王曰：“令吾身疮愈复如旧，令吾志尚布施济众，行高逾今。”

天帝即使天医神药传身，疮愈，色力逾前。身疮斯须豁然都愈。释却稽首，绕王三匝，欢喜而去。自是之后，布施逾前，菩萨慈惠度无极行布施如是。

（三）【堕珠着海中经——辨海婆罗门·生经第八经】㉝

闻如是：

一时佛在王舍城灵鹫山，与大比丘众五百人俱。一切大圣，神通已达。时诸比丘于讲堂上坐，共议言：“我等世尊从无数劫精进不懈，不拘生死五道之患，欲得佛道救济一切，用精进故，超越九劫，自致无上正真之道，为最正觉，吾为蒙度，以为桥梁。”

时佛遥闻比丘所议，起到讲堂，问之何论。

比丘白曰：“我等共议世尊功德巍巍无量，从累劫来，精进无厌，不避诸难，勤苦求道，欲济一切，不中堕落，自致得佛，我等蒙度。”

佛告诸比丘：“实如所言，诚无有异。吾从无数劫以来，精进求道，初无懈怠，愍伤众生，欲度脱之，用精进故，自致得佛，超越九劫，出弥勒前。”

“我念过去无数劫时，见国中人，多有贫穷，愍伤怜之，以何方便而令丰饶，念当入海获如意珠，乃有所救。挝鼓摇铃，‘谁欲入海采求珍宝’，众人大会。临当上船，更作教令，欲舍父母，不惜妻子，投身没命，当共入海。所以者何？海有三难：一者大鱼长二万八千里；二者鬼、神、罗刹欲翻其船；三者榬山故。作此令得无怨。适更令已，众人皆悔。时五百人心独坚固，便望风举帆，乘船入海，诣海龙王，从求头上如意之珠。龙王见之，用一切故，勤劳入海，欲济穷士，即以珠与。时诸贾客，各各采宝，悉皆具足，乘船来还。

“海中诸龙及诸鬼神悉共议言：‘此如意珠，海中上宝，非世俗人所当获者，云何损海益阎浮利提？诚可惜之，当作方便，还夺其珠，不可失之至于人间。’

“时，龙、鬼、神昼夜围绕若干之匝，欲夺其珠。导师德尊，威神巍巍，诸鬼、神、龙，虽欲翻船夺如意珠，力所不任。于时导师及五百人安隐渡海，菩萨踊跃，住于海边，低头下手，咒愿海神，珠系在颈。时海龙神，因缘得便，使珠堕海，导师感激，吾行入海，乘船涉难，勤苦无量，乃得此宝，当救众乏，于今海神反令堕海。敕边侍人，捉持器来，吾斢海水至于底泥。不得珠者，终不休懈。即器斢水，以精进力，不避苦难，不惜寿命，水自然趣，悉入器中。诸海龙、神见之如是，心即怀惧，此人威势精进之力，诚非世有，若今𣾰水，不久竭海。即持珠来，辞谢还之：‘吾等聊试，不图精进力势如是，天上天下，无能胜君导师者。获宝赍还，国中观宝，求愿使雨七宝，以供天下，莫不安隐。’

“尔时导师则是我身，五百贾客诸弟子者是。我所将导，即精进行，入于大海，还得宝珠，救诸贫穷。于今得佛，竭生死海，智慧无量，救济群生，莫不得度。”佛说如是，莫不欢喜。

以上三则本生，第一、二则是纯粹佛本生，第三则为佛及弟子本生。就文章的组织而言，第一、三则是依现在事说过去生中事的体例。第二则是直接就叙述菩萨过去本生，没有现在事缘。就菩萨道来说，涂毒本生因缘是智慧度，萨波达王割肉喂鹰是布施度，𣾰海婆罗门是精进度。

二、弟子本生

本生经当中，有些是就住弟子而讲的，称“弟子本生”。这一类的本生以律部为最多，特别是在根本说一切有部毗奈耶破僧事当中尤其多。通常弟子有任何善恶事件在佛前被发露，佛为了达到教化的目的，常会为大众讲述被发露者的本生故事以晓谕大众。因此弟子的本生，就其形式而言，几乎都是因现在事讲过去生中事，再作归结今昔人物的形式，而且对善恶因缘的果报表现非常明显。众生随所造业，在六道中轮转，又因为业力与习气的支配十分强大，除了借助般若智慧和不断的努力修持外，实在难以转动它，因此众生往往于过去生与今生都造了同样的业，受同样的果报——前生造业得善果者，今生恒造善业得善果；前生造恶业得恶果者，今生恒造恶业得恶果。所以佛常告诫弟子们："假令经百劫，所作业不亡，因缘会遇时，果报还自受。"

佛讲弟子本生最多的当推提婆达多和吐罗难陀，前者是六群比丘之首，后者是六群比丘尼之首，是佛世时，僧团中最令人感到棘手，最令人感到头痛，造恶最多，滋事最频仍，最为人所议论和不耻的两位，因此有关他们的本生自然也就多了。

根本说一切有部毗奈耶破僧事中的本生经计有六十九则，其中提婆达多占有四十四则。

大体上说，律师所传的本生是通于佛及弟子的，特别是本生因缘中，往往一个故事中除了有佛的本生外，还有一个或数个弟子或信者的本生。例如，根本说一切有部破僧事中的"三子供养迦叶佛塔"[34]，讲述三迦叶得度的本生因缘，是三迦叶的本生。"饿豺吃老牸羊"[35]，讲述提婆达多杀莲华色女的本生因缘，是提婆达多与莲华色女的本生。“老猫坐禅”[36]，讲述提婆达多非法却示现正法的本生因缘，是提婆达多的本生事。“弹打辟支佛”[37]，讲述阿难生背疮的本生因缘，是阿难的本生谈。“树神不知善恶”[38]，讲述阿阇世王每日供养提婆达多五百车物资的本生因缘，是阿阇世与提婆达多的本生谈。诸如此类的本生称“弟子本生”。

第三项　详说本生与略指本生

一般言，《本生经》都具足三段式的本生形式，对第二段的本生事叙述相当清楚，这一类的本生称为“详说本生”。有的则只陈述当前所发生的事件，便径转云：如《生经》或《长阿笈摩》《中阿笈摩》，或如××生经中广说等，这一类的本生称“略指本生”或“略说本生”。而这一类的本生以《摩诃僧祇律》和《根本说一切有部律》为最多。

第四项　最初的本生与发展后的本生

有关“本生”最原始的意义，应该可以采用《大毗婆沙论》的解说——谓诸经中宣说过去所经生事，如熊、鹿等诸本生经，如佛因提婆达多说五百本生事等。本生早在九分教时代即有了，在波罗提木叉分别及各部律中都有或多或少的“本生”（请参考本书第四章第二节），而这类本生在“本生”成为分教之时，应该已存在了。后世所传说和集出的本生，数量非常多，如现存南传小部的本生就有五百四十七则之多。至于北传的，《十诵律》说：“广说五百本生。”[39]《大智度论》说：“无量本生。”[40]有关已集出的具体本生故事，可参见本书第八章。早期的本生，经师、律师所传各有不同，如同前面所述，经师所传的本生，以释尊往昔生中的慈德懿行为主，直说过去生中事，仅于终结时说“即是我也”，并没有具足“本生文学”的形式。而律师所传的本生，文体的结构具足了本生文学的形式，并且其或善或恶，不只限于释尊的过去事而已，反而着重在“弟子的本生”。后来将前二者做个综合，取律师的本生形式和经、律所传及经、律以外所传有关佛本生的实质和内容，而形成稍后共传的本生——菩萨大行的本生，此即如前面所举第二期所传的本生——专指释尊在过去生中因地行菩萨道，行难行行的本生。

根据印顺导师的说法，先是律部所传的本生逐渐流行，经师受到了影响，《本事》逐渐“本生”化，终于取得律师所传本生的形式，而演进为菩萨大行的本生[41]。现存于 Bharhut 塔的栏楯有本生浮雕二十八幅，为公元前二世纪的遗作，由此可知当时流传的释尊本生至少有二十八种以上，又公元一世纪所造的Sāñchī大塔的塔门上的本生浮雕，也都是有关释尊的本生。这一事实，只能表明佛教在当时已特别重视佛释尊的本生。此一重视佛本生的倾向，久而久之，本生几乎就被当作释尊于前生行菩萨行的别名了。但是我们不能否认诸律藏所传的有关弟子及信者或善或恶的本生。

在现存的原始圣典，经、律二藏和现存的《本生经集》中，都是佛或弟子的本生，偶有一两处谈到弥勒、定光及阿弥陀佛的本生，例如《四分律》卷二十五"弥却摩纳"本生中，也顺道提了弥勒和定光佛的本生[42]。在《生经》第五十五则中，提到阿弥陀佛的本生事[43]。像这样提到其他佛、菩萨本生的例子毕竟少之又少，难得一见，而且都是在讲述释尊本生时，顺带提及的。

在部派佛教时代，本生被大大地阐扬、流传，但以释尊过去生中行菩萨道的本生为主。有关此可以参阅本书第五章第二节第二项。

嗣后，大乘佛教兴起，随着十方三世佛、菩萨信仰的建立，本生的范围又做了更上一层的突破，不再只是释尊和弟子的本生而已，阿弥陀佛、阿閦鞞佛、观音、文殊、弥勒、地藏等菩萨的本生谈，陆陆续续被结集出来，并安插在各大乘经典中，丰富了大乘经典的内容，这是大乘本生。以上是本生谈发展的三部曲。有关大乘本生，将留在第七章中再论。

注释：

①见《大正藏》第三十二册，页二四五上。

②见《大正藏》第二十七册，页六六〇上。

③见《大正藏》第十二册，页四五二上。

④见《大正藏》第二十五册，页三〇七下—三〇八上。

⑤见《大正藏》第三十册，页四一八下。

⑥见《大正藏》第四十五册，页二七七中。

⑦见《大正藏》第五十四册，页一一一下。

⑧参考《望月辞典》第三册，页二三三七下—二三三九上；及《佛学常见词汇》，页五十五。

⑨见《大正藏》第三十二册，页二四五上。

⑩见《大正藏》第二十七册，页六六〇上。

⑪见《大正藏》第十二册，页四五一下。

⑫见《大正藏》第二十五册，页三〇七。

⑬见《大正藏》第三十册，页四一八。

⑭见《大正藏》第三十九册，页五九五。

⑮见《佛光学报》第六期“三藏与部派”。

⑯见《南传》第七册，页二六八；北传《长阿含》

卷五《典尊经》(《大正藏》第一册，页三十)。

⑰ 见《南传》第七册，页二〇一；北传《中阿含》卷十二《鞞婆陵耆经》(《大正藏》第一册，页四九九)；佛光版《中阿含》第一册，页四二三—四四一。

⑱《南传》第十一册，页七十二。

⑲《南传》第十四册，页二二六。

⑳《大正藏》第一册，页四二八。佛光版《中阿含》第一册，页四十。

㉑ 同上书，页四九四。佛光版《中阿含》第一册，页三九八。

㉒ 同上书，页五一一。佛光版《中阿含》第一册，页四八五。

㉓ 同上书，页五一五。佛光版《中阿含》第一册，页五〇二。

㉔ 同上书，页六七七。佛光版《中阿含》第三册，页一三七二。

㉕ 同上书，页六八二。佛光版《中阿含》第三册，页一四〇八。

㉖《大正藏》第二十二册，页二二八。

㉗ 同上书，页二二九。

㉘ 同上书，页二八四。

㉙ 同上书，页二九一下。

㉚ 同上书，页三二六中。

㉛ 见《南传本生经》第九十一则，《南传中译大藏经》页九四四。

㉜《大正藏》第三册，页一。

㉝ 同上书，页七十五。

㉞《大正藏》第二十二册，卷七，页一三六。

㉟ 同上书，卷十，页一四七。

㊱ 同上书，卷二十，页二〇一。

㊲ 同上书，卷十三，页一六五。

㊳ 同上书，卷十四，页一七三。

㊴《十诵律》卷三十六，《大正藏》第二十三册，页二六四中。

㊵《大智度论》卷三十三，《大正藏》第二十五册，页三〇八上。

㊶ 见印顺导师著《原始佛教圣典之集成》页五六七。慧日讲堂·一九七八年版。

㊷ 见《大正藏》第二十二册，页一六四下——一六五上。

㊸《大正藏》第三册，页一〇七下。

第三章　本生经最初的兴起

第一节　本生经兴起的原因

任何一位伟人的凋逝，都是件令人难以接受的事实，由于对他的景仰与怀念，人们会将其毕生的事迹，口口相传，或著文立说，令其功勋、德业永昭世间。尤其是宗教界的贤圣之流的圆寂，其德业、声名往往不仅垂史万代，其光辉更如同日月。成无上正觉，德行圆满的佛释尊住世时，弟子、信众亲承教化，沐浴在法海中，人们幸福、满足、安稳；一旦佛般涅槃了，弟子、信众顿失所依，如丧考妣。虽然佛在般涅槃前一再交代："佛涅槃后，佛弟子应依波罗提木叉为师，应依四念处安住。"长老大迦叶也尽快召集五百大阿罗汉结集佛的遗教，使令勿失。于是展开了佛教史上第一次的经律结集。时，以大迦叶为上座，阿阇世王为檀信主，由持戒第一的优波离诵出律典，由多闻总持第一的阿难诵出经典，五百大阿罗汉印证是否确为佛说，然后令所有弟子背诵、记忆、行持，以永垂后世。佛般涅槃后，弟子们对佛陀慧命的绍继，可说十分用力。但是，弟子毕竟是弟子，佛毕竟是佛，在弟子和信众的心目中，德行再高的弟子和佛总是不一样。弟子无论如何也取代不了佛的地位。因为不论从哪一方面看佛和弟子的相距都太遥远。亲睹我佛慈父的尊容，亲聆慈父的法音，亲受慈父谆谆告诫和持佛遗教而行、由他人转知而行的意味和感受不但大大不同，而且悬殊，任何人都代替不了佛。因此离佛圆寂的时日愈远，弟子、信众思念佛陀愈盛。这份孺慕、思念、感恩、景仰的情怀逐渐增浓并且扩散。

弟子和信众们对佛的这股难以压抑的情怀，一方面促成了对佛陀遗物的崇拜，一方面又刺激了佛和弟子毕竟不同的思想。就前者而言，弟子因怀念佛，而开始崇拜、礼拜佛的舍利、佛的毛发、佛的牙齿、佛的足迹、佛的指甲、法轮、菩提叶等。这是借睹物而疏解忆念佛陀的情怀。就后者而言，弟子、信众终于体会到佛的伟大，更进而思想到独觉、声闻虽高居贤者之流，但与佛毕竟不同，并且悬殊。这一理念，刺激了教徒开始思索

“何以佛和罗汉、辟支佛二乘不同？何以佛超越罗汉、辟支佛二乘？”

弟子们于是回溯佛昔日教化的内容，希望从中得到解答，遂发现：原来佛的修行不是仅此一生而已，而是早在三大阿僧祇又百劫（南传说四大阿僧祇又万劫）的过去六佛时代（南传说二十四佛）释迦已开始做未来成佛的准备——修持难行能行、难忍能忍、上求下化的菩萨法门。过去的因地修行是因，今日证无上正觉是果。佛之所以成正觉，是过去生中不断养深积厚，力行菩萨道的结果，而这些过去生中修行菩萨道的懿德美行即成了佛本生的内容。弟子们得到这一体悟，便开始搜集佛昔日所谈及的本生事迹，并加以传持，佛的本生事迹因此广泛地流传于世。

第二节　本生经最初兴起的时间

《本生经》最早起源于佛说，这是毫无疑问的。至于被编纂出来的时间也相当早，早在九分教的时代即有。

九分教是教法的分类，是教法在次第集成中，以形式或内容之不同而渐形成的不同部类，全部分成九类，称为九分教或九部经。这是教法的最原始分类。九分教是：修多罗、祇夜、记说、迦陀、优陀那、本事、本生、方广、未曾有。后来，佛法逐渐开展，加上律、论的发达，渐感九分教已不敷使用，乃于九分教外，另增加因缘、譬喻、论议，成立了十二分教。

九分教与十二分教究竟出于何时？从三藏的内容中，可以推出个梗概，九分教或十二分教最早见于《杂阿含》[①]。《中阿含》《长阿含》《增一阿含》中亦有十二分教之说。四阿含的集出次第，以《杂阿含》为最先。四阿含原型成立于公元前四—公元前三世纪[②]。另外在各部派所传的律中也提到九分教和十二分教。

北传四部阿含中的《杂阿含》，在十二分教的名相中提到本生的名辞，但是找不到一则本生。《中阿含》有七则本生，《长阿含》有二则，《增一阿含》有十七则。至于律藏，本生在各部派所传的律中都有，尤其是在大众部律师所传的《摩诃僧祇律》中，《本生经》数量达五十三则之多。较晚的根本说一切有部中的本生谈则更多。有关情形请详见本书第四章第一节及第二节。

有关本生兴起的年代，除了从经、律二藏中寻找外，从印度的建筑艺术中也可以略知其年代，特别是从一些塔堂建筑的浮雕、壁画、藻井等往往可以发现有本生的题材被刻或雕或绘在其中。此一发现不但可以看出本生谈流传的年代，也表示了它在这一时代被信仰和流传的状态。

在印度现存的古迹中，在中印度的帕鲁护（Bharhut）地方古塔的石垣及栏楯中的浮雕上，发现有非常明确的本生谈十九则。此残存的十九则仅为全部的三分之一而已，其他三分之二则不详，其中或许还有本生也不一定。Bharhut 古塔建筑于公元前二世纪中。故事由初传、热传、盛传，到被应用在雕刻艺术上，借雕刻艺术表现于世，流传于世，必须经过相当的年月。据此以推，本生的流传和结集至少当不会晚于公元前三世纪。至于本生谈起源于佛说则更无疑问。

第三节　由各地的壁画、浮雕看本生经的发展

第一项　帕鲁护（Bharhut）古塔的石壁和栏楯

Bharhut 在中印度，以古塔遗迹中的壁上浮雕和栏楯雕刻闻名于世。目前残存的作品仅原有的三分之一而已。浮雕的故事题材以佛经中的本生谈和譬喻为主，部分附有铭文说明，部分未附有铭文。

在 Bharhut 古塔的浮雕中，依据干潟龙祥博士的考据，目前现存的浮雕有：

（一）有铭记，而且明确为本生的有十九幅：

1. Miga-jātaka（鹿本生，南传 Jā. no. 482, Ruru）

2. Nāga-jātaka（象本生，南传 Jā. no. 267, Kakkaṭaka 蟹）

3. Yavamajhakiya-jātaka（贤者本生，南传 Jā. no. 546, Mahā-ummagga 大隧道）

4. Mugapakaya-jātaka（哑躄本生，南传 Jā. no. 538, Mūgapakkha）

5. Laṭuva-jātaka（鹌本生，南传 Jā. no. 357, Laṭukika）

6. Chadamtiya-jātaka（六牙象本生，南传 Jā. no. 514, Chaddanta）

7. Isisimgiya-jātaka（一角仙人本生，南传 Jā. no. 523, Alambusā, Jā. no. 526, Nalinikā）

8. Yam-bramano-avayesi-jātaka（产卵本生，南传 Jā. no. 62, Aṇḍabhūta-jātaka）

9. Haṃsa-jātaka（白鸟本生，南传 Jā. no. 32, Nacca 舞踊）

10. Kinara-jātaka（人非人本生，南传 Jā. no. 481, Takkāriya）

11. Isimiga-jātaka（圣者鹿本生，南传 Jā. no. 12, Nigrodhamiga）

12. Uda-jātaka（水獭本生，南传 Jā. no. 400, Dabhhapuppha）

13. Seca-jātaka（水獾本生，南传 Jā. no. 174, Dūbhiya-makkaṭa 叛逆的猿猴）

14. Sujāto-gohuto-jātaka（牛饲 Sujāta 本生，南传 Jā. no. 352, Sujāta）

15. Biḍala-jātaka，Kukuṭa（猫本生、鸡本生，南传 Jā. no. 383, Kukkuṭa）

16. Maghādeviya-jātaka（Makhādeva 王本生，南传 Jā. no. 9）

17. Bhisaharaṇiya-jātaka（莲根盗人本生，南传 Jā. no. 488）

18. Vitula-punakiya-jātaka（贤者 Vitula 与夜叉 Punkiya 本生，南传 Jā. no. 545 Vidhura-paṇḍita）

19. Gaja-jātaka，Sasa-jātaka = Jā. no. 345, Gajākumbha-jā. ?

（二）有铭记，知其为本生，但不知是何本生的有二幅。

（三）只有铭记，但没有本生图的本生有三则。

（四）只有铭记，在现存圣典中非本生，为譬喻的有一则。

（五）只有铭记，且不明为何者的有八则。

（六）在现存圣典中可见到的本生，且现在无铭记，但不知过去是否有铭记的有二幅。

（七）在现存圣典中可见到的本生，本来无铭记的有十六幅。

（八）图相表何不能明了，又无铭记者有十幅。

与Bharhut古塔同一时代建筑的佛陀迦耶（Buddhagaya）大塔的古玉垣上，也雕有佛本生谈，如足迹善知童子本生（南传Jā. no. 432, Padakusalamāṇava）即是。此外在摩偷罗（Mathurā）出土的作品中也发现有足迹善知童子本生谈。

第二项　山奇（Sāñchī）大塔四门的浮雕

山奇（Sāñchī）大塔的四门建造于公元前一世纪中叶至公元一世纪初左右。大塔西、北、南三面计有五幅本生图：

（一）西门：沙摩仙本生（南传Jā. no. 540,《六度集经》第四三睒道士本生等）。

（二）西门：大猿本生（南传Jā. no. 407, 206）。

（三）北门：须大拏太子本生（南传Jā. no. 547, Vessantara, Jm. no. 9,《六度集经》第十四须大拏太子本生）。

（四）北、西、南三门：皆六牙象本生（南传Jā. no. 514）。

（五）北门：独角仙本生（南传 Jā. no. 523, Alambusā 及 no. 526,《大智度论》卷十七等）。

第三项　Amaravatī 及其邻近古迹的浮雕

Amaravatī 在南印度 Kistnā 河中游流域南岸所遗留的玉垣及塔基残存有下列佛本生的浮雕多起：

（一）尸毗王割肉喂鹰（《六度集经》第二萨波达王经、南传 Jā. no. 499 及 2. Adv’s no. 34,《菩萨本行经》卷下、《大智度论》卷四等）。

（二）须大拏太子本生（南传 Jā. no. 547, Jm. no. 9,《六度集经》第十四等）。

（三）Cūla-Bodhi 婆罗门本生（南传 Jā. no. 547）。

（四）Cūla-Dhammapāla 王子本生（南传 Jā. no. 358）。

（五）六牙象本生（南传 Jā. no. 514）。

（六）使者（Dūta）本生（南传 Jā. no. 260）。

（七）孔雀（Mora）本生（南传 Jā. no. 159, 491）。

（八）Somanassa 王子本生（南传 Jā. no. 505）。

（九）Suruci 王本生（南传 Jā. no. 489）。

（一〇）贤者本生（南传 Jā. no. 545）。

Amaravatī 原有的本生浮雕相当多，现今仍残存的只是其中的一小部分而已。此外，在 Amaravatī 西北的龙树丘（Nāgâr junakoṇda）的遗迹中，也发现与 Amaravatī 同时代同形式的浮雕多起，如尸毗王割肉喂鹰、长寿王本生、兔王本生、须大拏太子本生等。

第四项　摩偷罗（Mathurā）的雕刻

Mathurā 在中印度之北，此处也有本生的雕刻，但为贵霜（Kushan）王朝（公元一—三世纪）的遗迹。原来的恐怕有相当的数量，今仍残存的有：尸毗王本生、云马王本生（南传 Jā. no. 196）、独角仙本生、须大拏太子本生、龟本生（《杂宝藏经》三十三）、婆罗门投身饲虎本生（《六度集经》第四）等五幅。其中云马王本生在 Bharhut 及 Sāñchī 等初期佛教艺术作品中并未见到，龟本生则出于《杂宝藏经》的故事。至于投身饲虎则完全属于大乘的故事，在南传本生经中未有此故事。

第五项　犍陀罗（Gāndhāra）艺术

Gāndhāra 在西北印度，以犍陀罗佛像艺术而闻名。此处艺术的兴起是公元一世纪以后的事。犍陀罗中有关本生的作品较少，今仍残存可见的本生作品有：六牙象本生、沙摩仙本生、须大拏太子本生、Megha 童子本生

（然灯佛授记、《四分律》卷三十一）、独角仙本生、尸毗王本生等五则。除前述外，据法显的《佛国记》（又名《高僧法显传》,《大正藏》五十一·八五八页）所载，他在五世纪初到印度参学时，尚看到有善目王本生（《贤愚经》三十二，快目王施眼缘品）、月光王本生（《贤愚经》三十一，月光王头施品）、王子投身饲虎本生三幅，但此三者今已不存。

第六项　阿姜塔（Ajantā）石窟的壁画

阿姜塔位于西印度，共有二十九个石窟，其中第一、第二、第四、第十六、第十七等五窟的壁画上有本生图。据近人的研究，其中第四窟开凿最早，约在公元前二世纪左右，但是本生图并非一开始即有的，可能是在公元三或四世纪间才补上的。第十六及十七窟开凿于六世纪前半。第一、二窟则开凿于六世纪后半至七世纪初。据干潟龙祥博士的研究，目前已考据的各窟本生图如下：

第一窟有：尸毗王割肉喂鹰本生、Sankhapāla 龙王本生（南传 Jā. no. 524）、Mahā-Janaka 王本生（南传 Jā. no. 539）、Mahā-ummagga 本生（大隧道本生，疑似，待证）、Campeyya 龙王本生（南传 Jā. no. 596），共五图。

第二窟有：忍辱仙人本生（仅存刻文，图已剥落不见。南传 Jā. no. 313）、白鸟本生（南传 Jā. no. 502, 533, 534）、鹿王本生（南传 Jā. no. 545。仅见刻文，图已剥落）、Vidhura 贤者本生（南传 Jā. no. 545），共四图。

第四窟有：Sāma 仙人本生（南传 Jā. no. 540）、六牙象本（南传 Jā. no. 514），共二图。

第十六窟有：Sutasoma 王本生（《贤愚经》五十二，南传 Jā. no. 537, Mahā-sutasoma）、象本生（Jm. no. 30）、Vi/svantara（Jm. 9, Jā. no. 547, Vessantara），共三图。

第十七窟有：六牙象本生（南传 Jā. no. 514）、大猿本生（南传 Jā. no. 407）、象本生（Jm. 30）、白鸟本生（南传 Jā. no. 502, 533, 534）、Visvantara 本生、大猿本生、Mahā-sutasoma（《贤愚经》五十二、南传 Jā. no. 537）、Sarabha 鹿王本生、养母的象本生（南传 Jā. no. 455, Mātiposaka）、鱼本生（南传 Jā. no. 75 Maccha, Jm. 15 Matsya）、沙摩仙本生（南传 Jā. no. 540）、水牛本生（Jm. 33, Mahiṣa, Jā. no. 278, Mahisa）、商主本生（《根有部毗奈耶》卷四十八）、尸毗王本生、鹿王本生（Jā. no. 482）、Nigrodha 鹿王本生（Jā. no. 12）、熊本生（《大智度论》卷四十九）、足迹善知童子本生（Jā. no. 432），共十八图。

本生谈的精彩动人故事不但出现在印度的堂塔窟

院等雕刻、壁绘艺术中，更随着佛教的四向远播而传到印度以外的其他国家，并成为该图石刻或壁绘、浮雕艺术的题材。位于大戈壁（Taklamakan）沙漠之北、天山之南的北丝路，是昔日佛教东传的主要路线，一路上的吐鲁番（Turfan，古高昌地方）、库车（Kuccha，古龟兹地方）、喀什干（Kashgar，古疏勒地方）、也律干地（Yarkand）等地都残存有许多窟院。在这些地方窟院的藻井、壁画中有不少本生图出现。其数量究竟有多少，尚不得而知，不过依干潟博士的说法，已考据认定出来的有六十四图之多。此处的作品，最早的大约出现在三世纪终，大部分完成于六至八世纪，小部分是九世纪的作品。[③]大戈壁南道也有本生图的作品出现，但数量较少。敦煌是西域通中国的门户，也是前二路的交点，由于地理环境得天独厚，自古即成为佛教的宝藏，考据其中壁画，有九幅是本生谈的图，大概是五—十一世纪的作品。[④]

注释：

① 见《大正藏》二册，《杂阿含经》卷十四（页三〇〇下）。

② 见《佛典解题事典》六十页（地平线出版

社・一九七七年版）。

③ 参考《ジャタ—カ概观》六十五—七十四页（春秋社・昭和五十六年）。

④ 同上书，七十五—七十六页。

第四章　小乘（部派）经律二藏中的本生谈

佛陀入灭，随着岁月的移转，佛教由原始的一味和合走向分裂，并且分裂又分裂，而三藏就在这种情形下一次又一次地结集，同时也各有增损，因此小乘部派佛教时代，各部派均有属于自派所结集的三藏，可惜现今多已不传。尚流传下来的，也非出自同一部派，而第一次结集的圣典更早已不传。今日尚流传的三藏和其所结集的部派如下：

（一）阿含藏（北传）：《长阿含》——法藏部；《杂阿含》《中阿含》——说一切有部；《增一阿含》——大众部。

（二）阿含藏（南传）：《长部》《中部》《相应部》《增支部》《小部》——南方上座部。

（三）律藏：《四分律》——法藏部；《十诵律》——说一切有部；《摩诃僧祇律》——大众部；《弥沙塞部和醯五分律》——化地部；《根本说一切有部毗奈耶》——根本说一切有部；《毗奈耶崩伽》——南方上座部。

（四）论藏：《大毗婆沙论》《集异门足论》《法蕴足论》《施设论》《识身足论》《界身足论》《品类足论》《发智论》——说一切有部；《成实论》——经量部；《舍利弗阿毗昙论》——犊子部；《清净道论》——分别上座部；《三弥底部论》——正量部；《人设施论》《界论》《法集论》《分别论》《双论》《发趣论》《论事论》——锡兰上座部。[①]

三藏中，论是依据经、律而来的，因此本书仅就根本的经、律二藏来谈其本生经。以上各部派所传的经、律二藏虽是部派佛教的产品，而且非属于同一部派所传持，但在第一结集的圣典今已不传的情况下，也成了现今最原始的圣典。这些圣典中，除了说一切有部所传的《杂阿含》外，所有的经、律二藏中都可以找到或多或少的本生谈。这些本生谈，有的是关于佛的，有的是关于弟子的，有的是关于信者的，一一都具有特色，具有教义。下面将就部派诸经、律中本生分布的情形和大要做个介绍。

第一节 《阿含经》中的本生谈

第一项 《中阿含经》中的本生谈

北传汉译的《中阿含》藏共六十卷，二二二经，是上座系说一切有部经师所传的圣典，东晋时，瞿昙僧伽提婆汉译，今收于《大正藏》第一册（页四二一—八〇五）中。

《中阿含》一共有七则本生谈。七则是（一）善眼大师；（二）转轮王顶生；（三）优多罗童子学佛记；（四）转轮王大天；（五）大善见王；（六）随蓝梵志；（七）梵志长者阿兰那。

一、**善眼大师**：出于《七日经》[②]中。内容旨在叙述佛昔日生为外道仙人的宗师，名“善眼”，自身舍欲离爱，得如意足，常为弟子说梵世法，门下弟子无量数。那时行道，为天为人求饶益，求安稳快乐，但是说法不究竟，梵行不究竟，所以己身不能脱离忧悲苦恼，不能脱离一切苦。今世成佛才能究竟一切。

二、**转轮王顶生**：出于《四洲经》[③]中。旨在讲述人类的欲海难填，贪得无厌，一朝尝到追求贪欲的苦果，才会赫然觉醒，然而已太迟了。佛举自己过去生中曾生为人间的圣主——转轮圣王[④]，名顶生，拥有七宝[5]、千子、四军[6]、四天下[7]，尚不满足，趁到三十三天的机会，想推翻帝释，霸占天王位，统领三十三天，结果因贪念而失神足坠还人间，并导致病重命终。临终前大彻大悟，留下遗言嘱咐臣民及后代子孙记取此一教训。所以佛释尊教诫说："欲者不知厌足，天雨妙珍宝，积如大雪山，也终无厌足之日，等正觉（佛）的弟子应当知此事，并断爱不着欲。"

三、**优多罗童子学佛记**：出于《鞞婆陵耆经》[8]中。叙说过去生中，佛曾生为鞞婆陵耆村的大梵志长者子，名优多罗，因善友难提波罗陶师的接引，由顽冥而信佛并随迦叶如来出家之事。

四、转轮王大天：出于《大天棕林经》[9]中。叙说过去生中，佛生为转轮王名大天，住于棕林中，统有四天下，具有四军、七宝、千子、四如意德，后发现头上出现白发，便舍王位剃发出家，学仙人修梵行。大天嘱咐继承王位的新王，要以法治化四天下，令国中无有行恶法之徒；将来发现自己头上生出白发时，亦须速传王位，舍俗出家学道，并将此教诫代代相传。佛说自己昔日为转轮王，说法、行梵行，虽然不究竟，但是用心嘱咐后世子孙代代相传，勿令教法绝灭；今生成佛，说法、梵行终得究竟，弟子更应该辗转相教，莫令佛的法种断灭。

五、大善见王：出于《大善见王经》[10]。此经是佛选择在拘尸那罗般涅槃，阿难问佛何故不在舍卫、毗舍离等大城市般涅槃，而选择在拘尸那罗此一小土城般涅槃。佛说此处实非小土城，过去极大富乐，升平祥和。时佛为转轮圣王，名大善见，请上尊沙门梵志至拘尸那罗城大殿中，亲自以上妙饮食、澡水、上座、床具供养上尊沙门梵志。大善见王命终生梵天，后又七返舍身，于六返中做转轮王，今第七世成如来等正觉，为最后身、最后形、最后在此般涅槃。

六、随蓝梵志：出于《须达哆经》[11]。本经为佛对须达哆长者说布施的要领在信施、自手施、自往施，要得好家庭、好车乘、好衣被、好五欲功德等报，须先依上所言至心行妙施。佛举自身过去生中曾生为名"随蓝"的大富梵志，常行大施的故事。可是佛告诉须达哆，随蓝的布施虽大，但不如以食物去供养四果和辟支佛，或供四方僧房舍和归命三宝并受戒。

七、梵志长者阿兰那：出于《阿兰那经》[12]。本经叙说修行、求法、行义要及早趁今生，莫待来世。佛举自己于过去生中生为名阿兰那的大梵志长者，因体悟有生无不死，而舍俗剃发出家。阿兰那于后时成为尊师为诸弟子说法，诸弟子命终，有的生四天王天、三十三天、燄摩天、兜率天、化乐天、他化乐天等。阿兰那自思维不应与弟子同生一处，遂发心更修增上慈，命终生晃昱天中。

以上七则本生谈的特色是：故事主角的身份，没有动物，有三则是转轮王，一则是佛弟子，三则是外道宗师，身份都相当高贵，并且都极力为众说法。在每一经的结束，总有一段："我于尔时自饶益亦饶益他，饶益多人，愍伤世间，为天为人求义及饶益，求安稳快乐，尔时说法不至究竟，不究竟白净，不究竟梵行，不究竟梵行讫，尔时不离生老病死、啼哭忧戚，亦未能得脱一切苦。阿难！我今出世，如来、无所着、等正觉、明行成为、善逝、世间解、无上士、道法御、天人师、号佛、众祐，我今自饶益，亦饶益他，饶益多人，愍伤世间，为天为人求义及饶益，求安稳快乐，我今说法得至究竟，究竟白净、究竟梵行，究竟梵行讫，我今已离生老病死、啼哭忧戚，我今已得脱一切苦。"

第二项 《长阿含经》中的本生谈

北传汉译的《长阿含》共二十二卷，三十经，是法藏部经师所传的圣典，后秦佛陀耶舍、竺佛念共译，今收于《大正藏》第一册（页一——一四九）中。

《长阿含》中一共有二则本生谈。二则是（一）大善见王，（二）大典尊。

一、**大善见王**：出于卷二至卷四《游行经》[13]。此则与《中阿含经》大善见王内容相同，讲经原因也相同。

二、**大典尊**：出于卷五《典尊经》[14]。此则佛本生谈是大梵天到忉利天向诸天说的，执乐天的般遮翼天子向佛去印可是否如此。内容叙述释尊过去生中曾生为大臣子，名焰鬘，及长，辅佐国政，并挂七国相印，时人以“大典尊”名之。后因听大梵天说五欲世间臭秽，应舍离，净修梵行，遂辞七国相印，告别七王及国中七大居士而出家。七王及七居士请给予七日以便交代国事、家务后一同随大典尊出家。七日满，七王、七居士率七百梵志及四十夫人……同时出家。大典尊于后时，领诸大众游行各国，弘法布道。

本经终结与《中阿含》一样也谈到过去生中虽有大德力，但说法、修行不究竟，弟子及其自身都未得究竟果，俟身坏命终时，仅能依行的深浅往生诸天界或人间为婆罗门。直到今世证果才能说法究竟，终归涅槃。弟子依佛法受行，能舍有漏成无漏，得心解脱、慧解脱，于现法中自身做证，生死尽，不受后有。再者，行浅的，能断五下分结，于天上涅槃，不再来此世；其次三结尽，薄淫、怒、痴，一来世间而般涅槃；其次断三结，得须陀洹，不坠恶道，极七往返必得涅槃。

以上二则本生谈，在巴利本《长部》第五和第九中亦可见。

《长阿含》经中的大梵天常化作五髻童子形出现，据印顺长老的说法，和后来的五髻文殊有相当的因缘。大典尊一则中的大梵天也是化现五髻童子形而说此本生谈的。

第三项 《增一阿含经》中的本生谈

北传《增一阿含》共五十一卷，四七二经，是大众部经师所传的圣典，东晋时瞿昙僧伽提婆所汉译。今收于《大正藏》第二册（页五四九—八三〇）中。

《增一阿含》一共有十七则本生谈。十七则是：（一）摩诃提婆王。（二）顶生王。（三）超术梵志。（四）地主王。（五）使人纯黑。（六）田家长者。（七）大施婆罗门。（八）须摩提女。（九）尸婆罗比丘及月光长者本生。（一〇）童子与二鱼。（一一）鸯掘魔本生。（一二）王女求佛授记。（一三）马王、商主与罗刹女。（一四）死亡之音。（一五）转轮王大天。（一六）清净音响王。（一七）比丘尼婆陀本生。

一、**摩诃提婆王：**出于卷一《序品》与《十念品》[15]中。此本生谈非由佛说，而是阿难于结集经典，令优多罗讽诵授持勿令佛法断绝时，以阿难的口气讲出，故结尾不说“即是我也”，而说“尔时王者，今释迦文佛是”。此经与《中阿含》的转轮王大天属同一故事，而于此则略谈。不过本经末后加了阿难及优多罗于前生中恒受王法，以法治化，不令王法断绝的本生谈。并且特别点出此事，这是《中阿含》同经中所没有的。

二、**顶生王**：出于卷八《安般品》第七经[16]中。叙述佛昔日生为转轮王顶生，因贪得无厌足，欲夺帝释天位而失神足的故事。本经与《中阿含·四洲经》顶生王相同。旨在戒贪。

三、**超术梵志**：出于卷十一《善知识品》第三经[17]中。叙述佛昔日生为梵志，名超术，博学擅论，为求得财富供养恩师教育之泽，出外与众梵志论辩，获大财富。途中遇定光佛，遂持五百金向婆罗门女换五枝香花供养定光佛，并发愿以此功德于将来成佛。婆罗门女则以世世与超术梵志结为夫妻作换花的条件。超术献五枝香华，定光佛说不可以五花功德授成佛之记别。超术遂请佛说菩萨行法。超术闻法，发增上心，愿来世如定光佛，并自散发铺于污泥地上，供佛踩踏，愿佛以此功德为其授记。定光佛为遂其愿，足履超术发为其授将来成释迦文佛之记。超术同学昙摩流支见定光佛足踏梵志发，出恶口骂定光佛，因是命终坠大鱼身。此本生包括净饭王、提婆、耶苏陀罗、昙摩流支等人之本生事。

本经中已有授记、发愿、供养、报恩等思想，并劝修身、口、意业。此则本生明白表示出：供养香花等世间的供物只能求人天福报，不足以构成成佛的要件。唯有放下自我的身心，牺牲自我，并立下成佛的志愿，才有成佛的希望。

四、地主王：出于卷十三《地主品》第一经[18]中。波斯匿王供佛及比丘三月，自以为功德不可称计，功德已办。佛说生死长远不可称计，作福当无厌足，遂举此故事以教化之。此本生谈叙述释尊昔日为王，名地主，太子出家证无上觉，号灯光佛。地主王发心于七万岁中供养佛、比丘，佛涅槃后，更建塔寺供养佛舍利，从不厌倦。此供佛功德只求福，不求解脱，而昔日之福今已不在，生死长远不可计，要无厌足于作福，并以此功德回向求自己于身、口、意所作能尽求解脱。

此经中灯光佛与释尊过去为子父关系，灯光佛为子，释尊为父。

五、使人纯黑：与前地主王同出一经。叙述佛于三十一劫饭式诘如来住世时，生为奴役，名纯黑，以食物供养饭式诘如来，并发愿持此功德使不坠三恶趣中，于来世亦能值佛，闻法得解脱。本经旨在明供养不分贵贱，在佛前无贵贱之分，统统平等。

六、田家长者：出于卷十三《地主品》第四经[19]中。此则故事是信者本生，内中未载有佛的前生事。舍卫城提婆长者，极富而鄙吝，舍不得自用，更舍不得给他人用。命终后，财富悉没入官府。提婆坠于地狱中啼哭不已，波斯匿王因是问佛何缘由。佛说提婆故福已食尽，未造新福，今无遗余之福可享。佛应波斯匿王之问，讲述提婆于迦叶佛时，生为田家长者，曾供养辟支佛，并发愿持此功德，世世不生三恶趣，常得财富。可是提婆后来又后悔道：我方才所施食，应给奴仆，而不应给此秃头道人。提婆因前福业而生财富之家，无所渴乏；因后生悔心，不能自享此财富。本则旨在告知吾人行善行施莫生悔心，业随心转，报随业来，行善应发恒常心。

七、大施婆罗门：出于卷十九《四意断品》第三经[20]中。布施不论粗、细、好、坏、多、少，应以信心、诚心自手布施，不起想着，发愿求福报，如此则获福无穷。大施不如建招提，建招提不如受三归持五戒。佛举往昔本生时曾生为婆罗门行大布施之事作说明。这是讲对布施要有正确的认识，同时以受持三归五戒为要。

八、须摩提女：出于卷二十二《须陀品》第三经[21]中。叙述信女须摩提在过去生中生为王女，以恭敬心向迦叶如来，奉持禁戒，恒好布施，及四事[22]供养，并发愿将来不生恶趣，不生贫穷家，常值佛，莫转女身，得法眼净。时国人闻之，皆请王女发愿于值佛时，请佛为众等说法令得法眼净。此中未有佛本生，有须达长者本生。

九、尸婆罗比丘及月光长者本生：出于卷二十五《五王品》第二经[23]中。此本生谈叙说第一福德比丘于过去生中曾至心以珠宝、四事供养[24]毗婆尸如来、式诘如来、毗舍罗婆如来、拘屡孙如来及诸比丘，并以此誓愿常生富贵家，值佛说法，出家做沙门，得解脱。本经包括有四则本生故事。

十、童子与二鱼：出于卷二十六《等见品》第二经[25]中。这是释尊、琉璃王、释迦族的本生事。琉璃王灭释迦族，佛无法挽救，并头痛，诸比丘问因缘。佛说释迦族人于过去世捕鱼，时有拘璅、两舌二鱼不甘被捕杀，发愿报仇。时佛为童子，看鱼被捕而笑。佛因昔坐笑二鱼被杀，今患头痛，释迦族人因杀鱼今遭亡族。

十一、鸯掘魔本生：出于卷三十一《力品》第六经[26]中。鸯掘魔杀人无数，后为佛所降伏，归投佛陀座下披剃出家，证罗汉果，并得六神通。诸比丘问佛原因。佛说鸯掘魔昔在迦叶佛时，生为太子名清净，因为人民所枉杀，发誓将来报此枉杀之仇，并值真人得解脱。鸯掘魔因此因缘杀人无数，又逢佛出家证罗汉果，成佛座下聪明捷疾第一比丘弟子。此经可参对《鸯掘魔罗经》。此则重点在解释恶人何以也能得度和得法眼。

十二、王女求佛授记：出于卷三十八《马血天子问八政品》第二经[27]中。这是灯光如来与释尊的本生。叙述释尊昔为王女，以麻油供养比丘去供养宝藏如来，结果比丘以此功德蒙宝藏如来授记，号灯光佛。而王女求佛授记，宝藏佛说女人身求做转轮王、帝释、梵天、魔、如来均不可得，但无数阿僧祇劫灯光佛出世将为汝之善知识，并为汝授记。王女听了发坚固愿，后世果然遇灯光佛授佛记，号释迦牟尼佛。

此本生经有三件应注意的事：（一）过去佛为过去佛授记。（二）佛昔曾生为女人，女身不能成转轮王、帝释、梵天、魔、如来。（三）必须发愿才能成佛，誓愿之力不可称量。

十三、马王、商主与罗刹女：出于卷四十一《马王品》第一经[28]中。婆罗门以貌美玉女送佛，佛不要，长老比丘说佛不要的话，请把玉女给他使唤。佛说女人有九恶[29]不可受纳，遂举此本生故事作说明。佛昔为马王，舍利弗为商主，玉女为罗刹，长老比丘为梵摩王，商主入海探宝遇罗刹女，险遇难，为马王所救。罗刹女去找商主，商主不见她，梵摩王为美色所迷，纳罗刹女，结果为罗刹女所食。本则旨在戒色欲。

十四、死亡之音：出于卷四十三《善恶品》第十经[30]中。本则在叙述佛昔日为王，名疗众病。时，人寿极长，未有疾病老死之患。有一夫妇生一子，子死，父母不知，抱往王处，王云子已死，不久当腐败。夫妇不信死亡。王把死人的皮剥下做成大鼓，令每百岁敲一下，令天下人知死亡音响。昔阎浮提人本极长寿，因造杀业，今短命又失色。

十五、转轮王大天：出于卷四十八《礼三宝品》第四经[31]中。佛昔日生为转轮王，自己出家，传位太子，并嘱咐世代子孙于白发出现时须剃发出家修梵行。最后不幸传出一王暴逆无道，并断圣种，此恶王为调达前生。此则本生谈与《中阿含·大天榇林经》同。旨在劝嘱应传法不断。

十六、清净音响王：出于卷四十九《非常品》第三经[32]中。佛昔生为王，名清净音响，常思维无常想，广布无常想，供养辟支佛，命终生三十三天。

十七、比丘尼婆陀本生：出于卷五十《大爱道般涅槃品》第二经[33]中。此本生非佛说，乃比丘尼婆陀应诸比丘尼之问而说者。此则故事中具有六个故事，属于葡萄藤式的结构。婆陀自述自己于过去六佛时代，供养六佛，并以此功德发愿将来仍做女身。

现存的汉译四部《阿含经》中，《杂阿含》没有本生谈，《长阿含》有二则，《中阿含》有七则，《增一阿含》最多，有十七则。由以上可知诸部派中属于大众部的经师是比较重本生谈的。经师所传的本生谈中主人以“人”为主，仅有一则佛昔生为马王。长、中二阿含中，佛的本生都是属于地位高贵的人，而《增一阿含》中则不再拘于高贵的角色。

第二节　五部律中的本生谈

戒律是僧团维持清净和合的规范，是极其庄严而神圣的教典，规定不可以这样，不可以那样，应该这样，应该那样，所以一般人常以为戒律是枯燥而乏味的。就戒条本身来说，的确够令人感到生硬呆板和枯燥乏味，但是在广律中，讲到各种制戒的因缘和弟子的善恶因缘时，佛常举有关人物的前生事或譬喻等来说明。而此有关人物的前生事或譬喻等都是极精彩而富有教育意义的故事，令原本严肃而乏味的戒律，增添了无比的趣味和可读性，并且达到教育的效用。

现今仍传行的律，北传汉译的有：《十诵律》《四分律》《五分律》《摩诃僧祇律》及《根本说一切有部毗奈耶》等五部，南传巴利本的有《铜鍱律》。以上六部律或多或少都有本生谈的出现。特别是在《摩诃僧祇》和《根有律》当中，为数相当不少。本节将依部予以说明之。

第一项 《四分律》中的本生谈

《四分律》，六十卷，姚秦时佛陀耶舍与竺佛念等共译于长安，时为公元四一〇—四一二年，是法藏部（又称法密部、昙无德部）所结集传持的律藏。

《四分律》中譬喻、因缘比较多，本生谈只有五则，即（一）黄金雁。（二）弥却摩纳。（三）射师·弟子·贼师。（四）小象学大象。（五）善行与恶行。[34]

（一）黄金雁是为吐罗难陀率尼众强拔他人大蒜之事而说。在《铜鍱律》和《十诵律》中均有类似故事，但略有不同。（三）、（四）、（五）是就提婆达多害佛破僧团而说，为佛与提婆达多的本生。（二）弥却摩纳一则中讲到弥却摩纳为报师恩，出外与人辩论获得五百金钱。后以五百金向苏罗婆提女购花供养定光如来，蒙如来授记将来可成佛，名释迦文。此则本生谈与《生经》卷五第五十五经中第四则“儒童梵志”、《增一阿含》卷十一《善知识品》第三经中“超术梵志”相同。不过本则中却多了：（一）一位配角——弥勒菩萨，在故事中担任弥却（释尊的本生）的恩师，名珍宝仙人。（二）

定光佛的降生、受教育、出家、证道、布教的部分，而这位在释迦牟尼前为释尊授记的过去佛，其生平和释尊几乎完全一样。（三）胜怨王的大臣十二丑闻发愿生生世世常相害佛的部分。（四）结语中的教示——学菩萨道能供养爪发者必成无上道；以佛眼观天下，无不入无余涅槃而般涅槃；无欲、无嗔、无痴、无恚，为施中第一、福中最尊及受取中第一。

第（五）善行与恶行一则中，叙述善行王子为改善阎浮众生的生活入海取宝，反遭其胞弟恶行王子的一连串计害。此则本生与《根有律破僧事》卷十五中二王子的故事相同。

第二项 《五分律》中的本生谈

《五分律》，具名《弥沙塞部和醯五分律》，共三十卷。刘宋时佛陀什、竺道生等译，是化地部所结集传持的律藏。

《五分律》与《四分律》一样，譬喻、因缘较多，本生不多，仅八则。八则是：（一）野狐。（二）学大象。（三）象师与象师弟子。（四）射师·弟子·贼师。（五）双雁与龟。（六）一房二施。（七）黑蛇宁死不收毒。（八）雏雉与火神。[35]此八则是具本生形式的作品，另外有些在别的律中是本生，而在《五分律》中却以譬喻出现的也有。如卷六牛的话、野干对狮子和老虎兄弟的谈话，卷十七雉、象与猿猴，卷二十四长寿王等即是例子。

（一）野狐是应提婆达多欲做佛，以取筹方式骗走五百比丘而说。（二）学大象是应提婆达多效佛，佯装背痛，令舍利弗、目犍连二尊者代开示而说。（三）象师与象师弟子是应提婆达多出身佛陀门下，不知感恩，反慉慢于世尊而说。以上是佛与提婆达多的本生事。（四）射师·弟子·贼师是应舍利弗以智慧破提婆达多而说。是佛、舍利弗、目犍连及提婆达多四人的本生事。（五）双雁与龟是应提婆达多恶口而坠地狱受苦患而说。（六）一房二施是应一信士以一房舍先后施赠罗睺罗与阿难二人，致二尊者起诤之事而说。（七）黑蛇宁死不收毒是应舍利弗弃药，不肯听劝再行收回的事而说。此为佛制比丘得储蓄药物之因缘。（八）雏雉与火神是应某处阿兰若遭野火无法灭却，后比丘持释尊名号告知火神是释尊令汝熄灭，野火果然熄灭之事而说。佛因此事制订灭野火的办法。

《五分律》的本生谈中尚未见到有大乘的踪影。

第三项 《十诵律》中的本生谈

《十诵律》，六十一卷，后秦时北天竺三藏弗若多罗与鸠摩罗什共译，为说一切有部所结集传持的律藏。

《十诵律》和《四分律》《五分律》一样，本生谈不多，全部十一则，其中三则为简说，八则为详说。八则是：（一）二水獭与野干。（二）鵽·猕猴·象。（三）母鹿不离鹿王。（四）大臣苏摩与雁王。（五）师子与野干。（六）子误杀父。（七）射师·弟子·贼主。（八）毒蛇宁愿投火自焚。[36]

（一）二水獭与野干是就跋难陀诈夺二老比丘的衣物而说的。（二）鵽·猕猴·象是就诸比丘彼此相互轻慢，不知相互尊重而说的。（三）母鹿不离鹿王、（四）大臣苏摩与雁王和（五）师子与野干三则是就阿难于提婆达多放恶象害佛时不离佛而说的。在师子与野干一则的末后，并提云："佛即以是因缘故，如是广说五百本生。"但是《十诵律》中找不到五百则本生谈。（六）子误杀父一则与巴利本本生谈第四十四蚊本生因缘及第四十五赤牛女本生因缘类同。（七）射师·弟子·贼主在诸律中均有，但稍微有一些变化，结语中提云："尔时世尊广说如是本生。"（八）毒蛇宁愿投火自焚是就舍利弗固执不听人劝而说的，本则故事是就舍利弗被责不净食而起的，与《五分律》中黑蛇不收毒的故事相仿，但讲说的缘起不大同。

第四项 《摩诃僧祇律》中的本生谈

《摩诃僧祇律》，四十卷，东晋时佛驮跋陀罗与法显共译，是大众部所结集传持的律藏。

《摩诃僧祇律》中的本生谈颇不少，共有五十三则，其中有二十八则是属于详说的，二十五则是简说的。

二十八则详说的是：（一）陶利大臣。（二）贪欲者。（三）金色鹿与王夫人。（四）鹿斑。（五）劫初人。（六）龙·仙人·金翅鸟。（七）六牙象与猎师。（八）大身象。（九）二婆罗门与羚羊。（一〇）名称王。（一一）婆罗门。（一二）鹦鹉。（一三）守斋狼。（一四）抒海婆罗门。（一五）猕猴与鳖。（一六）婆罗门女。（一七）豆主与驴主。（一八）龙象。（一九）镜面王与猕猴。（二〇）野干。（二一）猕猴捞月影。（二二）长者与阿摩由奴。（二三）大婆罗门与迦罗呵奴。（二四）二狗。（二五）鹦鹉与秃枭。（二六）鸟·猴·象。（二七）天女与五天子。（二八）梳头女。[37]

略指如《生经》《本生经》《本生》中所说的有下二十五则：

（一）二水獭。（二）鸟。（三）难提（牛）。（四）三兽。（五）象王。（六）怨家。（七）长寿王。（八）迦毗罗。（九）贤鸟。（一〇）生经。（一一）孔雀。（一二）鸟。（一三）鳖。（一四）生经。（一五）仙人与猕猴。（一六）释提桓因。（一七）猕猴。（一八）蛇。（一九）举吉罗。（二〇）巅多利鸟。（二一）鳖。（二二）鹦鹉。（二三）本生经。（二四）生经。（二五）七女经。[38]

《摩诃僧祇律》中本生谈具有的三个特色，是值得注意的：（一）多了仅简单提到"××本生经中广说""生经中广说""××本生经中说"的部分，且占二十五则之多。由这一点可以知道在这以前已流传有如此内容的故事和故事名称，而且已普遍为人所周知，因此才会有略说事件的发生。（二）弟子与信者的前生话颇不少，而且有的故事，明明在别处是佛的本生谈，而在此却变成弟子或信者的前生话。例如卷一的金色鹿与王夫人、鹿斑，卷二的六牙象与猎师，卷二的二婆罗门与羚羊即是其例。（三）《摩诃僧祇律》的故事大多可在别处看到。由以上的情形，吾人可以推断，在此律结集编纂之前，今日为吾人所见的本生谈大抵都已经有了，而且已在流传中，大众部结律的律师们自由、大胆地予以应用掺插在广律中，为本来枯燥的律典增添了迷人而引人入胜的色彩。大众部律师此一大胆自由应用的作风，为后来从事佛传文学的作者大肆应用，大乘经典乘此风而产生。虽然大众部不过是小乘部派之一，此律也不具大乘特征，但是吾人不能否认其开放、自由运用民间已流传故事，对大乘的兴起确有莫大的刺激与亢进作用。

第五项 《根有律》中的本生谈

除了以上北传四大律外,《根有律》也是相当重要的。出现在北传汉译的《根有律》篇幅极广，但并不完整，而且分成许多部。《根有律》具名《根本说一切有部毗奈耶》，收在《大正藏》中的有：（一）毗奈耶（五十卷）。（二）苾刍尼毗奈耶（二十卷）。（三）出家事（四卷）。（四）安居事（一卷）。（五）随意事（一卷）。（六）皮革事（二卷）。（七）药事（十八卷）。（八）羯耻那衣事（一卷）。（九）破僧事（二十卷）。（一〇）杂事（四十卷）。（一一）尼陀那目得迦（十卷）。（一二）百一羯磨（十卷）。（一三）戒经（一卷）。（一四）苾刍尼戒经（一卷）。（一五）尼陀那目得迦摄颂（一卷）。（一六）略毗奈耶杂事摄颂（一卷）。（一七）根本萨婆多部律摄（十四卷）。（一八）毗奈耶颂（三卷）。以上十八部一九九卷皆唐朝义净所汉译。

根本说一切有部是由上座系说一切有部分出的，思想却极近大众部。但就律的精神和内容来讲，《根有律》和说一切有部的《十诵律》很接近。

《根有律》中各种譬喻、本生、因缘本生故事在适当地方插入的情形极多，甚至比《摩诃僧祇律》更有过之。《根有律》中的本生与《僧祇律》的本生相同，都是属于因缘本生。《摩诃僧祇律》的本生平均散布在律中，但以因提婆达多破僧事件所谈最多。《根有律》的本生谈，在毗奈耶、苾刍尼毗奈耶、出家事、皮革事、药事及破僧事中均有，其中以破僧事中为最多，其次药事。光是破僧事中的因缘本生谈就达六十九则之多，其中包括佛本生及弟子和信士本生因缘。

破僧事中的六十九则本生故事是：（一）转轮王吉利枳（频婆娑罗得度本生因缘）。（二）三子供养迦叶佛塔（三迦叶得度本生因缘）。（三）梵授王与天河护（释贤王与优波离本生因缘）。（四）饿豺吃老牸羊（提婆达多杀莲华色女本生因缘）。（五）特牛与驴（提婆达多不用佛言，致遭受地狱苦患本生因缘）。（六）牛王与野猴（同（五））。（七）制底迦王妄言（同（五））。（八）机关师与弟子（同（五））。（九）龟王与八万蚁（憍陈如饱得法味本生因缘）。（一〇）金刚臂王施血五药叉（五比丘得度本生因缘)。(一一)慈力王施血五药叉(同(一〇))。(一二)谤迦叶佛(佛受六年苦行本生因缘)。(一三)智贼(罗睺罗识父本生因缘)。(一四)独角仙与王女(耶苏陀罗企图惑佛本生因缘)。(一五)紧那罗妇殉情(耶苏陀罗为情跳楼本生因缘)。(一六)村女诳母(耶苏陀罗六年怀胎本生因缘)。(一七)六日之罚(罗睺罗六年处胎本生因缘)。(一八)贫人施供辟支佛(具寿贤王今世得作国王本生因缘)。(一九)剃头人(优波离作国王剃头人本生因缘)。(二〇)剃头人(同(一九))。(二一)发愿持律第一(优波离持律第一本生因缘)。(二二)弹打辟支佛(阿难生背疮本生因缘)。(二三)善数学(阿难善占相算术本生因缘)。(二四)雉鸡落地(熟雉不着胜军王食盘本生因缘)。(二五)医师(阿难顶生恶疮,胜军王亲自照顾本生因缘)。(二六)两兄弟(阿难得为佛侍者本生因缘)。(二七)迦叶如来弟子(阿难多闻不忘,聪明第一本生因缘)。(二八)摩纳婆的咒术失灵(提婆达多失神通本生因缘)。(二九)树神不知善恶(阿阇世王每日供养提婆达多五百车物资本生因缘)。(三〇)子知父意(医王侍缚迦善知佛意本生因缘)。(三一)仙人与象(提婆达多因效佛而致病,佛往救之,却无恩报本生因缘)。(三二)金色鹿与恶人(同(三一))。(三三)

作花鬘人与猕猴（同（三一））。（三四）啄木鸟与狮子王（同（三一））。（三五）樵夫与熊（同（三一））。（三六）樵夫与熊（同（三一））。（三七）国王与病人（同（三一））。（三八）二王子（同（三一））。（三九）不贞的女人（同（三一））。（四〇）舍子（同（三一））。（四一）贫童子供佛（宝德童子足生黄金毛本生因缘）。（四二）二狗（阿阇世太子与提婆达多互为恶友本生因缘）。（四三）黑头虫（同（三一））。（四四）鼠与鼠狼（同（三一））。（四五）陶家主人欲饿死辟支佛（影胜王悲惨晚境的本生因缘）。（四六）金帽（提婆达多造金色身本生因缘）。（四七）野干量象迹（提婆达多为足造金轮相）。（四八）猎人护仙人（金毗罗药叉护佛丧命本生因缘）。（四九）长者子生毒疮（大迦叶发愿佛足因是康复本生因缘）。（五〇）乌鸦与野干（孤迦里迦袒护提婆达多本生因缘）。（五一）共命鸟（提婆达多害佛本生因缘）。（五二）鱼师儿（同（五一））。（五三）争购宝物（同（五一））。（五四）两兄弟（同（五一））。（五五）乞女（同（五一））。（五六）鹅王（阿难不舍离佛本生因缘）。（五七）杖瓶不离阿吒王（同（五六））。（五八）野干救师子（同（五六））。（五九）母鹿不舍鹿王（同（五六））。（六〇）粪打野干（提婆达多贪利自害本生因缘）。（六一）二群猴（依提婆达多者蒙难本生因缘）。

（六二）二群猴（同（六一））。（六三）老猫坐禅（提婆达多非法示现正法本生因缘）。（六四）顺正顺邪（同（六一））。（六五）猕猴捞月（同（六一））。（六六）二仙（提婆达多破和合僧本生因缘）。（六七）野干乘象（提婆达多颠倒本生因缘）。（六八）痴象（提婆达多妄颠本生因缘）。（六九）射师（舍利弗破提婆达多本生因缘）。[39]

以上六十九则本生谈中，与提婆达多有关的就有四十四则。

《苾刍尼毗奈耶》中的本生谈则以吐罗难陀的本生事为多。弟子本生事中以提婆达多和吐罗难陀二人所占的篇幅最多，因为此二人是佛世时比丘和比丘尼中头号的问题人物，造恶最多，所以为他们所说的也自然最多。

药事部中的本生也相当可观，包括详说、简说的近有八十则。详说的有下列六十则：

（一）施肉·食肉（比丘食肉证五通本生因缘）。（二）转轮王大善现（佛成道时诸天持伞盖来遮本生因缘）。（三）五百商人建迦叶如来塔（栗姑毗获大威德本生因缘）。（四）赞叹象王（佛授婆罗门辟支佛本生因缘）。（五）小猕猴放火烧聚落救同类（释迦老人烧村落本生因缘）。（六）猕猴与缘觉（优波掬多本生因缘）。

（七）婆罗门出恶口言应以粗麦供比丘（佛三月食马麦本生因缘）。（八）恶口（牧者欢喜与虾蟆天子本生因缘）。（九）恶口（五百饿鬼本生因缘）。（一〇）懒比丘（五百农夫本生因缘）。（一一）无盐米膏供养独觉（胜光王本生因缘）。（一二）顶生王（此佛本生事是应胜光王燃千灯而说的）。（一三）转轮王大喜见。（一四）大施婆罗门。（一五）转轮王吉胜。（一六）转轮王茅草。（一七）三螺摩腾迦王。（一八）转轮王大天。（一九）转轮王泥弥多。（二〇）镜面王。（以上（一二）—（二〇）是佛昔日行布施波罗蜜的本生因缘）。（二一）善财童子（佛昔行精进波罗蜜本生因缘）。（二二）善施太子（佛昔行慧施作福波罗蜜本生因缘）。（二三）散弹长者（佛昔十二年施独觉本生因缘）。（二四）马王婆罗诃。（二五）师子王救五百商人（佛昔舍身救人本生因缘）。（二六）共命鸟。（二七）鸟王。（二八）鹦鹉。（二九）尾提国王。（三〇）大龟王。（三一）苏斯那大臣。（三二）商王。（三三）六牙大象（（二六）—（三三）为佛昔慈摄有情本生事）。（三四）兔。（三五）肩担父母。（三六）救年老人。（三七）施血药叉。（三八）猕猴王。（三九）雉。（四〇）象。（四一）瞩波龙子。（四二）鹅王（以上（三四）—（四二）为简说，仅提如“××生经说”或“广说应知”）。（四三）光明王

（释尊施过去佛本生事）。（四四）陶轮工师（释尊施过去佛本生事）。（四五）画师与机关师较量。（四六）二画师较技。（四七）二仙与雨。（四八）二仙与土头。（四九）画师与雕刻师（（四五）—（四九）为佛说舍利弗胜目犍连本生因缘）。（五〇）兄以石杀弟（佛为抛石伤足本生因缘）。（五一）二商主争财（佛为木枪伤足本生因缘）。（五二）摩纳婆不施独觉（佛乞食不获，空钵而还本生因缘）。（五三）法师出言轻谤。（五四）婆罗门谤仙人。（五五）杀人嫁祸独觉（以上（五三）—（五五）为佛受淫女诽谤本生因缘）。（五六）婆罗门与二童子（佛三月食马麦本生因缘）。（五七）谤迦叶如来（佛六年苦行本生因缘）。（五八）医师给毒药（佛身痛本生因缘）。（五九）小儿打鱼头（佛头痛本生因缘）。（六〇）壮士折人脊骨（佛背痛本生因缘）。[40]

除前述六十则外，卷十六至十八有大迦叶、舍利弗等三十圣弟子以偈颂自说前生因缘。此与五百弟子自说本起经相似，但内容多少不同。

《根有律》中的本生谈和其他律一样，都是讲善恶因果业报的事，而且非常强调，篇篇为“如是因，如是果”做了最佳的诠释。《根有律》和《僧祇律》一样，有不少提到如“××生经”中说，如“广说”，如“长阿笈摩”，如“中阿笈摩”所说等。并且诸原始经、律中各本生有许多是相同的。

由《根有律》的本生谈中，可以发现下列三件与大乘有关的重要资料：

（一）善财童子精进寻找悦意女与《华严经》善财五十三参的关系：《根有律·药事》卷十三、十四中的善财是佛自说的本生谈。故事中的善财是般遮罗（Pañcalor）国北界龙阁城（Nāgapura）的王子，是贤劫菩萨来投胎，生有瑞相。及长，有猎师以不空羂索（Amoghāpaśa）捉住一紧那罗（Kimnara）女悦意（Sumanas）献给王子，王子爱染非常。后有婆罗门作怪，王受愚弄令王子带兵出外平乱，并要杀害悦意女。悦意女逃回紧那罗宫。王子平乱归来不见悦意女，决意北向出外寻找。善财一路上向月亮、鹿、蜜蜂、蟒蛇、百舌鸟、无忧树、仙人等寻问："可曾见到我的悦意女？"善财以无比的勇气，经过千山万水的跋涉和寻觅，终于克服了一切到了紧那罗宫，把悦意女带回龙阁城。律中指出这是"发精进波罗蜜"，律云："我为悦意故，精勤威力超越第一。"此一"精勤威力超越第一"的跋涉千山万水逢人即问的情形，不正与《华严经》中善财为法到处参访的情形相类似吗？当然，前者所寻的只是世俗的"染欲"，在境上是无法和后者从菩萨行中所追寻清净佛道的"正法欲"相比拟。但是染欲、正法欲都是“欲”，欲是诸法的根本，有欲才能引发精进，精进才能成就一切。以愿欲而引发无限的精进，正是二善财童子故事的精髓。况且律中的善财也是贤劫菩萨呢！他寻找悦意女当然自有深意存在。[41]

（二）善施太子一则是谈行布施波罗蜜的事，与《太子须大拏经》《六度集经》《菩萨本缘经·一切持太子品》为同一故事，但是药事中的叙述较夸大、自然、感人，想必是原型。

（三）大乘用语颇多。药事中出现不少的大乘佛教用语，如菩萨行、阿耨多罗三藐三菩提、十方诸刹土、称佛名号、回向、度众生苦、忍辱修习、法界、三菩提心、无生果、诸佛甚深境界、大菩提行、无生位、愿力、誓愿、弘愿、施本愿、精进波罗蜜、忍辱波罗蜜、禅波罗蜜、六波罗蜜等。

至于律中本生特别多，而且着重在弟子本生的原因和功能，可以归纳出三点：

（一）当时僧团良莠不齐，六群之属颇不少，犯错事件频仍，佛为使信者及弟子对清净的出家人有信心，因此对弟子们所犯的错事，或意外事，或甚奇特的事，或好或坏，均以自本生所造业，不可力抗来解释，使在家人明白“业”的力量和三世因果的关系，使大家不至于因为某一两位出家人的恶迹而对出家人感到失望，对僧团失去信心。

（二）借生活所发生的事件来作机会教育，解决弟子、信者的疑虑，坚固并增长信心。

（三）由于佛对僧团所发生的不幸事件，适时以说本生的方式去把不幸事件的来由做个交代，使弟子们心开意解，这对僧团的和平和统一应有很大的助力。

注释：

① 见拙作《三藏与部派》一文（《佛光学报》第六期，页二二七—二四二，以普愿之名发表）佛光出版社印行。

②《七日经》见《大正藏》第一册，页四二八下—四二九下，佛光版《中阿含》第一册，卷二，页四十五—六十三。

③《四洲经》见《大正藏》第一册，页四九四上—四九五上，佛光版《中阿含》第一册，卷十一，页三九八—四〇五。

④ **转轮圣王**：又名转轮王、飞行皇帝，具有三十二相，有如意足能飞行于空中，是印度民族理想中的世界统御主。转轮王登基之时，七宝自然出现于宫中。

⑤ **七宝**：即（一）轮宝。（二）象宝。（三）马宝。

（四）珠宝。（五）女宝。（六）居士宝。（七）主兵宝。各为八万四千中之第一者。

⑥ **四军：** 即象军、马军、步军、车军，是古印度用以作战的军种。

⑦ **四天下：** 即阎浮提洲外东、西、南、北四洲，即东胜身洲、西牛货洲、北俱卢洲、南赡部洲。

⑧《鞞婆陵耆经》见《大正藏》第一册，页四九九上—五〇三上。佛光版《中阿含》第一册，卷十二，页四二三—四四一。

⑨《大天㮈林经》见《大正藏》第一册，页五一一下—五一五上。佛光版《中阿含》第一册，卷十四，页四八五—五〇一。

⑩《大善见王经》见《大正藏》第一册，页五一五—五一八下。佛光版《中阿含》第一册，卷十四，页五〇二—五一八。

⑪《须达哆经》见《大正藏》第一册，页六七七上—六七八上。佛光版《中阿含》第三册，卷三十九，页一三七二—一三七八。

⑫《阿兰那经》见《大正藏》第一册，页六八二中—六八四下，佛光版《中阿含》第三册，卷四十，页一四〇八—一四一八。

⑬《游行经》见《大正藏》第一册，页一一上—

三十中。

⑭《典尊经》见《大正藏》第一册，页三十中—三十二中。

⑮《大正藏》第二册，页五五一中—五五三下。

⑯ 同上书，页五八三中—五八四下。

⑰ 同上书，页五九七上—五九九下。

⑱ 同上书，页六〇九上—六一一中。

⑲ 同上书，页六一二下—六一三中。

⑳ 同上书，页六四四中—六四五中。

㉑ 同上书，页六六〇上—六六五中。

㉒ **四事**：指（一）布施。（二）爱敬。（三）利人。（四）读诵经法。

㉓《大正藏》第二册，页六八三上—六八六下。

㉔ **四事供养**：指饮食、医药、卧具、衣服。

㉕《大正藏》第二册，页六九〇上—六九二下。

㉖ 同上书，页七一九中—七二二下。

㉗ 同上书，页七五六下—七五八下。

㉘ 同上书，页七六九中—七七〇下。

㉙ **女人有九恶**：指臭秽不净、恶口、无反复、嫉妒、悭嫉、多喜游行、多嗔恚、多妄语、所言轻举。

㉚《大正藏》第二册，页七八四下—七八五中。

㉛ 同上书，页八〇六下—八一〇中。

㉜ 同上书，页八一四上—八一七上。

㉝ 同上书，页八二三中—八二五中。

㉞ 五则本生谈出于《大正藏》第二十二册，卷页依次如下：(一)卷二十五，页七三六下—七三七中。(二)卷三十一，页七八二上—七八五下。(三)卷四十六，页九〇九中—九一〇中。(四)卷四十六，页九一〇中—九一〇下。(五)卷四十六，页九一〇下—九一七上。

㉟ 八则本生谈出于《大正藏》第二十二册，卷页依次如下：(一)卷三，页十八中—十九上。(二)卷二十五，页一六四下—一六五上。(三)卷二十五，页一六五上—一六五中。(四)卷二十五，页一六五中—一六五下。(五)卷二十五，页一六五下—一六六上。(六)卷二十五，页一六八中—一六八下。(七)卷二十六，页一七三下。(八)卷二十六，页一七五下—一七六。

㊱ 八则本生谈出于《大正藏》第二十三册，卷页依次如下：(一)卷二十七，页一九九上—一九九下。(二)卷三十四，页二四二上—二四二下。(三)卷三十六，页二六二上—二六三中。(四)卷三十七，页二三六中—二六四上。(五)卷三十七，页二六四上—二六四中。(六)卷三十七，页二六四中。(七)卷

三十七，页二六四中—二六六中。（八）卷六十一，页四六四上。

㊲ 以上二十八则本生谈出于《大正藏》第二十二册，卷页依次如下：（一）卷一，页二二八上。（二）卷一，页二二九下。（三）卷一，页二二九下—二三一中。（四）卷一，页二三二中—二三三上。（五）卷二，页二三九中。（六）卷二，页二四〇上。（七）卷二，页二四〇下。（八）卷二，页二四一上。（九）卷二，页二四二上。（一〇）卷三，页二四三上。（一一）卷三，页二四三中。（一二）卷四，页二五八中。（一三）卷四，页二五九上。（一四）卷四，页二六〇上。（一五）卷五，页二六五上。（一六）卷五，页二六五中。（一七）卷六，页二七五下。（一八）卷六，页二七七中。（一九）卷六，页二七九下。（二〇）卷七，页二八二中。（二一）卷七，页二八四上。（二二）卷七，页二八五中。（二三）卷七，页二八五下。（二四）卷七，页二八八中。（二五）卷七，页二八八下。（二六）卷二十七，页四四六上。（二七）卷三十八，页五二八下。（二八）卷三十八，页五二九上。

㊳ 以上二十五则出于《大正藏》第二十二册，卷页依次如下：（一）卷八，页二九一下。（二）卷八，页二九二上。（三）卷十二，页三二五中。（四）卷十二，

页三二六中。(五)卷十二，页三三〇下。(六)卷十三，页三三一下。(七)卷十三，页三三五。(八)卷十四，页三四一下。(九)卷十五，页三五〇中。(一〇)卷十六，页三五三下。(一一)卷十七，页三六三中。(一二)卷十七，页三六五中。(一三)卷十七，页三六五中。(一四)卷十七，页三六五下。(一五)卷十八，页三七三下。(一六)卷十九，页三七七中。(一七)卷十九，页三八四中。(一八)卷二十，页三九二下。(一九)卷二十九，页四六二中。(二〇)卷二十九，页四六二中。(二一)卷二十九，页四六二中。(二二)卷二十九，页四六二中。(二三)卷二十九，页四六三下。(二四)卷三十五，页五〇八上。(二五)卷三十六，页五一九上。

㊴ 以下六十九则出于《大正藏》第二十四册，卷页依次如下：(一)卷七，页一三六——一三七。(二)卷八，页一三七。(三)卷九，页一四六——一四七。(四)卷十，页一四七——一四八。(五)卷十，页一五一。(六)卷十，页一五一——一五二。(七)卷十，页一五二。(八)卷十，页一五二——一五三。(九)卷十一，页一五五。(一〇)卷十一，页一五五——一五六。(一一)卷十一，页一五六。(一二)卷十二，页一五六——一五八。(一三)卷十二，页一五八——一六〇。

（一四）卷十二，页一六〇——一六一。（一五）卷十二，页一六一——一六二。（一六）卷十二，页一六二。（一七）卷十二，页一六二。（一八）卷十二，页一六二——一六三。（一九）卷十三，页一六四。（二〇）卷十三，页一六四。（二一）卷十三，页一六四。（二二）卷十三，页一六五。（二三）卷十三，页一六六。（二四）卷十三，页一六六。（二五）卷十三，页一六六。（二六）卷十三，页一六六。（二七）卷十三，页一六七。（二八）卷十四，页一七二——一七三。（二九）卷十四，页一七三。（三〇）卷十四，页一七三——一七四。（三一）卷十五，页一七四——一七五。（三二）卷十五，页一七五。（三三）卷十五，页一七六——一七七。（三四）卷十五，页一七六——一七七。（三五）卷十五，页一七七。（三六）卷十五，页一七七——一七八。（三七）卷十五，页一七八。（三八）卷十五，页一七八——一八〇。（三九）卷十六，页一八〇。（四〇）卷十六，页一八一。（四一）卷十七，页一八五——一八七。（四二）卷十七，页一八七——一八八。（四三）卷十七，页一八八。（四四）卷十七，页一八八——一八九。（四五）卷十八，页一八九。（四六）卷十八，页一九一。（四七）卷十八，页一九一——一九二。（四八）卷十八，页一九二。（四九）

卷十八，页一九三——一九四。（五〇）卷十八，页一九四——一九五。（五一）卷十八，页一九五。（五二）卷十八，页一九五。（五三）卷十九，页一九七。（五四）卷十九，页一九七。（五五）卷十九，页一九七。（五六）卷十九，页一九七。（五七）卷十九，页一九九。（五八）卷十九，页二〇〇。（五九）卷十九，页二〇〇。（六〇）卷十九，页二〇〇。（六一）卷二十，页二〇〇。（六二）卷二十，页二〇一。（六三）卷二十，页二〇一——二〇二。（六四）卷二十，页二〇二。（六五）卷二十，页二〇二。（六六）卷二十，页二〇二——二〇四。（六七）卷二十，页二〇四。（六八）卷二十，页二〇四。（六九）卷二十，页二〇四——二〇五。

㊵ 以上出于《大正藏》第二十四册，卷页依次如下：（一）卷一，页四上—四下。（二）卷五，页二十二下—二十三下。（三）卷七，页二十九中—二十九下。（四）卷九，页三十八下。（五）卷九，页三十九上—三十九中。（六）卷十，页四十二上—四十二中。（七）卷十一，页四十八中—下。（八）卷十一，页五十上—中。（九）卷十一，页五十一上。（一〇）卷十二，页五十二下。（一一）卷十二，页五十五上—中。（一二）卷十二，页五十六上—五十七上。（一三）—（二〇）

卷十三，页五十七上—五十九中。（二一）卷十三—十四，页五十九中—六十四下。（二二）卷十四，页六十四下—六十八中。（二三）卷十四，页六十八中—六十九中。（二四）卷十四，页六十九中。（二五）卷十四，页六十九中—下。（二六）—（三三）卷十四—十五，页六十九下—七十二中。（三四）—（四二）卷十五，页七十二中。（四三）卷十五，页七十二下—七十三上。（四四）卷十五，页七十三上—中。（四五）—（四九）卷十六，页七十七上—七十八上。（五〇）—（六〇）卷十八，页九十四上—九十七上。

㊶ 参阅印顺法师著《初期大乘佛教之起源与开展》（页一一一〇—一一一一）。

第五章 菩萨思想的起源、发达与本生谈的关系

第一节 菩萨名辞释义

一提到菩萨，大家不是想到手持净瓶，千处祈求千处应的大悲观世音菩萨，就是想到骑着狮子凌空去来，智慧第一的文殊师利菩萨，要不就是想到深入地狱中救苦的地藏菩萨和以大行著称的普贤菩萨等大菩萨。事实上，以上这些悲心、愿力、智慧、行力具足，身色庄严，项挂璎珞，顶戴宝冠的大菩萨，都是大乘佛教兴起后才产生的菩萨。因为在早期的经典中，并未有关于这些菩萨的记载。

“菩萨”一词虽然在原始佛教时期即有，在《阿含经》中也可见到，但毕竟不多，而且只限于称呼未成佛以前的释迦和弥勒菩萨而已。到了部派佛教时代，菩萨这一名词，被广泛地利用，并出现在本生诸经和各部派

的论著中。不过“菩萨”一词仍仅仅是对释尊未成正觉前（包括前生）修行时代的称呼而已。多菩萨的思想和今日菩萨的形态、用力，是大乘佛教兴起后才有的，也就是说今日吾人所知的菩萨是大乘化了的菩萨，而原来的菩萨并不是这样的。那么大乘佛教以前的菩萨究竟是怎样的呢？这是十分值得探讨的问题。本章将就部派佛教时期的菩萨作一综合的考察。

菩萨是十法界之一，也是三乘之一[①]，在佛教中居有相当的地位。菩萨之所以被定名为菩萨，必有其特殊的意义，因此在涉入正题之前，先让我们对“菩萨”的意义作个初步的了解。

“菩萨”是梵语“菩提萨埵”的简称，“菩提萨埵”梵语作Bodhisattva，巴利语作Bodhisatta，藏语作Byan-chvb-sems dpaḥ。菩提萨埵是菩提Bodhi和萨埵Sattva的复合字，菩提即“觉悟”而求“无上正遍知的道”的意思，萨埵是勇猛求菩提的众生。《法华经嘉祥疏》卷一说：“菩提云道，是无上正遍知果道也。萨埵言众生，为求果道故名道众生也。”《法华玄赞》卷二说：“菩提，觉义；智所求果。萨埵，有情义；悲所度生。依弘誓语，故名菩萨。以二为境，名为菩萨，有财释也，又觉是所求果，有情是自身求三藐三菩提之有情者，故名菩萨。”又说：“菩提是所求果，萨埵者勇猛义，不惮处时求大菩提，有志有能故名菩萨。”又说：“能利乐一切有情，故名菩萨。”《舍利弗阿毗昙论》卷八说：“若人三十二相成就，不从他闻，不受他教，不请他说，不听他法，自思、自觉、自观，于一切法无碍。当得自力自在，豪尊胜贵自在，当得知见无上正觉，当成就如来十力、四无所畏，成就大慈，转于法轮，是名菩萨人。”（大正二十八·页五八五上）《大毗婆沙论》卷一七六说：“此萨埵未得阿耨多罗三藐三菩提时，以增上意乐恒随顺菩提，趣向菩提，亲近菩提，爱乐菩提，尊重菩提，渴仰菩提，求证欲证不懈不息，于菩提中心无暂舍，是故名为菩提萨埵。……复次萨埵是勇猛者义，未得阿耨多罗三藐三菩提时，恒于菩提精进勇猛，求欲速证，是故名为菩提萨埵。”（大正二十七·页八八七上）《大智度论》卷四说：“菩提名诸佛道，萨埵名或众生或大心，是人诸佛道功德尽欲得，其心不可断不可破，如金刚山，是名大心。……复次称赞好法名为萨，好法体相名为埵，菩萨心自利利他故，度一切众生故，知一切法实性故，行阿耨多罗三藐三菩提道故，为一切贤圣之所称赞故，是名菩提萨埵。”又说：“有大誓愿，心不可动，精进不退，以是三事名为菩提萨埵。”（大正二十五·页八十六上）《大智度论》卷五十二说：“从六波罗蜜乃至一切种智，行是诸法，故名菩萨。”（大正二十五 · 页四三二上）综合上来所举诸论说的诠释，可以把“菩萨”的意义解释作“修行诸波罗蜜行，上求菩提佛道，下化六道有情，预备在将来成佛的大心众生”。

Bodhi-sattva 一般汉文音译作“菩提萨埵”，但也有音译作菩提索多、冒地萨怛缚、扶萨等的。至于依义而译的，则依菩萨的各种力用功德不同而有异称，在《新华严经》卷五十七提到的有：菩提萨埵（菩提智所生故）、摩诃萨埵（安住大乘故）、第一萨埵（证第一法故）、胜萨埵（觉悟胜法故）、最胜萨埵（智慧最胜故）、上萨埵（起上精进故）、无上萨埵（开示无上法故）、力萨埵（广知十力故）、无等萨埵（世间无比故）、不思议萨埵（一念成佛故）十种（大正十 · 页三〇〇上）。《度世品经》卷四提到的有：开士（以菩萨了解佛慧，为一切法故）、大士（以坚住大乘故）、尊人（以奉行佛法故）、圣士（以觉成妙法故）、超士（以入殊胜慧故）、上人（以劝人精进故），无上（以宣佛胜法故）、力士（以具足解了十种力慧故）、无双（以除诸一切暗冥覆蔽故）、无思议（以心得由已辄成佛道故）十种（大正十 · 页六四〇上）。《菩萨地持经》卷八《菩萨功德品》亦列有以下十种：勇猛、无上、佛子、佛持、大师、大圣、大商主、大名称、大功德、大自在（大正三十 · 页九三一下)。《瑜伽师地论》卷四十六提到的有：菩提萨埵、摩诃萨埵、成就觉慧、最上照明、最胜真子、最胜任时、普能降伏、最胜萌芽、勇健、最圣、商主、大称、怜愍、大福、自在、法师十六种（大正三十·页五四九上)。在《大宝积经》卷三十六提到的有：菩提萨埵、广大萨埵、极妙萨埵、胜出一切三界萨埵、身业无失语业无失意业无失、身业清净语业清净意业清净、身业无动语业无动意业无动七种（大正十一·页二〇六下)。另外尚有正士、始士、高士、大道心众生等。

第二节　菩萨思想的形成与发展

第一项　原始经论与菩萨思想

“菩萨”一词的使用究竟起于何时，是颇值得研究的事。北传部派佛教的诸经论中，不乏提到和解释菩萨的事。

例如属于上座系统的说一切有部的根本论——《阿毗达磨发智论》卷十八就提到说：“齐何名菩萨？答：齐能造作增长相异熟业。得何名菩萨？答：得相异熟业。”②

另外分别说部的《舍利弗阿毗昙论》也提到说：

“云何菩萨人？若人三十二相成就，不从他闻，不受他教，不请他说，不听他法，自思、自觉、自观，于一切法知见无碍；当得自力自在，豪尊胜贵自在，当得知见无上正觉，当成就如来十力、四无所畏，成就大慈，转于法轮，是名菩萨人。”③

另外属于上座部的锡兰分别说部的《论事》等都提到菩萨的事。

《发智论》是佛灭后三百年左右，由迦多衍尼子所造的论典，依此来推论，菩萨一词的出现，最迟当不会晚于公元前二世纪。

早期的经典，不论南北传都有提到“菩萨”一词。北传的四阿含就有好些地方提及“菩萨”一词。譬如：

《增一阿含》卷十九第五经，就是记载弥勒菩萨在祇树给孤独园，向佛陀请求开示菩萨如何成就六波罗蜜而成正觉和佛陀如何教示的事。兹摘录以作见证：

闻如是：

一时，佛在舍卫园祇树给孤独园。尔时弥勒菩萨至如来所，头面礼足，在一面坐，尔时弥勒菩萨白世尊言：

“菩萨摩诃萨成就几法，而行檀波罗蜜，具足六波罗蜜，疾成无上正真之道？”

佛告弥勒：“若菩萨摩诃萨行四法本，具足六波罗蜜，疾成无上正真等正觉。云何为四？于是，菩萨惠施佛、辟支佛，下及凡人皆悉平均，不选择人，恒作斯念：一切由食而存，无食则丧，是谓菩萨成就此初法，具足六度。复次，菩萨若惠施之时，头、目、脑、髓、国、财、妻、子，欢喜惠施，不生着想。由如应死之人临时还活，欢喜踊跃不能自胜。尔时菩萨发心喜悦亦复如是，布施誓愿不生想着。复次，弥勒！菩萨布施之时普及一切，不自为己使成无上正真之道，是谓成就此三法具足六度。复次，弥勒！菩萨摩诃萨布施之时作是思维，诸有众生之类，菩萨最为上首，具足六度，了诸法本。何以故？食已诸根寂静，思维禁戒，不兴嗔恚，修行慈心，勇猛精进，增其善法，除不善法，恒若一心，意不错乱，具足辩才，法门终不越次。使此诸施具足六度，成就檀波罗蜜。若菩萨摩诃萨行此四法，疾成无上正真等正觉。是故，弥勒！若菩萨摩诃萨欲施之时，当发此誓愿，具足诸行，如是，弥勒！当作是学。”

尔时，弥勒闻佛所说，欢喜奉行。④

另外《增一阿含》卷三十七第六经，也提到“弥勒菩萨应三十劫当成无上正真等正觉，我以精进力超越成佛”⑤。同经卷四十四第三经完全是讲述弥勒菩萨过去、现在和未来三世的事⑥。

下面将北传各阿含中提到菩萨的地方予以提出：

《长阿含》：卷一《大本经》、卷二《游行经》、卷三《典尊经》、卷二十二《世纪经·世本缘品》。

《别译杂阿含》：卷三第五十四经。

《增一阿含》：卷一序品、卷四第五经，卷十一第三、六、七、十三经，卷十四第二经、卷二十二第二经、卷三十一第四经、卷三十六第三经，卷三十七第五、六两经，卷四十四第三经、卷五十一第六经。

《杂阿含》：卷二十三第六〇四经、卷四十一第一一二三经、卷四十四第一一七七经。

除前述外，在《大正藏》中被列在阿含部的诸经提到菩萨的有《大正藏》卷一的《佛开解梵志阿颰经》《恒水经》《新岁经》《佛般涅槃经》《大般涅槃经》《起世经》卷四、《起世因本经》卷四、《佛说释摩男本四子经》和《大正藏》卷二的《缘起经》《央掘魔罗经》。不过四阿含中的《中阿含》却未提到菩萨。

目前北传的《阿含经》，并非最原始的阿含，而是部派所传下来的，《长阿含》是由法藏部传下来的，《增一阿含》是大众部所传，《中阿含》和《杂阿含》则是说一切有部所传。前述所列关于菩萨的记载究竟是昔日阿难诵出时就有呢，还是各部派后来增补上去的呢？这是相当叫人猜疑的。当代佛教论师印顺导师认为菩萨名词是后起的，理由是：铜鍱部所传《相应部》，在提到过去诸佛观缘起成佛时都说："世尊应正等觉，未成菩萨时。"而与此相当的《杂阿含》只作"佛未成正觉时"，前者有菩萨，而后者没有。又如《中阿含》的《长寿王本起经》《天经》《罗摩经》等，都只说"我未觉无上真正道时"，而铜鍱部所传的《中部》却多了"菩萨"一词。[⑦]我想印公的推证是未尝没有道理的。

第二项　本生经与菩萨思想

本章所谈本生，乃专指佛世尊在过去世未成佛前的修行时代的种种修行故事。南传小部的有《本生经》五四七则，北传的则散在本缘部中，如《六度集经》《菩萨本生鬘论》《生经》等。这一个个精彩的故事，都是描述世尊在未成佛前，历经三祇百劫（南传说是四祇百千劫），直至在菩提树下金刚座上成佛为止的期间，所做种种苦修和菩萨善行的感人故事。尤其南传小部中的《本生经》，每一则都明白地标出"尔时菩萨生为×××"或"菩萨唱言"等。

北传康僧会所译的八卷《六度集经》，是讲佛陀在过去世如何修行六波罗蜜行的故事，计有九十一则故事。

南传的《本生经》则记载佛陀在过去世如何修行菩

萨十波罗蜜行而致成佛的故事。内中有的是佛说的，有的是弟子说的。

一般的学者认为，释尊的本生谈是印度民间故事的精华，许多印度古代的有道德人士的懿行美德故事和民间流传的故事，被借记是佛陀的前生，而拿来作教材。

第三项　菩萨思想形成的原因与时间

由原始教典中，我们可以很明白地看出佛和弟子的修道和弘法目的的迥然不同，声闻乘的弟子们是以“求解脱、证涅槃、求寂静”为目的；而佛是以“证无上菩提，弘化世间”为目的，所以所得的果报成就各不相同。关于这些不同，佛在世时并未被普遍地感觉到或去根究其所以然。佛陀涅槃了，弟子们在顿失依怙下，只有遵循佛的遗教——经和律。部派时代的早期，已传出了佛的本生故事，并得到佛教界的公认。由于对佛陀的怀念，弟子一方面开始崇拜佛陀的遗物，一方面更思考到佛陀何以和声闻弟子不同，同时认为佛陀之所以成为佛陀，必然是多生多劫修行而成的，并且在这多生多劫中的修行必然和声闻、辟支佛不同。佛陀在过去未成佛前的修行时代，既未成佛，当然不能称之为佛，也不能称为声闻和辟支佛，当然更不能作一般的凡夫看，那么究竟应该如何称呼才适切呢？因为释尊在过去生中修行，一直都是以勇猛上求菩提的智愿和下济一切有情的悲愿为修行目的，所以就被称为“菩提萨埵”。所以“菩萨”一名词的出现，至迟也不会晚于公元前二世纪。

由于《本生经》的传出并获得各部派的认同，“菩萨”一词，很快就在教界广传开来，不过那时所谓的菩萨，仅仅是指在修行时代，行诸菩萨行而尚未成正觉的释尊而言。大乘佛教兴起后的菩萨和菩萨大愿，虽然和部派佛教的菩萨不同，但却源流于部派佛教的菩萨理念发展成的。至于这点，在关于菩萨的研究上，值得特别注意。

第三节　部派佛教的菩萨观

佛灭后百年余，佛教开始分裂，并持续了数百年之久，这段时间在佛教史上被称为部派佛教时代。其时，佛教由一味和合而分为上座、大众二部，最后竟如树枝状地分裂成二十部派，诸部派不但对佛陀的教法各持异说，即使对圣者、圣位的看法，亦各持己见，各持己说。由于时代的变迁、年代的久远，二十部派中，除了说一切有部的论著尚存外，其余已难见。今谨就说一切有部的著作《异部宗轮论》和《大毗婆沙论》[8]来一窥各部派的菩萨观。

第一项　大众、一说、说出世、鸡胤四部的菩萨观

此四部派的菩萨观可归纳成五个特点：

一、一切菩萨入母胎中，皆不受羯刺蓝等四阶段而成自体。一般的有情入胎，必须借父母的不净身而逐渐成身，因此必须逐一经过羯刺蓝、頞部昙、闭尸、键南四个阶段[9]，才能成长。但是，菩萨就不需要了。此四部派认为：菩萨虽尚未完成最高的佛果，但早已达圣者之位，故不必借助父母的不净身经过前述的四个阶段，而可自成就五根四大。

二、一切菩萨入母胎时，作白象形。关于菩萨入胎的问题，有的主张是“骑六牙白象”入胎（见《因果经》），有的主张“化作六牙白象”形入胎（《如来论》与《普曜经》）。象虽然是傍生类，但并不意味着菩萨有傍生形。关于菩萨何以明白象形入胎，演培法师在其著作《异部宗轮论语体释》中举出两项理由：（一）百兽中唯象的性情最为调顺柔和，虽有无比的威力，但不横暴践踏有情，这是显示菩萨的性善是慈悲，和蔼可亲，虽具威力，而以利生为主，从不伤害有情。（二）世间

兽类虽多，但以渡河能力说，兔、马、象三兽各不同。兔子的渡河，只能浮在水面，唯求个己得渡，不顾其余的，此如声闻者只求自己了脱生死，不度其他众生。马的渡河，虽较兔子善巧，但仍不识水的浅深，纵或可带一二众生同渡，但毕竟不多，此如缘觉者，求得个己的生死解脱外，最多只能再度一些有关的亲朋戚友，绝不能广度一切众生。象的渡河，不特能探测水的深浅，尽水的源底，且能大量地荷负其他有情同登彼岸，此恰如行菩萨道者，能穷达三界、十二缘起的真理，不唯求得个人的解脱，且欲救一切有情。[10]

三、一切菩萨出母胎时皆从右胁生。胎生的有情，因业力的牵引，都是由母体的产道生，最后身的菩萨因已达圣位，故不由产道生，而是从右胁生。右胁生除了表示清净吉祥外，还有表示中道，令母无忧，无剖腹痛，能超越恒品等意义。

四、一切菩萨不起欲想、恚想、害想。此四部以为已入正位而见道的菩萨即不会生起贪欲、嗔恚、损害等念头，只会怜悯有情，济拔有情，最后身的菩萨是早已入了正位，当然不会有此三恶念了。关于这点，有部持相反的意见，认为最后身的菩萨会起此三恶念。

五、菩萨为欲饶益有情，愿生恶趣，并能随愿而往。此大众等四部派认为入正位的无生忍菩萨，虽不会由业力而生恶趣，若以愿力故，欲前往拔济有情，亦可随愿而往生以修忍度。

六、入第二阿僧祇劫的菩萨即可名为圣者，即不堕恶处。

第二项　制多山、西山住、北山住三部的菩萨观

菩萨究竟要到什么地位才能完全脱离恶趣呢？菩萨有离杂染的和未离杂染的两种，前者可依其愿力而往生，后者则依业受报而往生，制多山、西山住、北山住三部派的学者咸认为，修行中的菩萨，在尚未到达忍位以前，只是个名叫菩萨的异生或凡夫罢了，既然仍是个异生或凡夫，故难免依其所造之业而堕入恶趣中，所以主张“诸菩萨亦堕恶趣”。

第三项　说一切有部的菩萨观

说一切有部的学者对菩萨是否堕恶趣的看法，与前述诸派不同。他们认为不特是入第二阿僧祇劫的修行菩萨不得称圣者，就是已发心要在未来成佛的菩萨，在过去三阿僧祇百劫中已广修六度，勤修了相好，都不得称为圣者，就算是最后身的菩萨，在自兜率天降诞王宫到在金刚座上成正觉前，都是异生，不能称作圣者。唯有

已三十四心[11]顿断，见修诸惑，证得无上菩提者方得称圣者。在诸结使未断尽前，在未能悟入正性离生前，无论是发了怎样大心的菩萨，仍是异生凡夫，不能叫超越。故说一切有部的菩萨观是“应言菩萨犹是异生，诸结未断，若未已入正性离生，于异生地未名超越”。

另外有一点，《大毗婆沙论》提到，而《异部宗轮论》未提到的就是关于菩萨入胎起不起贪爱的问题，贪爱有亲情的贪爱和淫欲的贪爱两种。有部学者虽亦主张“菩萨入胎不起贪爱”，不过依据《大毗婆沙论》卷一七一的说法：“菩萨不尔，将入母胎，于父父想，于母母想，我依彼故增长后蕴，当于赡部洲中受尊胜报，依此证得阿耨多罗三藐三菩提，与诸有情作饶益事，作是念已，便于父母等生亲爱，由此结生。”看来，菩萨入胎时虽不起淫欲的贪爱，但亲情的贪爱还是有的。

第四项　雪山部的菩萨观

雪山部和说一切有部因系同自上座部分裂而出，许多观念多少是大同小异的，譬如对菩萨是异生和菩萨入胎不起贪爱的两个问题就是如此。

雪山部和说一切有部同样主张三祇百劫乃至最后生的菩萨，因见修二惑未断尽，仍是异生，因为见异生的关系，所以不能入灭尽定。此外对菩萨入胎起不起贪爱的看法，雪山部认为，淫欲爱和亲情爱二者都不起。

第四节　部派佛教菩萨思想的特色

第一项　菩萨的身份

菩萨的修行期间非常长，经论所说不一，南传说主张四衹百千劫，北传说是三衹百劫，在如此长的时间中，菩萨是生生死死、死死生生地轮回着，转换各种身份，以各种角色和不同的姿态来行菩萨道。因此经中的菩萨身份千变万化，有时是帝释天，有时是婆罗门仙，有时是王公大臣，有时是贩夫走卒，有时是天上飞禽，有时是地上傍生，有时是水中族类。今依据南传五四七则本生故事的主角，将其身份予以分类统计，全部可分为五大类，一百四十小类。其中第一一二则“不死皇后问”因无具体的内容，难以辨别菩萨的身份。其余五百四十六则菩萨的身份表列如下：

大类	小　类	所占篇数	出自南传大藏经本生的则目
天神	大梵天	三	134 135 544
	帝释天	一九	31 228 264 291 300 344 372 374 386 391 393 410 417 450 458 469 489 512 535 202

续表

大类	小 类	所占篇数	出自南传大藏经本生的则目
天神	树神	二九	13 18 19 38 74 102 105 109 113 139 187 205 209 217 272 283 294 295 298 307 311 361 400 412 437 465 475 492 520
	海神	三	146 190 296
	草神	一	121
	虚空神	一	147
	森林神	一	227
	河神	一	228
	天神	一	350
	诸神之王	一	439
	天神之子	一	449
	神	一	419
	天王	一	82
	天子	五	104 297 326 369 457
	紧那罗（Kinnara）	一	485
宗教师	仙人	二二	63 66 73 76 81 87 106 117 124 144 149 165 246 250 273 334 423 431 435 436 522 530
	仙人子	一	540
	仙人师	六	161 175 197 203 271
	苦行者	一一	162 259 285 293 380 392 477 490 496 511 519
	师	一	43
	戒师	一	41
	修行者	三	418 425 426
	游行者	三	235 408 443
	行者	二一	154 166 207 213 234 244 251 253 281 301 313 314 319 323 328 337 346 348 414 523 526
	普行沙门	一	528

大类	小　类	所占篇数	出自南传大藏经本生的则目
宗教师	家庭僧	一	284
	师匠	七	8 169 185 338 353 373 453
	弟子	二	48 405
	阿阇黎	一一	61 64 65 71 97 99 119 123 130 150 252
	婆罗门的师匠	二	200 245
	婆罗门	二〇	77 101 155 174 180 287 299 312 317 354 356 362 376 389 401 402 403 422 442 478
	祭司	一〇	34 86 120 241 290 330 377 479 480 487
	祭司之子	二	310 509
	祭司之弟子	一	481
	婆罗门子	五	68 163 211 237 488
	活命师	一	94
	贤者	二三	242 268 280 464 413 440 454 461 463 467 495 515 532 545 170 110 111 364 471 500 508 517 546 192 441
王臣	王	五四	9 14 50 51 52 62 67 95 100 151 160 191 193 225 229 230 233 248 257 258 260 262 269 276 282 289 302 303 227 343 347 349 351 378 406 411 415 420 421 424 456 459 468 594 499 504 525 527 529 531 537 539 541
	王子	二一	6 55 96 132 156 240 263 355 358 371 416 428 460 472 505 507 510 513 538 542 547
	王之甥	一	126
	大臣	二四	27 92 107 108 158 176 183 184 186 195 215 223 226 247 306 320 331 332 333 336 345 409 462 473
	司祭官	四	214 216 218 220
	财务官	二	4 53
	贤臣	二	25 26

大类	小　类	所占篇数	出自南传大藏经本生的则目
平民	长者	一五	45 47 83 84 90 93 125 127 131 171 232 238 340 363 470
	豪商	一	40
	地主	一	39
	商人	一〇	3 44 79 89 98 103 249 324 382 390
	队商	一	366
	队商主	六	1 2 54 85 256 493
	谷物商	一	365
	识马者（伯乐）	一	254
	理发师	一	78
	大工	一	466
	陶工	一	178
	吹螺子	一	60
	农夫	二	56 189
	石工	一	137
	医师	一	69
	象师	一	182
	象使	一	231
	鼓手	一	59
	评价官	一	5
	旃陀罗	二	179 474
	盗贼	二	279 318
	童子	四	432 445 446 447
	道士	四	17 173 444 10
	多毛迦叶	一	433
	青年	二	305 398
	少年	二	367 368
	采薪女之子	一	7

续表

大类	小　类	所占篇数	出自南传大藏经本生的则目
平民	博士	二	46 49
	园丁子	一	70
	赌徒	一	91
	射箭手	二	80 181
	良家主	一	194
	家长	一	199
	贫乏出家者	一	201
	轻业师	二	116 212
	音乐师	一	243
	守林人	一	265
	长者子	二	261 315
	居士子	一	352
	锻冶师	一	387
	辅师	一	396
	阐陀罗	二	309 498
	阐陀罗子	一	497
傍生	猿王	四	57 177 407 516
	猿	七	20 58 208 219 222 342 404
	鹿	八	11 12 15 16 206 359 482 483
	鹿王	二	385 501
	狮子	一〇	143 152 153 157 172 188 322 335 397 486
	羚羊	一	21
	象王	三	72 221 267
	象	四	122 357 455 514
	豺	一	148
	豺王	一	142
	鼠王	二	128 129
	龙	一	543
	龙王	三	524 506 304

续表

大类	小　类	所占篇数	出自南传大藏经本生的则目
傍生	马	三	23 24 266
	云马	一	196
	牛	五	28 29 30 88 286
	水牛	一	278
	犬	一	22
	兔	一	316
	豚	一	388
	青蛙	一	239
	鱼	二	114 236
	鳄	一	224
	蜥蜴	二	138 325
	蜥蜴王	一	141
	鱼王	一	75
	乌	二	36 521
	乌王	二	140 292
	鸟王	三	115 133 384
	鸠那罗鸟	一	536
	鸠	五	274 275 375 395 42
	鸠王	一	277
	鸠那罗鸟王	一	341
	白鸟王	一	502
	孔雀	三	159 339 491
	金翅鸟	一	360
	白鸟	一	32
	有鸟	一	321
	鹈鸟	六	136 270 370 379 533 534
	鹈	一	476
	水鸟	一	204

续表

大类	小　类	所占篇数	出自南传大藏经本生的则目
傍生	鹑	六	33 35 118 167 168 394
	鹫	一	164
	兀鹰	二	381 399
	鸱鸮	二	37 438
	雄鸡	一	448
	鸳鸯	二	434 451
	鹦鹉王	一	484
	鹦鹉	七	145 198 255 329 429 430 503
	金翅鸟王	一	518
	鹰	二	427
	鸡	一	383
	啄木鸟	二	210 308

第二项　菩萨修行的内容

菩萨在过去生中的修行以波罗蜜多（Pāramitā）为内容。波罗（Pāra）是度、到之意，蜜多（mitā）是彼岸之意，合起来为到彼岸或究竟完成之意。波罗蜜有四、六、十波罗蜜，三种说法，不但名称略有出入，甚至内容亦不同。

（一）四波罗蜜：指施、戒、精进、般若，这是迦湿弥罗的说一切有部的毗婆沙师所立的。

（二）六波罗蜜：部派中说到六波罗蜜的为数不少，

但内容也有不同，有的是指：施、戒、精进、般若、忍、静虑；有的是指：闻、忍、施、戒、精进、般若。《佛本行集经》（罽宾地区法藏部所传）、《大事》的《多佛品》（梵衍那地区说出世部所流传）、《修行本起经》（不明部派所传）、《根本说一切有部毗奈耶药事》、《增一阿含》的《序品》（大众部所传）都提到六波罗蜜。六波罗蜜是诸种波罗蜜中最普遍流传的。初期大乘经之一的康僧会所译的《六度集经》就是收集佛陀的本生故事和譬喻，依六波罗蜜多分类编辑而成的。

（三）十波罗蜜：虽然大乘的《华严经》等也标立了十波罗蜜，不过最早出现十波罗蜜的还是南传铜鍱部的《本生经》，觉音（Buddhaghosa）依据《佛种性颂》而立施、戒、出离、智慧、精进、忍、真谛、决定、慈、舍十波罗蜜多。

各部派中，有的列有般若波罗蜜多，有的没有；不列者认为，若菩萨有智慧，就可证入实际了。至于"禅波罗蜜多"，除了主张六波罗蜜者外，多数是不立的。即使在康僧会所译《六度集经》中，在《禅度无极》中，讲到过去生中修禅定的只有《那赖梵志本生》一章，而《禅度无极》共九章，《六度集经》共九十一章，由这一比率可以知道菩萨是不重视禅定的。

部派佛教所称世尊前生的菩萨，可以说一个个都是实践诸波罗蜜多的“悲僧上菩萨”，而他们又都是从布施和忍辱中去开始实践，去勇猛奋进的，关于这点，我们可以从各部派都首立布施波罗蜜多，必立忍辱波罗蜜多中断定出来。南传的《本生经》和北传的《六度集经》等，都是以布施波罗蜜开卷，而以各波罗蜜在经中所作的篇幅来讲，布施第一，忍辱第二。

第三项　菩萨的行位

在法藏部所传的《佛本行经》和大众部系说出世部所传的《大事》中，对菩萨的修行阶段都提出了：第一自性行（Prakṛti-caryā）、第二愿性行（Praṇidhi-or Praṇidhā-caryā）、第三顺性行（Anuloma-caryā）、第四转性行（Vivata-or Aṇivartana-caryā 不退转）四种。

依《大事》说，第一的自性行是在无能胜幢佛时代，菩萨为转轮王，不因从他人的教导而做善事，而是从本性中自然而然地去修苦行，行善行。此时的菩萨尚未发心，尚未有菩萨的自觉，不过已自然具有了菩萨的种性。第二愿性行是指菩萨已发心要上求菩提下化众生，并且积极展开活动的阶段。例如释迦菩萨在过去世为第一商主时，他就发了未来要成佛的大愿，并且用心地修各种善行，一步步地实践。第三顺性行是指顺着已发的愿行修诸波罗蜜多而成就的阶段，例如寂静佛等的四佛时代，菩萨为转轮王，修六波罗蜜多等善行。第四转性行是指前三菩萨的性格增进，并达不退转地。指从燃灯佛出世，菩萨为云青年（善慧婆罗门童子）发愿未来成佛，蒙燃灯佛授记，又经过二十四佛时代，直到最后生在释迦国成为悉达多太子并出家修行的阶段。真正的菩萨应说是指第四转性行期的菩萨，因为菩萨这时候才从凡夫位进入圣者位。不过关于菩萨是否在这一时期即登入圣者位，各部派有不同的看法。甚至有以第二愿性行时的菩萨即可谓真菩萨。

从这微妙的四种行可以很明显地分立菩萨的四行位，即：（一）种性位；（二）发心位；（三）随顺修行位；（四）不退转位。《大事》所提的四种行，其末后三种与现存大乘最古的经典《小品般若经》中所提到的“四住地”的前三者相合。四住地是：（一）初发心住；（二）久习住；（三）不退转住；（四）灌顶住（一生补处）。四住地的第一初发心住与《大事》四种行第二的愿性行相当；四住地的第二久习住与四种行第三的顺性行相当；四住地的第三不退转住与四种行第四的转性行相当。

菩萨的修行，不但大乘立有种种行位，部派佛教也立有十地之说。在《大事》《修行本起经》《太子瑞应本起经》《过去现在因果经》《佛本行经》等都提到十地，只是十地的名称和内容不尽相同。下面我将《大事》的“十地”与大乘十住及小品般若四种住的关系表列于次：

大事十地	初期大乘十住地	小品四种住
1 难登地（durāohā）	1 初发心地	1 初发心住
2 结合地（badhamāna）	2 治地	
3 华庄严地（puṣpamaṇḍitā）	3 应行地	
4 明辉地（rucirā）	4 生贵地	2 久习住
5 应心地（cittavistarā）	5 修行（pūvvayoga—sampana）地	
6 妙相具足地（rūpavati）	6 正心（śubdhādhyā śaya）地	
7 难胜地（durjayā）	7 不退让（avaivartya）地	3 不退转住
8 诞生因缘地（janmanide'sa）	8 童真（kumavabhūta）地	
9 王子位地（yauvarājyata）	9 法王子（yauvarājyatā）地	
10 灌顶地（abhiseka）	10 灌顶（abhiṣeka）地	4 一生补处

第四项　菩萨修行期的划分

从善慧童子在燃灯佛前发心未来要成佛以迄释迦佛成道间，可以分成几个阶段呢？

巴利语的《本生经》注释的序论，将菩萨的本生分远因缘、不远因缘和近因缘三期来说明。远因缘时期是指善慧童子接受燃灯佛将来必定成佛的授记缘，经过二十四佛出世的长期修行十波罗蜜，并一一承蒙授记将来成佛的长时期。不远因缘时期是指释迦菩萨自兜率天降生到迦毗罗卫国，成为净饭王的太子，直到菩提树下成正觉止。近因缘时期是指佛陀成道后弘法利生的时代。其中第二、三因缘不是本生的故事，只有第一远因缘时期的菩萨善行苦行故事才是《本生经》的内容。

北传《阿毗达磨》的论师则将菩萨的修行分四个阶段：一、三阿僧祇劫修行时代（南传为四阿僧祇）；二、百劫修行时代（南传为十万劫）；三、自兜率天降诞到逾城出家；四、三十四心顿断成道。其中过去生占二分，现在生占二分。

日本木村泰贤则将初发心到兜率天之间的菩萨，称为轮回时代的菩萨，因为此一时期中，菩萨一直因着业报在轮回中打转。至于自兜率天降诞到降魔成道之间的菩萨时代则称之为“最后身的菩萨”，因为菩萨不再堕入轮回中，而成三界的导师。我觉得木村泰贤的分法[12]实在很好。

随着部派佛教的式微，大乘佛教兴起了，当然《本生经》的菩萨思想功不可没，有关《本生经》如何促进大乘佛教的兴起，当另章讨论。在本章的结尾里，我不禁想到，释迦佛在菩萨时期的种种修行，虽然各部派或有不同的主张和看法，而对于菩萨成佛以前必须经过长时期的不断勇猛修行，必须不断在轮回中打转，最后功果圆满才能成佛，这都是各部派所一致公认的。从释迦佛前生为菩萨的修行中，我们可以获得下列的启示：

一、发心修菩提道成佛，是一条很遥远而艰辛的道路，但也是可行、能行的道路。

二、发心修道成佛，必须耐得住修行的辛苦和黑夜的漫长，黑夜过去了，光明自然会到来。

三、佛教的有情众生一律平等，不论是天上、人间、傍生，不论智敏驽劣，只要一心向道，发心成佛，只要精进不懈，必有功德圆满之时，切忌中途忘失自心。

注释：

① 此句中的十法界指六凡四圣——十种法界中的有情。六凡者：地狱、饿鬼、畜牲、阿修罗、人、天。四圣指：声闻、缘觉、菩萨、佛。三乘指：声闻乘、缘觉乘、菩萨乘。

② 见《大正藏》二十六册，页一〇一八上。

③ 见《大正藏》二十八册，页五八五上。

④ 见《大正藏》二册，页六四五上—中。

⑤ 同上书，页七五四中。

⑥ 同上书，页七八七下—七八九。

⑦ 见印顺导师著《初期大乘佛教之起源与开展》二十六页。

⑧《大正藏》二十七册，页六六〇上。

⑨ **四个阶段**：羯刺蓝位是指生命种子与父精母血接触位；颎部昙是指肉体初成，但尚未具形态；闭尸位，新生命已成就形状，但极柔嫩弱；键南位，指生命的肉体已形成，并且已坚厚。

⑩《异部宗轮论语体释》页五十六。

⑪ **三十四心**：指断有顶地见惑的八忍八智十六心和断有顶地的修惑的九无间九解脱十八心，全计三十四心。释迦太子在金刚座上以此三十四心顿断而成正觉。

⑫《小乘佛教思想论》页六。（慧日讲堂出版，木村泰贤著，演培法师翻译）

第六章　本生经中的特殊思想

第一节　授记思想的产生

授记，梵语 Vyākaraṇa，又作受记、记说、记别等，古人音译为和伽罗那、弊伽兰陀等。Vyākaraṇa 是名词，动词作 Vyākaroti，为说明、分别、解答之意。Vyākaraṇa 和 Vyākaroti 在圣典中应用极广，在九分教时代即已成为分教之一，而且是相当重要的一分。

有关记说，《大毗婆沙论》的解释："记说云何？谓诸经中，诸弟子问，如来记说；或如来问，弟子记说；或弟子问，弟子记说；化诸天等，问记亦然。若诸经中，四种问记；若记所证所生处等。"[①]《大毗婆沙论》以问答为记说，而记说又以"所证所生处等"为内容。所证所生是三乘圣者的证果，记说是记三乘圣者的证果。

《瑜伽师地论》的说法是："云何记别？谓于是中，记别弟子命过以后，当生等事。"[2]

《大智度论》则说："众生九道中受记，所谓三乘道、六趣道。"[3]

以上三论都是记别所证及所生处。

《成实论》说："诸解义经，名和伽罗那。……有问答经，名和伽罗那。"[4]这是以解答法义为记说。

《大般涅槃经》说："何等名为授记经？如有经律，如来说时，为诸大人受佛记别：汝阿逸多，未来有王，名曰蠰佉，当于世而成佛道，号曰'弥勒'。是名授记经。"[5]这是专明菩萨授记做佛的记说，也是大乘记说的特质。

有关记说可依其内容、性质大别为二类。一是"自记说"，即将自己由智证而得的甚深境界，明确无疑地表达出来。例如："我生已尽，梵行已立，所作已作，不受后有。"[6]二是"为他记说"，如佛有三明六通，舍利弗有四无碍智，大迦叶有六神通，这些都是由自智证得的，再加上其他种种功德，所以能为他人记说。"为他记说"又可分四种：（一）法的记说，（二）证得的记说（如记沙门的果位和佛弟子死后的境地等），（三）业报的记说（记说未来生处，如记提婆达多堕地狱一劫等），（四）未来与过去佛的记说。

“记说”是甚深的“教法”与“证德”的说明，这是通于因果业报的。特别是有关未来佛德和教说的记说，对宗教寻求解脱的立场而言，具相当的重要性，固不待言，更重要的是对信者具足了“感化力”。因为有关未来佛德与教说的记说，对信者而言，不是一般的世论，也不是学问、演说和辩论，而是佛教“真语、实语”的肯定表达，能令听者当下断疑生信，转迷成悟，心生欢喜、乐足。经师倾向佛德的崇仰，大乘佛教偏重于菩萨的授记做佛，即依此特性而予以展开。

菩萨思想的兴起，引起教团的大变革，刺激了新的授记思想的产生。因此大乘佛教的兴起和授记思想的兴起可以说是同一时代。由前面所述，吾人可以知道授记的思想可追溯至九分教时代，只是最初的授记思想和后来的授记思想有很大的不同。本章节，当着重在对佛、菩萨的授记上研讨。

大乘佛教授佛记的理念，实导源于本生谈中定光如来对释尊的授记。在现存最早的经、律二藏中的本生谈里，我们发现了有数起有关授记的文献：

（一）在《增一阿含经》卷十一《善知识品》第三经里，叙述释尊昔日生为名“超术”梵志的本生事，内中提到定光佛为超术梵志授予将来成佛，名“释迦文佛”的记别。⑦

（二）在《增一阿含经》卷三十八《马血天子问八政品》第二经中，叙述灯光如来与释尊的本生时，内中提到灯光如来为比丘时，因以麻油供养宝藏如来，而蒙宝藏如来亲授佛记，佛号“灯光”。宝藏如来同时为供麻油给比丘的王女授将来无数阿僧祇劫后，灯光佛出世时将为王女授成佛的记别。果然灯光佛成佛后，为王女授记，号“释迦牟尼佛”。[8]

（三）在《四分律》卷三十一受戒犍度中，有定光如来昔日为定光菩萨修行的本生。定光菩萨成正觉，弥却摩纳持五百金购花供养定光如来，蒙定光如来授予将来成佛号“释迦文”的记别。[9]

有关释尊在前生修行时，蒙定光（锭光、灯光、燃灯）佛授记将来成佛，号“释迦牟尼”的本生故事，除了前述外，尚可见于《六度集经》卷八十六《儒童授决经》[10]、《太子瑞应本起经》卷上[11]、《佛本行集经》卷四[12]、《修行本起经》卷上[13]、《大事》[14]、南传《小部·本生经序》[15]等。南传《本生经序》中，除了提到燃灯佛为善慧童子（释尊的前生）授四大阿僧祇又十万劫后将成佛，名号曰“瞿昙”，同时也为释尊最后身的身世和家世做了预言：“迦毗罗卫是他的都城，母摩耶妃，父曰净饭，弟子以长老舍利弗为最上首，目犍连次之，阿难陀为他的侍者。女弟子以长老尼谶摩为最上首，长老尼莲华色次之。智慧成熟后，出家行大精进，在榕树下受了乳糜供养，至尼连禅河畔去啜食，登菩提道场，就于阿说他树下，成无上正觉。”[16]以下又经二十三佛，每位佛住世传法时，菩萨都亲蒙当时的佛为他授将来成佛之记别。由以上可知有关燃灯佛授记之说是原始佛教及大小二乘共通的说法。或许有人认为在原始经、律中的授记可能是后来大乘兴起后再加上的，但是授记与本生的关系，仍是不能被抹灭的。根据犍陀罗地方发掘的浮雕中有燃灯佛授记的故事，而犍陀罗艺术被考据是公元一世纪左右（参考本书第三章第五项）。

在前所述及的经、律中的授记，除了《增一阿含经》卷三十八《马血天子问八政品》中提到有过去佛宝藏如来为燃灯佛授记外，都是燃灯佛为在过去世行菩萨道的释尊授成佛记。后来的《菩萨本行集经》（失译）和支谦在公元三世纪前半叶所译的《撰集百缘经》中，有许多授记事。特别是在《撰集百缘经》中的《菩萨授记品》《报应受供养品》《授记辟支佛品》等三品都是记载有关授记的事。《菩萨授记品》和本生无关，是释迦牟尼于接受信施的供养后，为信施授予将来成佛的记别。受记者计有贤满婆罗门等十人。《报应受供养品》是记载释尊过去生中无量劫前因地修行时，以种种不同的身份和方便供养过去佛，皈依三宝而亲蒙过去佛授记的本生事。此处为释尊授成佛记的过去佛计列有：毗阎婆佛、梵行佛、旃檀香佛、日月佛、宝殿佛、妙音佛、正觉佛、帝幢佛、差摩佛、满愿佛等十尊佛。《授记辟支佛品》中，小儿散花缘及女人以金轮掷佛上缘是释尊为信者授未来成佛之记。含香长者请佛缘、船师渡佛僧过水缘、婢使以旃檀香涂佛足缘、贫人拔提施佛燋木缘、作乐供养成辟支佛缘五经是释尊为供养佛的信施授予未来将成辟支佛果的记别。

另外在《贤愚经》卷四第二十二章和五十七章中有关于释尊为弥勒比丘授未来成佛和说法度众的记别。此外在其他与本生有关的经集中几乎都有提到授记的记载。

随着大乘佛教的兴起，佛陀观有了新的看法，不再以历史的佛为主，“一切众生皆可成佛”的思想被推出来，与授记思想同被非常具体地应用在《法华经》中。

《法华经》为达开三显一以明二乘可以成佛，特别给予声闻将来成佛的预言，这是有名的授记做佛。这场胜会中，首先被选出来的是在《维摩诘经》中演出最惨的舍利弗，在《譬喻品》中，释尊记别他将在百千劫后成佛，名“华光如来”，所领清净国土名“离垢”。[17]在《授记品》中，大迦叶、须菩提、大迦旃延、大目犍连纷纷由释尊授予未来成佛之记，大迦叶领“光德国”，号“光明如来”；须菩提领“宝生国”，号“名相如来”；大迦旃延领“阎浮罗提国”，号“金光如来”；大目犍连领“多摩罗跋国”，号“旃檀香如来”。[18]在《五百弟子授记品》中，首为富楼那授佛记，国名“善净”，号“法明如来”，千二百罗汉亦同时受记。接着又为憍陈如等五百弟子授记别，同号“普明如来”。[19]在《授学无学人记品》中，阿难、罗睺罗以及其他外学、无学的罗汉二千人皆蒙释尊授予佛记。[20]在《宝塔品》中，佛为了替最大恶人——提婆达多授记，而开讲释尊自己与提婆在本生时与法华的因缘，并授予提婆将于无数劫后成佛，号“天王如来”的记别。[21]《劝持品》中，摩诃波阇波提、耶苏陀罗比丘尼亦分别蒙释尊授予佛记，前者号“一切众生喜见如来”，后者号“具足千万光相如来”。[22]授记思想是《法华经》中重要的一环，不仅为“一切众生皆可成佛”做了最佳的证言，更深深地影响到大乘佛教的兴起与发展。而授记却是源于本生而来，这是值得吾人注意的。

第二节　念佛思想

净土念佛法门传到中国来，由于东晋慧远大师提倡结社念佛，自是大行于中国，直到今天，历久不衰，考据念佛法门的根源，可追溯于佛世时。北传《长阿含经》卷五《阇泥沙经》说：“我昔为人王，为世尊弟子，以笃信心为优婆塞。一心念佛，然后命终，为毗沙门天王作子，得须陀洹，不堕恶趣，极七往返，乃尽苦际。”[23]频婆娑罗王为太子阿阇世所弑时，即一心念佛而死，所以不堕三恶道，生在天上，七返生死即可以得到涅槃。

“念”是“系念”之意，即将心系念在佛、法、僧三宝上，由此一心系念，而得到正定。念佛法门原是原始佛教所固有的，但是特别发达起来，是大乘佛教以后的事。究其原因：一是对佛的怀念，借念佛而思念佛；一是求离怖畏，度脱苦厄。如《大智度论》说：商人们于大海中遇摩伽罗鱼王，有吞入鱼腹之危，大众齐称念佛名，鱼王就合口，商人们悉脱离了灾难。依《大智度论》的说法，鱼王前生是佛弟子，因此听见佛名，就悔悟了。[24]《增一阿含经》卷四十七第九经，讲提婆达多造恶害佛，致生身堕地狱受苦，便发悔心于如来所，正欲称“南无佛”，然不究竟，适得称“南无”便入地狱。但提婆达多因生悔心，称念“南无”之故，未来罪苦受尽，当得成辟支佛，号“南无”。[25]有关念佛得救的记载，《本生经》中亦有。

《菩萨本生鬘论》卷四《如来具智不嫉他善缘起》

中，释尊告诉诸女人说："汝今可称我之名字'南无释迦牟尼佛！南无释迦牟尼佛！'由称我名，观我身相，即得解脱八十亿劫生死之罪，令发阿耨多罗三藐三菩提心。"[26]又同经中佛为《病比丘灌顶获安缘起》中，病比丘受佛灌顶疗病，欢喜无量，志心称念"南无释迦牟尼！南无大慈悲父！南无最胜医王……"[27]又同经《称念三宝功德缘起》中，记载昔日如来演说"观佛三昧法门"，表示：若人有罪，称念"南无佛"即可免除地狱苦难，生值六佛，又因得闻六佛名，今得生释种，随佛出家。今可称念过去佛名、我（释尊）名、弥勒佛名、汝父名。又说：我灭度后，若称我名及诸佛名，所获福报无量无边。[28]《生经》卷四第三十六《菩萨曾为鳖王经》中，商人一声"南无佛"，鳖王兴大慈，把诸贾客负至岸边，诸商人因是得以度脱生死苦患。[29]诸如上等，在紧急危难时称念"南无佛""南无释迦牟尼佛"，这与人在危难时呼天，孩子呼母的道理相同，希望借此称念"南无佛"，感召佛来救度他。虽然释尊曾说："我灭度后，若称我名及诸佛名，所获福报无量无边。"但是，在传统中，涅槃是寂灭而不再有救济作为的，所以此称念佛名的法门，在佛灭后，虽仍流行教界，但并不受到非常的重视。直到十方现在佛的信仰流行起来，称念佛名的意义终于有了更进一层的跃进。同时所称念的佛名，也不再只是释迦牟尼佛，特别是西方净土的信仰产生后，几乎以称念“阿弥陀佛”“观世音菩萨”为主。

第三节　十方现在多佛及多菩萨的信仰

本生、因缘、譬喻的流行，不仅影响了大乘佛教的兴起，同时也担任了推波助澜的角色。十方现在多佛及多菩萨的信仰是随着大乘佛教的兴起而有的。

在原始佛教圣典中，有关现在佛仅释尊一人，在释尊以前，北传说有六佛，南传说有二十四佛。虽然在《增一阿含》中也提到过去的宝藏如来和灯光佛，但仍然是没有二佛同时并出一世。在《生经》第五卷第五十五经中有阿弥陀佛的本生，同时经中称：“其首达者则吾身是，惟先者今阿弥陀佛是。”[30]此经已有二佛同时出世，但《生经》是大乘初期集出的经典，如果不是此时已有阿弥陀佛的信仰，就是后来再加上去的。因着本生和授记思想的发达，十方三世佛的信仰随着大乘佛教人人可以成佛的思想出现了。在《撰集百缘经》中已有过去六佛以外的佛出现，也有许多未来佛出现。十方三世佛是依佛法自身的理念和传说逐渐发展而来的，固不待言，但多少恐怕也受到外来的冲击。印度原本是个多神的国家，而大乘佛法流行的西北方又是与西方接触最多的地带，因此十方三世多佛信仰的展开，难免与印度神教和西方诸神的文化有或多或少的关涉。

人是注重现实的，因此十方现在无量无数佛、菩萨被人们特别地看重与信仰。因此东方阿閦鞞佛、西方阿弥陀佛、卢舍那佛、文殊、观音、普贤、地藏等佛、菩萨纷纷同在此世出现，来度化娑婆众生。起初，大乘经说到十方现在佛、菩萨时，仍以此娑婆世界的教主释迦牟尼为说法主。而参与说法及问答者，还是原始佛教的圣弟子们。如参与《般若经》的是须菩提等声闻圣者及弥勒、帝释等人。参与《大阿弥陀经》的是阿难及阿逸多等人。参与《舍利弗悔过经》的是舍利弗等人。其后，文殊、维摩等成为此土助佛宣扬教法的大菩萨。

前面说过，由于释尊的入灭，佛弟子出于崇仰与怀念的心情，传出与释尊有关的本生、因缘、譬喻。后来，当十方现在佛、菩萨（大菩萨）的信仰流行起来，又开始传出十方佛、菩萨的本生和因缘、譬喻。十方现在佛、菩萨的信仰传开来，大乘佛教就兴盛起来了。有关十方现在佛及菩萨的本生，将留在第七章中再予叙述。

第四节　广发誓愿的思想

“愿”与信、行同被列为学佛三要。往昔，释迦牟尼佛立五百大愿，阿弥陀佛立四十八大愿，普贤菩萨立十大愿，十方三世佛无不依大愿而成就。诸佛于过去行菩萨道时所发的愿，叫“本愿”。本愿思想的展开是大乘佛教的一大特色，也是大乘佛教的根本精神。究此本愿思想的根源，虽导之于原始佛教的“念愿”，但实际上却萌芽于本生谈。释尊在本生时以各种身份行菩萨道，每常作愿。此作愿的思想与本生的思想共同刺激了十方三世佛本愿思想的兴起和展开。

《增一阿含经》卷二十二《须陀品》第三经，须摩提女本生为王女须摩提，以恭敬心向迦叶如来，奉持净戒，常行布施和四事供养，并常于如来前诵习法句，同时持前述的功德发愿：“愿所生之处，不堕三恶趣，亦莫堕贫家，当来之世亦当复值如此之尊，使我莫转女人身，即于女身得法眼净（见道）。”须摩提女因过去生中发此誓愿，所以今生能成大愿，生大富须达长者家为千金，同时逢释尊，听闻教法。[31]

《增一阿含经》卷三十八《马血天子问八政品》，讲到灯光如来与释尊的本生。经中说释尊曾生为王女，为获得将来成佛的记别，乃听从宝藏如来的教示，发坚固愿，后来果然生值灯光佛，并蒙灯光如来授记。经的终结，释尊结说：“当发誓愿，无愿不果。所以然者？若彼女人作是誓愿，即于彼劫成其所愿也；若长老比丘不发誓愿者，终不成佛道。誓愿之福不可称记，得至甘露灭尽之处。”[32]

《增一阿含经》卷五十《大爱道般涅槃品》第二经，比丘尼自述于过去六佛时代，无智自蔽，以供养如来功德，誓愿来生做女人。[33]

在各部律中，也有好些释尊在本生时发愿为善，不与人为恶的事。

本愿思想的萌芽虽在《本生经》，但是《本生经》自身也历经各种变迁而发展起来，本愿思想通过本生经典而次第发达，据此，木村泰贤把本愿思想发展史上的本愿分三部分：（一）南传巴利《本生经》所代表的本愿思想；（二）圣勇所编《菩萨本生鬘论》所代表的本愿思想；（三）吴康僧会所译《六度集经》所代表的本愿思想。[34]

南传巴利《本生经》中有的只是民间故事的改良，与本愿无关。但是在巴利本生中的前后，对菩萨行的一切功德总回向于一切智者（佛）的记载：“他伏在泥土上，重新把眼张开，拜观燃灯十力者的尊严佛相，想道：‘如果我希望的话，我可以燃尽一切烦恼，作为僧团的后进者而入喜乐城去吧！但我何必故作伪相，毁尽了自己的烦恼而入涅槃呢？像燃灯佛的样子，成了无上正等正觉者，以法为舟，把大众从轮回之海度脱。然后入大涅槃吧！这才与我相应。’他这样想，就定下了结合八法来成佛的决心。”[35]这是释尊往昔在燃灯佛时代，所发将来成佛当如燃灯佛，不立即住涅槃，而要以法广度众生才入涅槃的本愿。结果善慧以身布地供养如来和发此誓愿的功德，蒙燃灯佛授予将来必定成佛的记别。此外在种种本生谈中，有许多不关来生的念愿，此念愿虽不能说是本愿，但此念力亦有它实现之力，就此一含义言，它成为后来本愿思想成立的一要素，这是毫无疑问的。

在圣勇的《本生鬘论》中，为本愿思想先驱的也不少。卷三第六“兔王舍身供养梵志缘起”中，弥勒为仙人，为兔王（释尊）的舍身求法所感动，发愿来世做兔王的弟子。[36]第七《慈心龙王消伏怨害缘起》，昔日释尊生为龙王为人所杀害，无量小虫闻其身血，前来唼食。龙王忍痛发愿，来世成佛，施小虫法食。[37]

《六度集经》是小乘将大乘化时的作品，本愿思想更显著。以行各种波罗蜜而成就佛道为大愿，但是也可以发现别愿的萌芽。譬如菩萨在过去生中遇到不正当的苦难来临时，自己一方面忍受，更进而发愿将来成佛时，先要除去那个致苦的原因。例如《六度集经》卷五第四十四经中，菩萨逢恶王，被割截身体，菩萨反而忍辱发愿："吾志上道与时无诤，斯王尚加吾刃，岂况黎庶乎？愿吾得佛，必先度之，无令众生效其为恶。"㊳又，同卷第四十九经，菩萨生为猕猴时，去救人，反被人杀食。猕猴临死发愿："吾所不能度者，愿其来世常逢诸佛，信受道教，行之得度，世世莫有念恶如斯人也。"㊴

这些看似消极的别愿和总愿，实是后来大乘本愿思想的先驱，并且已相当圆熟。后来大乘菩萨本愿思想即由此展开。

注释：

①《大毗婆沙论》卷一二六，《大正藏》第二十七册，页六五九下—六六〇上。

②《瑜伽师地论》卷二十五，《大正藏》第三十册，页四一八下。

③《大智度论》卷三十三，《大正藏》第二十五册，页三〇六下—三〇七上。

④《成实论》卷一，《大正藏》第三十二册，页二四四下。

⑤《大般涅槃经》卷十五,《大正藏》第十二册,页四五一下。

⑥《杂阿含经》卷三十五,《大正藏》第一册,页二五七上。

⑦《大正藏》第二册,页五九七上—五九九下。

⑧ 同上书,页七五六下—七五八下。

⑨《大正藏》第二十二册,页七八二上—七八五下。

⑩《大正藏》第三册,页四十七下—四十八中。

⑪《大正藏》第三册,页四七二下—四七七下。

⑫ 同上书,页六六七下—六七三中。

⑬ 同上书,页四六一上—四六六中。

⑭《南传大事》第一册,页二三——二四八。

⑮《南传中译大藏经》,页六〇九。

⑯ 同上书,页六一九—六二〇。

⑰《大正藏》第九册,页一四四上——四四下。

⑱ 同上书,页一五五上——六二上。

⑲ 同上书,页一六二上——六四上。

⑳ 同上书,页一六四——六五上。

㉑ 同上书,页一六九。

㉒ 同上书,页一七〇。

㉓《大正藏》第一册,页三十五上。

㉔《大智度论》卷七,《大正藏》第二十五册,页

一〇九上。

㉕《大正藏》第二册，页八〇四。

㉖《大正藏》第三册，页三四一下。

㉗同上书，页三四二中。

㉘同上书，页三四二下—三四三上。

㉙《大正藏》第三册，页九十六。

㉚同上书，页一〇七下。

㉛《大正藏》第二册，页六六五。

㉜同上书，页七五八下。

㉝同上书，页八二三中—八二五中。

㉞参见木村泰贤著、演培法师译《大乘佛教思想论》。慧日讲堂·一九七八年十一月版。

㉟见《南传中译大藏经》，页六一八。

㊱《大正藏》第三册，页三三七中—三三八中。

㊲同上书，页三三八中—三三九下。

㊳同上书，页二十五中。

㊴同上书，页二十七中。

第七章　大乘佛教兴起与本生经

第一节　大乘佛教的兴起与本生经的关系

由于菩萨思想的展开，大乘佛教终于兴起。因此大乘佛教又有“菩萨教”之称，而追溯菩萨思想的起源，则在本生经的流传。本生经不但刺激了大乘佛教的兴起，并丰富了大乘佛教的内涵。就原有的来说，释尊的本生被应用到大乘经中；就新的来说，旧有的本生经改变了历史性的佛陀观，产生了新的佛与菩萨的思想，为了强调此一新的理念，又广演出大乘菩萨的本生谈。于是释尊的本生谈与大乘菩萨的本生谈相互辉映，并同出现在大乘经典中，既丰富了大乘经典的内容，也为佛教史写下崭新的一页。新的信仰中心，新的理想，为佛教带来新生、活泼、热情和充满希望的讯息。

大乘佛教是一种新的宗教意识，新的宗教革变，其形成的原因，不仅是多面的，并且由来久远。有关大乘的思想，早在小乘佛教时代所传持的圣典中已透露了些许消息，有关这一部分，请参考本书第四章《小乘（部派）经律二藏中的本生谈》及第八章《现存本生经的集成》。有关大乘以前的菩萨观，在本书第五章《菩萨思想的起源、发达与本生谈的关系》中已说，于此不再赘言。本章仅就大乘菩萨来研讨。

本生最早是通于佛及弟子、信众的，后来由于佛子们对于这位属于历史的、人间的，却已圆寂而不再有所作为的释尊，有难以遏抑和说不尽的追思，于是大量传出了佛的本生。初期所传的本生，侧重表现在等流因果和业的轮回上。离佛日远，人们对释尊的景仰和怀念愈盛，因而人们开始思量、研究、探讨“释尊以何德而能异于常人致成为一切智者？”“释尊何以能广度一切众生，成为人间、天上等六道的大慈父、大导师？”学者们从当时的轮回思想、三世因果和已流传的本生中得到消息，原来释尊今世的成就是无量劫来不断行持“上求下化和救济众生的难行行和难忍忍”而有以致之。此一上求下化和救济众生的难行行和难忍忍，就被定为菩萨行，而把在过去无量劫轮回中的释尊，称之为“菩萨”，“菩萨”遂成为专指过去生中修行菩萨道及今生尚未成正觉以前的释尊而言。

学者、信者们有此体悟后，遂大量地结集、传持出有关释尊在过去生中不断修持各种波罗蜜，上求佛道，下济众生的菩萨本生故事。因此原通于佛及弟子、信者的本生，变成专指佛的本生，本生终于成了专指释尊在过去无量劫来修行菩萨道的事迹。接着十方现在佛的思想随着本生中授记思想的展开而产生。

本生与譬喻的传出，似乎释尊始终在此世界修行，过去佛、未来佛也始终在这一世界。三世佛是很早就被认定的，但是以往都认为二佛不同出于世，《中阿含》卷四十七《多界经》[①]说："若世中有二如来者，终无是处。"上座部的论师继承此一说教，认为在释迦佛出世时没有第二佛，但是思想自由进步的大众部却有不同的主张，兹略举数则有关大众系主张"十方世界现在有佛说"如下[②]：

（一）说出世部：东方有Mṛgapatiskandha、Siṃhahanu、Lokaguru、Jñānadvaja、Sundara佛。南方有Anihata、Cārunetra佛。西方有Ambara佛。北方有Pūrṇacandra佛[③]。

（二）大众部："青眼如来等，为化菩萨故，在光音天。"[④]

（三）大众部（末派）："东方七恒河沙佛土，有佛名奇光如来至真等正觉，出现彼土。”[5]

其实，十方世界有无量之多，此一说法，早已见于《杂阿含经》中。[6]十方世界都有众生，众生都有烦恼，有生老病死，为什么其他世界会没有佛出世呢？龙树菩萨反对“二佛不并”之说，特别引用《长阿含》的经文以证明有二佛并世，原文如下：

《长阿含经》中有言：有鬼神王守北方，与众多百千万鬼神，后夜到佛所，头面礼佛足，一面住，放清净光，普照祇洹，皆令大明，合掌赞佛，说此二偈：

大精进人我归命，佛二足中尊最上；
智慧眼人能知见，诸天不解此慧事。
过去未来今诸佛，一切我皆稽首礼；
如是我今归命佛，亦如恭敬三世尊。

如是偈中有十方佛，鬼神王稽首三世佛，然后别归命释迦牟尼佛，若无十方现在佛，当应但归命释迦牟尼佛，不应言过去、未来、现在诸佛，是故知有十方佛。复次，过去世有无量佛，未来世亦有无量佛，以是故现在亦应有无量佛。[7]

依此二言，无量世界，无量众生，各世界在同时各有佛出现这是可以成立的。况且《多界经》中所谓无二佛并同出世，是指在同一佛土而言，因此十方世界现在有佛的思想成立了。接下来再探讨“十方现在佛”信仰流传的原委。

释尊入灭，继释尊后阎浮提下一任的补处佛——弥勒尚在兜率天，未及降诞娑婆，因此使得这一世界暂时成了无佛而仅凭遗教的境况。当无量世界有无量现在佛的思想出现后，那些因释尊入灭而感觉无所依靠的信者，在佛佛道同的理念下，开始希冀到他方佛土去接受他方佛的教化。有佛就有菩萨，因此他方世界的菩萨又随着佛陀观的改变而出现，于是佛与菩萨相互搭配共同建设佛国，接引众生，十方现在佛、菩萨就这样被肯定了。接下来又产生了菩萨修道，可以往来诸世界，而不被限定于一世界的理念。多佛，就有多菩萨。虽然一佛一世界，但诸佛世界并不排外，佛、菩萨有神力，可自由往来于十方世界接引和济度众生。佛世界扩大到无限，并且佛、菩萨彼此交流、学习，十方无数现在佛、菩萨的名号被迅速传出，并取得了人们的信仰，佛教终于进入了大乘时代。

由于此土的教祖释尊在过去生中是经过无数劫修行菩萨道和广发誓愿而来的，并且被一一记为本生谈以流传，而佛佛道同，他方世界的佛、菩萨也绝无侥幸，必然也是在过去生中发大心、修大道而有以致之，基于此一理念，又传出了十方现在佛、菩萨的本生，并且被结集在诸经中，于是有了大乘的本生。

尽管十方现在佛、菩萨的本生是因释尊本生而来，但是二者有相当的不同。释尊在本生中行菩萨道是不拘身份的，在诸法界中处处做道场，身份千变万化，上至诸天、中至人道、下至傍生。但是大乘的本生就不同了，菩萨的本生的身份都是以人为主，而且很相当。譬如，东方净土阿閦佛，在本生为菩萨发大愿时，是誓愿“世世出家的比丘”。西方净土阿弥陀佛，在本生是菩萨时是以国王身出家，名为“法藏”的比丘。并且每一菩萨各各发有济度众生、成就佛道、建设佛国的慈悲大愿。主要的原因是大乘的佛、菩萨都是以德立名的，譬如“阿閦”是不嗔、不恚的意思，“阿弥陀”是无量光、无量寿的意思，“文殊”为妙德、妙吉祥之意。此外在《八十华严经》的《入法界品》中，许多佛及文殊、普贤等大士在本生中都是以轮王出现的。

有关大乘菩萨的本生，散布在各大乘经中，如《阿閦佛国经》《大阿弥陀经》《法华经》《宝积经》《悲华经》《地藏经》《华严经》等中，未被结集出来。释迦牟尼佛的本生，在大乘诸经论中亦常出现，并且与十方佛、菩萨有血缘和法统的关系。

第二节　十方现在佛、菩萨本生的例举

前面介绍过大乘十方现在佛、菩萨思想的起源和因素，本节中，再来介绍几位为人所熟知的佛和菩萨的本生事。

第一项　阿閦佛的本生

阿閦（Akṣobhya）佛在初期大乘佛教中有极重要的地位，与阿弥陀佛分别教化东西二净土。阿閦是无嗔恚、无忿怒之意。《阿閦佛国经》谈到阿閦佛的本生说：昔，东方千佛刹有世界名阿毗罗提（Abhirati，甚可爱乐之意），大目如来住世广说六波罗蜜。时阿閦佛为比丘，向大目如来表示愿意学菩萨行。大目如来对他说："学菩萨道甚难，菩萨对一切人民及蜎飞蠕动之类，不得有嗔恚。"比丘听了，立即发愿：我自今以往，发无上真正道意，一直到成佛，不起嗔恚；不起声闻心、缘觉心；不起贪欲、嗔恚、睡眠、众想（掉举）、犹豫狐疑、悔；也不杀生、偷盗、非梵行、妄语、骂詈、恶口、绮语、贪欲、嗔恚、邪见等。比丘发此"大僧那僧涅"（着大铠甲之意），所以被称为"阿閦菩萨"。阿閦菩萨又接着广发建设一切佛国和济度众生、成就菩提的

诸大愿。大目如来为其授决——将来必定在阿毗罗提世界成佛，号“阿閦如来至真等正觉”。[8]

阿閦佛的本生誓愿中最特殊的是为女人解除身体、生产等痛苦。

第二项 阿弥陀佛的本生

阿弥陀（Amita）佛又称无量光佛、无量寿佛，出现时间较阿閦佛稍迟些，在大乘中占有非常的地位，信仰的人非常多，因此有关的本生，在大乘的十方佛中，出现的场合也较多。在《大阿弥陀经》《无量寿经》《无量清净平等觉经》等，均有阿弥陀佛昔日为法藏比丘的本生事。大意是：过去无量劫世自在如来住世教化时，阿弥陀佛尚在因地修行，为一国王，闻法喜悦开悟，弃王位出家做沙门，号“法藏比丘”。法藏才高、智慧、勇猛、精进无人能及，往诣世自在如来，以偈赞世自在如来威德，又在佛前发菩提心，广发四十八愿济度众生，并愿做佛时，为十方世界诸佛中最为第一者。法藏比丘后来果然成就佛果，号“阿弥陀”，世界名“极乐”，今仍住世，往来十方世界教化众生。[9]

阿閦佛与阿弥陀佛是大乘佛教初期东西二净土的教化主，人们信仰的中心，有关二佛的消息一经传布出来，立刻引起反应，于是陆续传出了更多的本生。如《贤劫经》说："过去，使众无忧悦音王护持无限量法音法师，无限量法音法师是阿弥陀佛的前身，使众无忧悦音王是阿閦佛的前生。这是阿弥陀佛为师，阿閦佛为弟子。"[10]《决定总持经》说："过去，月施王从辩积法师听法，辩积是阿閦佛前生，月施王是阿弥陀佛前身。"[11]这是阿閦佛为师，阿弥陀佛为弟子。以上阿閦佛与阿弥陀佛有相互为师的关系。

又，在《阿閦佛国经》说：阿閦菩萨是随大目如来听法而发成佛大愿。《阿弥陀经》说：法藏比丘从世自在王如来而发心。《贤劫经》则说：净福报众音王子从无量德辩幢变音法师闻法；前者是阿弥陀佛的前身，后者是大目如来的前身。[12]阿弥陀佛与阿閦佛俱以大目如来为师。

大目如来即毗卢遮那佛。印顺导师说得好："毗卢遮那如日轮的遍照，那么东方净土的阿閦佛象征日出东方。阿閦住于无嗔恚心而不动，是菩提心。菩提心为本，起一切菩萨行，如日轮从东方升起，光照大地，能成办一切事业。阿弥陀佛土如日落西方，彼土——那边的光明无量。从日出到日没，又从日没到日出，所以阿閦佛与阿弥陀佛有互为师弟的意义。二佛都出于大目如来，那是以释尊究竟的佛德为本，方便设化，出现东西净土。古代的本生谈是直觉到这些意义，而表现于本生谈中的。”[13]此外，《悲华》《法华》《贤劫》《观佛三昧》《大方广总持》等经均有弥陀的本生。

第三项　观世音菩萨的本生

观世音（Avalokiteśvara, Avalokitêśvara）又名观自在，是以大悲救济苦难而著名的菩萨，与大势至菩萨共同协助阿弥陀佛教化众生，是西方极乐世界将来接续阿弥陀佛的一生补处菩萨。观音和阿弥陀佛的信仰在中国非常兴盛，有家家弥陀佛、户户观世音的名言流传着，有关观世音菩萨的本生也有好些。

《悲华经》中有观世音的本生，大意是：过去善持劫时，删提风世界由宝藏如来住世，观音其时生为转轮圣王无诤念（阿弥陀佛前生）之长子，名“不眴”，与父兄同归信、供养宝藏如来。无诤念王领王子在佛前发愿。不眴次于父在宝藏如来前发愿：“我观地狱众生多苦恼，人、天有心垢，故常堕三恶道。又众生以亲近恶知识之故，退失正法，堕大暗处，尽诸善根，反摄取种种邪见，行恶道。世尊！我今大声向众生宣告：我一切善根，尽回向阿耨多罗三藐三菩提。愿我行菩萨道时，若有众生受诸苦恼恐怖之事，退失正法，堕大暗处，忧愁孤穷、无救、无依、无舍者，若能称念我名，为我天耳所闻，天眼所见，是等众生若有不能免斯苦恼者，我终不成正觉。”又发愿在未来无净念转轮王成为安乐世界教主无量寿佛时，将在那里行菩萨道，并在修菩萨道时即能做佛事，当无量佛所做已办，于初夜入涅槃时，我即于后夜成阿耨多罗三藐三菩提。宝藏如来赞叹不眴的大悲心，赐字“观世音”，并授予未来将成佛的记别，号“遍出一切光明功德山王如来”，将补继无量寿佛位，佛国改名为“一切珍宝所成就世界”。[14]

又，在《观世音菩萨授记经》中有释尊昔日为转轮王威德，行菩萨道，于园中入观于三昧，二莲花从地涌出，各坐一童子，一名宝意，一名宝上，威德王从禅定起，见二童子坐莲华藏中。后二童子与威德王一起往诣金光师子游戏如来。二童子即观音与大势至的前生。

由以上可知，在本生中，观音、势至有同求法的关系，观音与阿弥陀佛有父子的关系。

在《观世音菩萨往生净土本缘经》中，本生时，观音、势至为兄弟，释尊为父，阿弥陀佛为母，四者是家眷的关系。

又，在《千手千眼无碍大悲心陀罗尼经》中说观音昔已成佛，号“正法明如来”，为令众生安乐，怀其大悲而现菩萨形。

有关大菩萨早已成佛，为度众生，再倒驾慈航来做菩萨的本生记载，除了观音外，文殊也是如此。倒驾慈航也正是大乘本生的一大特色。我想主要的目的，一方面是表彰菩萨的慈悲，一方面也是意在使人产生更大的信心吧！

第四项　地藏菩萨的本生

“众生度尽，方证菩提；地狱未空，誓不成佛”这是赞叹地藏菩萨大愿的词句，有关地藏菩萨的大悲圣德，暂不予研讨，本节项中仅略谈有关地藏菩萨本生的行迹，有关地藏菩萨本生的行迹，在《地藏菩萨本愿经》中有四起，释尊讲说地藏本生行迹的因缘，是文殊及定自在二菩萨请佛开示地藏因地的行和愿。[15]

（一）昔为长者子——在过去久远劫前，师子奋迅具足万行如来住世之时，地藏生为长者子，见佛相好，千幅庄严，问佛作何行愿而得此身相。佛说：“须当久远度脱一切受苦众生。”长者子因是即发愿：“我今尽未来际不可计劫，为是罪苦六道众生，广设方便，尽令解脱，而我自身方成佛道。”[16]地藏菩萨因在本生时于师子奋迅具足万行如来前发如此大愿，因此至今仍为菩萨。

（二）昔为婆罗门女——昔在觉华定自在王如来的

像法时代，地藏生为婆罗门女，知道母亲生前邪见，轻信三宝，不信因果，必堕地狱。遂变卖产业，为母布施修福，并礼觉华定自在王如来塔寺和佛像，广修供养。后蒙觉华定自在王如来的指引和鬼王的协助深入地狱寻母，经查询，其母已因他代布施、植福和持佛名号的功德，而离开地狱往生天道了。婆罗门女遂在觉华定自在王如来塔像之前立宏誓愿："愿我尽未来际，应有罪苦众生，广设方便，使令解脱。"[17]此则本生尚包括有财首菩萨的本生——鬼王。

（三）昔为小国王——昔，一切智成就如来未成佛，尚为小国王时，地藏亦生为小国王，二王相互为友，共行十善饶益众生。国内多造众恶。前者发愿："早成佛道，当度是辈，令使无余。"后者（地藏前生）却发愿："若不先度罪苦，令是安乐，得至菩提，我终未愿成佛。"[18]此则本生尚包括有一切智成就如来的本生——小国王。

（四）昔为光目女——昔清净莲华目如来的像法时代，地藏生为女人，名光目。光目女的母亲，生前喜食鱼子，犯杀生罪极重。光目女知母亲死后必堕恶道，请罗汉入定观察，知母亲已堕地狱中，遂依罗汉之教，至诚礼念清净莲华目如来，其母因此功德，脱离地狱，转生人婢。光目又为救母而发广大誓愿："若得我母永离三涂，及斯下贱，乃至女人之身，永劫不受者，愿我自今日后，对清净莲华目如来像前，却后百千万亿劫中，应有世界，所有地狱及三恶道，诸罪苦众生，誓愿救拔，令离地狱恶趣、畜牲、恶鬼等。如是罪报等人尽成佛竟，我然后方成正觉。”其母果然因光目女此大誓愿而得解脱[19]。此则本生中，尚包括有无尽意菩萨本生——度光目女的罗汉，和解脱菩萨的本生——光目女的母亲。

地藏本生为求庄严相好，为求救度百姓，为求救度生母，而发“众生度尽方成佛”的大愿，因此被称为大愿王，而为此土众生所衷心信仰。

第五项　文殊菩萨的本生

文殊菩萨是以智慧第一而著称的大菩萨，是初期大乘最主要的菩萨，许多法会都以他为上首参与问答，素有法王子之称。文殊，有说他是此土的比丘菩萨，为释尊弟子；有说他是他方世界来此世界协助释尊教化众生的菩萨；有说他是过去佛乘愿来此土应化的。有关文殊详细的介绍，在印顺导师所著《初期大乘佛教之起源与开展》一书中有详细的研讨，不再赘陈。文殊的本生也颇有数则，但很零散不集中，主要是他参与的胜会太多，因此有多处提到他的本生，今亦略举数则：

（一）昔为惹那罗耶菩萨（出于《放钵经》[20]）——大意是：文殊以钵饭供养释尊，又请释尊反施给自己，大众问佛此是何因何缘，释尊遂说："无量劫前，罗陀祇那佛住世，文殊时为菩萨比丘，名惹那罗耶。惹那入城分卫得满钵，归途中遇一乳母抱一长者子名惟摩罗波，菩萨予小儿食饼，小儿啖食，觉味美，遂一路尾随至佛处。小儿见佛及诸比丘菩萨生大欢喜，惹那菩萨令小儿持钵饭与饼供佛及众等，悉令满足。如是七日，小儿欢喜自说七日满，必以此福将来成就佛功德。"此则是文殊与释尊的本生，小儿即释尊前生。[21]《文殊支利普超三昧经》卷上亦有相同的故事。[22]本故事旨在说明文殊的不可思议的神通、方便。

（二）昔为龙种上如来（出于《首楞严三昧经》[23]）——大意是：释尊开示首楞严三昧法门，大迦叶赞叹文殊必然是先世已做佛事，现在才能坐道场转法轮。释尊因是说文殊本生：昔无量不可思议劫前，文殊已成佛，号"龙种上如来"，国号"平等"，在南方过千佛国土处。龙种上如来证阿耨多罗三藐三菩提后，转法轮，教化成就七十亿菩萨，八十亿人成罗汉，九万六千人成辟支佛等。龙种上如来临涅槃前授智明菩萨成佛之记别。涅槃后散身舍利流布天下，众生起三十六亿塔供养。[24]

（三）转轮圣王安拔（出于《文殊师利佛土严净经》[25]）——大意是：文殊说法，众等发未曾有道心。师子步雷音菩萨问释尊“文殊发心以来有几何？”释尊因此说这一本生：昔七千阿僧祇江河沙劫前，雷音响如来在去此七十二姟名“快成”的佛土教化众生。时，文殊生为转轮王，名“安拔”，以法治四天下，供养承事师子步雷音响如来。安拔王发心以此功德回向成天帝或梵王、轮王、声闻、缘觉等。忽然天空传来音声，叫他不要发小贱意，当发无上真正道心。安拔王听了即兴弘慈心不退转道意。[26]此经旨在引导说明无量数菩萨因文殊的劝化而发心的本昔因缘。

（四）好妙法仙人（出于《文殊师利现宝藏经》[27]）——大意是：舍利弗向须菩提追忆自己与文殊周游诸国，中途遇火烧刹土，文殊以神足度舍利弗越火海，又显神通灭火，后趁机对舍利弗说法，并举二人的本生事作说明。文殊说：往昔自己是仙人，名“好妙法”，与另一仙人“施信安”（舍利弗前生）同住海边，一日二人以神足飞度大海到女鬼界，罗刹鼓人伎乐，施信安仙人闻此乐音复见女鬼，生大恐怖，自虚空堕地，不能识海边故处，好妙法仙人愍伤之，以右手举施信安仙人回海边故居。[28]此本生实在斥声闻不如菩萨。

此外在《华严经·入法界品》中，有文殊昔为名

“十方”的转轮王、普贤为夜神的本生故事。[29]有一点值得注意的是《华严经》的《入法界品》中诸佛、菩萨的本生相当多。

第六项　弥勒菩萨的本生

弥勒菩萨又称慈氏，是此土继释迦牟尼佛后一任的补位佛。在原始的经、律及部派所传的本生中已有他的本生事。今再据大乘经列举一二。

（一）昔为长者子梵志贤行（出于《弥勒菩萨所问本愿经》）——大意是：弥勒向佛求法，佛开示，弥勒赞佛，阿难赞叹弥勒，佛说弥勒辩才具足，所说经法无所缺减，不独以偈赞我，前世亦曾如此。佛举说：昔无央数劫炎光具向作王如来住世，弥勒生为梵志长者子，名“贤行”，见炎光具向作王如来身色庄严，威光巍巍，发愿来世如彼佛，并伏身于地，心念：若我当来能得法身如佛，如来当过我身。炎光具向作王如来成其心愿，过其身。贤行立即得不起法忍，达众智，五神通具足。贤行以偈赞叹彼佛。[30]

（二）昔为转轮圣王太子雨室（出于《大宝积经》卷九《密迹金刚力士会》）——大意是：昔，无量勋宝锦净佛住善见劫庄严世界时，弥勒生为转轮圣王勇郡之太子，名雨室。轮王有千子。轮王归信无量勋宝锦净佛，欲测验千子何人最先发真正道意，并成正觉。千子者后贤劫千佛，勇郡转轮王即过去定光佛。此则实包括定光佛及拘留孙佛以下千佛之本生，弥勒在中仅次于释迦牟尼佛，居第五位。㉛

第七项　普贤菩萨的本生

普贤菩萨以大行著称，是现在四大菩萨之一，从根本智发广大愿，以万德庄严，一一周遍法界，全性起修，全修在性，圆满菩提，归无所得，因此德而名“普贤”，有关普贤的本生较少，略举一则如下：

昔为转轮圣王无诤念（阿弥陀佛前生）第八子泯图（《悲华经》）——大意是：昔善持劫时，删提风世界有宝藏如来住世，普贤时生为转轮圣王无诤念的第八王子，名“泯图”。无诤念王领诸子在佛前次第发愿，一一蒙佛授记。泯图发愿：当于不净世界修菩萨道；复当修治庄严十千不净世界，令其严净如青香光明无垢世界；亦当教化无量菩萨，令心清净，无有垢秽，皆趣大乘，悉使充满我之世界。然后我当成阿耨多罗三藐三菩提……宝藏如来因其所发大愿为泯图更名为“普贤”，并授予将来当成佛的记别，号“智刚吼自在相王如来”。㉜

有关大乘的本生经，除了前述，再略述一些。譬如：（一）在《贤劫经》中有诸佛及大菩萨的本生，但在讲到六度时也提到不少部派时释尊的本生，但都很简单。（二）《千佛因缘经》与《悲华经》中有很多佛及菩萨的本生。（三）在《观世音菩萨授记经》[33]及《佛说如幻三摩地无量印法门经》[34]中有释尊（威德王）与观音、势至（二童子）及无量光佛（胜威王）与观音（宝严童子）、势至（宝上童子）的本生。（四）在《弥勒菩萨所问本愿经》中有释尊昔日生为莲花王太子舍骨髓为病人疗病及释尊为月明王时自取双目施盲人的本生[35]。（五）《妙法莲华经》（鸠摩罗什所译）中有如下的《本生经》——（1）卷一有文殊及弥勒本生，昔文殊为妙光菩萨，弥勒为求名菩萨。（2）卷三有关阿閦佛等十六佛的本生。（3）卷四有释迦牟尼佛及提婆达多本生，释尊为王，提婆达多为仙人。（4）卷六有释尊及药王菩萨本生，昔释尊为常不轻菩萨，药王菩萨为一切众生喜见菩萨。（5）卷七中有下华德菩萨、光照庄严相菩萨、药王菩萨、药上菩萨本生，昔妙华德菩萨为妙庄王，光照庄严相菩萨为净德夫人，药王与药上菩萨为二王子。[36]

此外在《华严经》《大宝积经》《大般涅槃经》中都有不少的本生，不一一介绍。

由上来可知大乘本生最大的特色是：（一）诸佛、

菩萨，不论过去、现在、未来，都有相当密切的关系，或为父子、或为兄弟、或为母子、或为师生、或为同学，彼此各各在本生中发心修菩萨，发度众生、建佛国的大愿，并且蒙过去佛授记，大家不但互不妨害，并且互相提携，共成佛道，这表示佛佛道同。（二）如《悲华》《贤劫》《千佛》等经，都是先以一佛为师，然后传给发愿成佛的人间转轮圣王，转轮圣王教化千子归命佛，于本生中共修菩萨道，统统发成佛的大愿，终于与转轮王一起蒙宝藏如来授记，千佛来自一家人，来自一法统，共修一佛道，共同救济众生，然后依序各各成立佛国教化众生，晚成佛者先做早成佛者的补处佛，协助教化。这一理念，实显示吾人：（1）一法传千法，千法传万法，法法相传，佛佛相传，法统不灭。（2）佛法不仅要做纵的传续，更要做横的广播，达到家庭、人生、历史、宇宙都佛化。（3）一佛土无二法王，如同一国无二元首，但是有多佛国，犹如世界有多国家。菩萨当协助佛教化众生，培养福德，做成佛的准备。（4）佛、菩萨以本愿立德，以本愿的完全实践而成佛，没有侥幸成佛的。任何人归信三宝，勤修佛道，发济度众生的誓愿，并如实地实践它，完成它，人人都可以成佛。佛国是依本愿而建立的，大乘行者，以发愿为要。

第三节　大乘本生与本愿思想

在第六章第四节《广发誓愿的思想》中，对早期“广发誓愿”的由来已做了研讨，于此，不再赘陈。最初菩萨的发愿都很简单，并不特别强调。可是在大乘佛教兴起，十方三世佛的理念展开后，佛、菩萨在本生中广发大愿的本愿思想随同本生并起出现，本愿成了本生中具体的内容。发大愿成了过去佛授记的依据。本愿的发誓和实践成了证得阿耨多罗三藐三菩提的先决条件和必备条件。因此，无一佛不以愿成，无一菩萨不依愿行。尽管一一佛、一一菩萨各有各的立愿，但他们总的、共同的愿是——度一切众生，成就佛道。而在这样的一前提下，诸佛、菩萨又各有方便，各有发心，各有多门，把自己的慈、悲、喜、舍和勇猛、精进毅然决然地、诚挚感人地表现在自己的本愿中，作为自己的目标，并厉行之，实践之，各各树立起自己独树一帜的道风。人们对他们的信仰，也因其本愿的动人，给人的感应而产生，而流行，而盛行。

在这一节将探讨的本愿中，仅选出三位代表性的大乘初期的佛和菩萨的本愿作说明，有关释迦佛的本愿拟不予特别说，因为诸佛、菩萨都是释尊心中所流出的，诸佛、菩萨的本愿即是他的本愿。

第一项　阿閦佛的本愿

本书之所以要介绍阿閦佛，是因为他的地位特殊——（一）出现最早的大乘佛；（二）净土教东西二净土中东方净土的教主；（三）在初期大乘中最具地位。

根据《阿閦佛国经》及《大宝积经》“不动会”的记载，昔日阿閦佛是在大目如来前发大愿而蒙佛赐号“阿閦”并授予成佛记的。有关阿閦佛所发的愿，就修行方针而变为誓言的，林总合计应有二十一条，但因为前面四条，是在未获名“阿閦”菩萨前的预备誓言，而后五条，自经文的文体上看，好像是附录，计核其能作为中心的誓言只有十二条。即——

（一）一切修行回向于一切智（成佛之意）。（二）一一语言悉与念佛相应。（三）生生世世出家为比丘。（四）出家更行十二头陀。（五）成就四无碍智。（六）常住于行、住、坐三威仪。（七）不犯根本罪。（八）对妇人说法不起欲念。（九）对佛、菩萨说法必恭谨听受。（一〇）不听信外道异端之说教。（一一）于财施、法施时，住于平等心，不设彼此之区别。（一二）见罪人必救之。

其次，再就阿閦佛净土建设的特相，以观其本愿，一样可以计列出十八种，即——

（一）无有三恶道。（二）一切人皆行善事。（三）国土平坦。（四）土地柔软犹如绒毯。（五）无有风、寒、气三病。（六）人民无有恶色丑卑。（七）薄于淫、怒、痴。（八）国土无有牢狱。（九）无有邪说异道。（一〇）树木花实繁茂，人民皆从其树取种种衣。（一一）衣食皆有芳香。（一二）饭食自然出现。（一三）住所皆从七宝所成。（一四）八功德水充满池中。（一五）妇人极为贞淑。（一六）人人寝床皆由七宝所成。（一七）人民饮食胜于天人。（一八）国无王者之号，但有法王之称。[37]

联合前十二项以出家主义为中心的自行愿和后面高调在家理想的净土愿，才是完整阿閦佛的本愿。但是不能否认的，前面以出家为中心的本愿才是其主体。

第二项　阿弥陀佛的本愿

有关阿弥陀佛昔日为法藏比丘时，在世自在王如来前所发的本生誓愿，究竟一共有多少，一向有多种说法和记载。据支娄迦谶（公元一四七——八六年）所译的《无量清净平等觉经》与支谦（公元二二三—二五三年）译的《阿弥陀经》是二十四本愿。这是大乘早期的译说。宋代法贤（公元九八二——〇〇一年）所译的《无量寿庄严经》则为三十六本愿。而在康僧铠于公元三世纪后叶所译的《大阿弥陀经》及七八世纪间译出的《大宝积经·无量寿如来会》则列有四十八本愿。以上当以四十八愿说最为完整。四十八愿即——

（一）佛土中无地狱、饿鬼、禽畜、虫类。（二）佛土中无妇女；有情来往生者，皆于七宝池莲华中化生。（三）刹中人欲饮食，七宝钵中百味饮食自然化现，食已，食具自然化去。（四）刹中人所欲之衣被随念而至，不须裁缝捣染、浣濯。（五）刹中自地至空，皆有宅宇、宫殿、楼阁、池流、花树，悉以无量杂宝、百千种合成，严饰奇妙殊胜，其香普熏十方世界，众生闻香皆修行。（六）刹中人皆相互爱敬，无相憎嫉。（七）刹中人无淫逸、嗔怒、愚痴之心。（八）刹中人皆同一善心，无惑及他念，相互知意。（九）刹中人不闻不善之名。（一〇）刹中人知身如幻无贪着心。（一一）刹中诸天与人二类形容一致皆金色，端正净好无丑异。（一二）来我佛刹者，皆得为人、为声闻缘觉，皆得坐禅于定中知我寿几何。（一三）来我佛刹之有情皆得于禅定中知我佛刹、人数几何。（一四）刹中人皆寿长无央劫。（一五）刹中人所受快乐如漏尽比丘。（一六）刹中人住正信位，远离颠倒、分别，诸根寂静。（一七）成佛时，说经行道十倍于诸佛。（一八）刹中人尽有宿命通。（一九）刹中人悉得天眼通。（二〇）刹中人悉得天耳，能听无量数佛说法，且能受持。（二一）刹中人悉得他心通，知无量世界众生心。（二二）刹中人悉得神足通，能于一念顷超越无量世界。（二三）愿我之名号闻于十方世界，诸佛于大众中宣说我功德及国土殊胜，诸有情闻我名号，来生我刹土。（二四）顶中光明绝妙，胜日月百千万倍。（二五）光明照遍无央数天下诸暗，诸有情见此光明，皆来生我处。（二六）十方世界所有天、人及蜎蠕等有情为我光明所触者，身心慈和过诸天人。（二七）十方世界诸天及人发心持斋戒、行六度，修诸功德，发心生我刹者，临寿终，我与大众前往引接。（二八）若闻我名号，香花灯绘供养，饭沙门、起塔寺、斋戒清净、作诸善，一心念我，虽一昼夜，必生我刹。（二九）诸天人民，至心信乐欲生我刹，十声念我名号，必来生我刹，但除五逆及诽谤正法者。（三〇）十方有情前世作恶，闻我名号即忏悔为善，奉持此经，欲生我国者，寿终不须经三恶道，径来往生，一切如意。（三一）十方世界诸天及人，闻我名号，五体投地稽首作礼，喜悦信乐修菩萨行，诸天世人皆敬信。（三二）闻我名号喜悦信乐，发菩提心并厌女身者，寿终，不复为女人。（三三）生我刹者逐补佛处，唯除本愿欲往他方，教化众生修菩萨行，供养诸佛，自在往生；我并教一切众生皆发心信修一切行。（三四）我刹中人欲往生他方者，如其所愿，不堕恶道。（三五）刹中菩萨以香华、幡盖、真珠、璎珞种种供具，一食顷即可往无量世界供养诸佛。（三六）刹中菩萨欲万种物供养十方诸佛，即自往十方佛前供养既遍，是日未午即还我刹。（三七）我刹中诸菩萨受持经法，讽诵宣说，必得辩才智慧。（三八）刹中菩萨能演说一法，其智慧辩才不可限量。（三九）刹中菩萨得金刚那罗延力，其身皆紫磨金色，具三十二相，八十种随形好，说经行道无异于诸佛。（四〇）刹中清净，照见十方世界，菩萨欲于宝树中见十方一切严净佛刹，即时应现。（四一）刹中菩萨虽少功德者，亦能知见我道场树高四千由旬。（四二）刹中诸天、世人及一切万物，皆严净光丽，形色特殊。（四三）刹中人随其志愿，欲闻法者自然得闻。（四四）刹中菩萨、声闻皆智慧自然成神，顶中有光，语音宏畅，说经行道无异于诸佛。（四五）他方世界诸菩萨，闻我名号皈依精进，皆得清净解脱三昧，住是三昧一发意顷，供养不可思议诸佛，而不失定意。（四六）他方世界诸菩萨闻我名号皈依精进，皆得普等三昧，乃至于成佛，常见一切不可思议诸佛。（四七）他方世界诸菩萨闻我名号皈依精进，即得不退转地。（四八）他方世界菩萨来皈依精进者，得一、二、三忍，于诸佛法永不退转。[38]

阿弥陀佛发了以上四十八大项若不成就则不成佛的大愿。由以上阿弥陀佛的本愿看来，他的佛国是相当开放、自由的，庄严、清净、华丽的，称安乐、极乐世界是一点也不为怪。把前述东西二净土教主往昔的本愿做个排比，可以发现有不少是相同的，而且阿弥陀佛的本愿较阿閦佛的本愿更进步、更丰富，从阿閦佛要早阿弥陀佛出现的这件事来说，这也象征着佛、菩萨本愿思想一直在进步中。

第三项　文殊师利菩萨的本愿

文殊菩萨是大乘初期最主要的菩萨，有关他在本生时，发成就众生，庄严自己佛国的成佛大愿，在《大圣文殊师利菩萨佛刹功德庄严经》卷下、《圣者文殊师利发菩提心文》《文殊师利发愿经（偈）》、《大宝积经》卷六十《文殊师利授记会》等经中都有详细的记载。今依《大圣文殊师利菩萨佛刹功德庄严经》来计列其大愿，共有十八件，即——

（一）于无量劫中积集菩提方成正觉。（二）劝世界未有佛的众生发菩提心，修六度，满无上正觉。（三）广大恒河沙数世界成一佛刹，墙高，顶由千宝庄严。

（四）菩提树高大如万大千世界，光照一切佛刹。（五）在菩提树下证正觉，直至涅槃不起座，但以化身遍十方无量世界为有情说法。（六）刹中无声闻缘觉，只有清净大菩萨众，清净梵行者满佛刹。（七）刹中无女人，一切菩萨皆是化身，悉披搭袈裟，结跏趺坐，此诸菩萨遍满佛刹，并诣十方，为诸有情说法。（八）如无量寿如来佛刹，以法喜为食，心念即有百味饮食，以神通先往供养十方佛并施贫穷苦恼有情及饿鬼，悉令饱满，并说法后方还本土用食。（九）刹中诸菩萨，生时即随念合适清净袈裟，菩萨得之，先往供养十方诸佛，再还本处受用。（一〇）刹中一切菩萨所用物，先供佛及声闻，然后自受用。（一一）刹中一切有情，远离诸苦，无有毁犯净戒律仪。（一二）刹中积聚无量众宝、无量摩尼互相影响。（一三）刹中菩萨可随念见诸宝物。（一四）所照之光由菩提树发出，以花之开合来辨昼夜，并可随菩萨心念作长短的调节。（一五）刹中无寒暑及老病死，若菩萨欲证菩提，即往睹史多天，寿尽降生成正觉。（一六）刹中常奏百千种乐，乐声中无有与贪染相应之声，唯出波罗蜜音、佛音、法音、僧音、诸菩萨法教之声悉得闻。（一七）刹中菩萨渴仰于佛，随所诸处经行、坐、立，应念即见普见如来坐菩提树下，有疑网，不待佛解说，自然打破。（一八）十方诸佛所有功德庄严行相，皆现我刹中；但声闻所见庄严及五浊恶世不出现我刹中。[39]

由文殊十八愿中，可知：文殊的本愿受弥陀本愿的影响不少，譬如无五浊世，没有女人，往来十方教化，以法味为食等均是。

观音、弥勒、普贤、地藏等无不在本生中就已发了大愿，他们的本愿虽各有不同，但无不异中有同，同的是——成就众生后再成佛道。

其实仔细看佛与菩萨的本生誓愿所建的净土，无不是富有最高伦理道德，和谐、安乐、富庶、自由、平等、进步、光明，并且宗教信仰虔诚、无病痛、无烦恼、无恶事等的理想王国。由国中无有国王，只有法王，只有一佛的情形来看，可以知道，佛教是着重以正法律治国，以慈悲治国的。法王代替国王，比早期以转轮圣王治国的理念更进步，甚至可以说此法王建立佛国的理念是转轮圣王的说法，再配合着佛教本生谈和人们的理想、希望而产生出来的理想世界主。佛教的理想世界进步到这样，是本愿思想的功劳。大乘佛教之所以为人所乐于接纳、崇信，并迅速开展，是因为这些佛国里，有他们的希望、梦想和目标。本生与本愿展示了建设佛国的蓝图。

注释：

①《大正藏》第一册，页七二三下—七二四上。

② 参见印顺导师著《初期大乘佛教之起源与开展》页一五六。

③《南传大事》，第一册，页一二一—一二三。

④《入大乘论》卷下，《大正藏》第三十二册，页四十六上。

⑤《增一阿含经》卷二十九，《大正藏》第二册，页七一〇上。

⑥《杂阿含经》卷三十四，《大正藏》第二册，页二四二上。

⑦《大智度论》卷九，《大正藏》第二十五册，页一二六上。

⑧《大正藏》第三册，页七五一中—七六四上。

⑨《大正藏》第十二册，页三二七—三四〇。

⑩《贤劫经》卷一，《大正藏》第十四册，页十中—下。

⑪《决定总持经》，《大正藏》第十七册，页七七二中。

⑫《贤劫经》卷一，《大正藏》第十四册，页七中。

⑬见《初期大乘佛教之起源与开展》页四八二。

⑭见《悲华经》卷三，《大正藏》第三册，页

一八五下——一八六中。

⑮ 见《大正藏》第十三册，页七七八上。

⑯ 同上书，页七七八中。

⑰ 同上书，页七七八中—七七九上。

⑱ 同上书，页七八〇下。

⑲ 同上书，页七八〇下—七八一中。

⑳ 见《大正藏》第十五册，页四四九上—四五一。

㉑ 同上书，页四五〇下—四五一上。

㉒ 同上书，页四一三中—四一五。

㉓ 同上书，页六二九中—六四五下。

㉔ 同上书，页六四四上。

㉕ 见《大正藏》第十一册，页八九〇下—九〇二上。

㉖ 同上书，页八九六下—八九七。

㉗ 见《大正藏》第十四册，页四五三中—四六六下。

㉘ 同上书，页四五七下。

㉙ 见《大正藏》第十册，页三七七下。

㉚ 见《大正藏》第十二册，页一八八。

㉛ 见《大正藏》第十一册，页四十九上—五十三中。

㉜ 见《大正藏》第三册，页一七四下——九八上。

㉝ 见《大正藏》第十二册，页三五三中—三五七下。

㉞ 同上书，页三五七下—三六四中。

㉟ 同上书，页一八八下。

㊱ 见《大正藏》第九册，页数依次是（一）三—四，（二）二十二—二十五，（三）三十四中—下，（四）五十中—五十四上，（五）五十九中—六十。

㊲ 参考《大乘佛教思想论》页四二二—四二八，木村泰贤著，演培法师译。慧日讲堂，一九七八年版。

㊳《大正藏》第十二册，页三二八下—三三〇中。

㊴《大正藏》第十一册，页九一四中—九一六上。

第八章　现存本生经的集成

早先散见在四阿含及各部律中的本生经，随着时代的演变进化，本生经的内容更丰富，流传更广远。增损流传的结果，遂有种种不同的集成本出现。现存的本生经集成本相当多，本章将依其集成的目的和方针分成四大类来介绍。第一类，专为叙述佛传而编成的本生集成；第二类，提倡菩萨道的本生集成；第三类依特殊方式编成的北传本生经集；第四类南传本生经集成。

第一节　为叙述佛传而编成的本生集成

佛陀涅槃越久，弟子们对教祖的怀念越深，这份怀念促成佛传的编写和传持，而且越传越多。特别是到了公元一世纪左右，佛教诗人马鸣以描写宫廷叙述诗方式写出《佛所行赞》，把释尊的一生，崇高的人格，渊深博大的教义以长篇叙述诗的方式写出后，佛传文学因是被带至高潮，有关佛传的写作竞相出现。现今存在的佛传作品为数不少，除了南传的《大事（Mahāvastu）》外，北传收在《大正藏》中的就有十七种。今略作介绍如下。

第一项　佛所行赞

《佛所行赞（Buddhacarita 佛陀的生涯）》又名《佛本行经》，共五卷二十八品。公元一世纪左右，马鸣（Aśvaghoṣa）菩萨所造，《大正藏》及古来的学者均认为是天竺三藏昙无谶译于公元四一二—四二一年间。但晚近的研究发现五世纪的宝云才是真正的译者[①]。今收于《大正藏》第四册，页一—五十四。

汉译的《佛所行赞》，由《生品》开始到《八王分舍利品》，构成全部的佛传，用辞婉丽，格调崇高、庄严，全部用韵文写出。所用的材料，都是根据事实，再加以适度的理想化和美化，对佛陀伟大的一生和其所传的教义，以叙述诗的方式来表达作者对释尊的无上赞扬。内容包括有释迦的谱系、父王母后、佛诞生、宫廷生活、出门游观、逾城出家、入苦行林修苦行、访问阿罗蓝仙、降魔成道、初转法轮，教化三迦叶、舍利弗、目犍连、大迦叶等诸弟子，教化频婆娑罗王、波斯匿王、须达多等人，返故乡迦毗罗卫国，王族皈依和出家、入灭，八王分舍利等。就其内容言，与历史很接近，没有如《普曜经》《佛本行集经》《大事》等的夸张和修饰。佛教一切的教义全部被包含在叙事诗中。卷五第二十二章《忆先品》中有许多佛的本生经，另外在卷六第二十七《调达入地狱品》等都有本生经出现。

第二项　佛本行集经

《佛本行集经》，六十卷。今收于《大正藏》第三册，页六五六—九三二中。北天竺沙门阇那崛多（Jñānagupta）于隋开皇七年至十一年（一说十二年，公元五八七—五九一或五九二年）间口授，由沙门僧昙、费长房、刘凭等人笔受共同译出。

本经内容可大别为佛前生期、佛今生期及传道时期三部。前生期又可分为：佛统谱、俗统谱、托胎传三部分。今生期又可分为在俗期（包括：出生、习艺、结婚、厌世）、出家期（包括出家、访仙、苦行）、成道期（成道、静观、传道开始）。传道期又可称弟子列传部，记述诸弟子信佛得度和修行等因缘事。全部经包括有因缘、授记、佛本生、弟子本生、譬喻等。第三十四《昔与魔竞赛品》及弟子列传中有不少的本生经。特别是第三十四《昔与魔竞赛品》中所提到的魔波旬在往昔生中亦曾以各种身份诳诱佛，而佛在那时虽然仍在因地修行，却始终不为所诱，并且反降伏魔的故事，非常精彩。如其中的龟与花鬘师②、猕猴与虬③二本生谈中，昔日生为龟与猕猴的佛运用戒、定、慧三学端正己意，任凭昔日为花鬘师与虬的魔波旬怎样地设心诈欺诳诱，都不为所诱，不动摇己心。此二故事在《生经》和《根有律》中均曾出现，不过设心害佛的不是魔波旬而是调达。此品中提到佛降伏魔波旬的本生经有：（一）抒海商主与海神④。（二）鹦鹉与鹰⑤。（三）龟与花鬘师⑥。（四）猕猴与虬⑦。（五）飞鸟与猎师⑧。

《佛本行集经》的内容、组织和《大事（Mahāvastu）》大体相同。本经卷一出现的过去佛，不再是只有六佛而已，而有无量无边之多，并且所提的佛名非常多。也提到过去帝释幢如来为无量数菩萨授给将来成佛的记别和成佛的名号。

经中又提到佛告诉目犍连，诸菩萨有自性、愿性、顺性、转性四种微妙行。所谓自性行是说，诸菩萨自本性以来，贤良质直，顺父母教，信教沙门及婆罗门，善知家内尊卑亲疏，知已恭敬，承事无失，非但具足十善，复更广行其余善业。所谓愿性行是说，诸菩萨发于何时当得成佛具足十号的愿行。所谓顺性行是说，如诸菩萨成就布施等六波罗蜜等。所谓转性行是说，如供养燃灯佛，依彼因缘[9]。此四种微妙性行，《大事》中也提到。

由本经的内容可以知道当时至少有五个部派。根据卷六十的说法，本经有下述诸异名：摩诃僧祇师（Mahāsaṁghika）称之为《大事（Mahāvastu）》、萨婆多师（Sarvāstivādin）称之为《大庄严（Mahāvyūha or Lalitavistara）》、迦叶维师（Kāśyapiyas）称之为《佛生因缘（Jātaka-nidāna）》、昙无德师（Dharmagupta）称之为《释迦牟尼佛本行（Śākyamuni-buddha carita）》、尼沙塞师（Mahīśāsaka）称之为《毗尼藏根本（Vinayapitaka-mūlaṃ）》。[10]

第三项　众许摩诃帝经

《众许摩诃帝经》，十三卷，七十五章，西天译经三藏法贤译于宋太宗年间。今收于《大正藏》第三册，页九三二—九七五。本经也是佛传的一种，但却不完整。本经从劫初王——众许摩诃帝开始叙述到释迦族的先祖甘蔗王到菩萨托胎、诞生、习艺、游观、出家、证道到弘法度众止。佛四十五年的说法，度众无数，而本经只叙述到度优波离为止，便告中断，了无下文。经中提到耶舍、频婆娑罗王、三迦叶、优波离等人的本生故事。

第四项 僧伽罗刹所集经

《僧伽罗刹所集经》，三卷，甄陀罽腻王之师僧伽罗刹所集，苻秦时代，罽宾三藏僧伽跋澄等译。今收于《大正藏》第四册，页一一五——一四五。

本经也是佛传的一种，从头至尾都是佛的本生谈，但是这些本生故事都不是用本生谈三段式的写法记出，是用类似喻言的方式记出，而本生经中的各本生谈在巴利本的本生谈中都可以见到。

第五项 大事（Mahāvastu）

《大事》是大众部中部地方的说出世部自律藏中集出的佛传。此经的内容包括自佛于过去久远劫前，在燃灯佛时代发菩萨大愿，行菩萨道开始，到菩萨于过去不久的生涯，到兜率天，到摩耶夫人托胎，到今世诞生、出家、降魔、证道、初转法轮、僧团成立等一连串的教化活动。经中的故事、因缘谈、本生谈很多。

本经的叙文中，把佛过去生中修菩萨行的长时间分成四时期，即（一）自性行（Prakṛticaryā），此为Aparājitadhavaja佛时，菩萨生为转轮王，本性志行苦行的时期。（二）愿性行（Praṇidhāna-caryā），此为Śākyamuni佛时，菩萨生为商主，发愿未来成佛的修行时期。（三）顺性行（Anuloma-caryā），此为Sāmitāvin佛以下四佛时，菩萨生为转轮王等行菩萨道，广修六波罗蜜的时期。（四）不转性行（Anivatana-caryā），此为燃灯佛时，菩萨生为Megha童子蒙佛授记，再经以下二十四佛，最后降生为净饭王的太子，又出家修行至证成佛果的时代。

有关本经叙文的部分，根据干潟龙祥的看法，恐怕是后来才加上的。⑪菩萨四期中第四期的不转性行，在《佛本行集经》中作“转性行”。

本经有以下几点与大乘有关，应予注意的，即：

（一）授记思想：释尊于过去生中行菩萨道，蒙燃灯佛及以下诸佛授未来将得成佛的记别，影响后来大乘佛教授记思想的发达。

（二）济度众生的大愿：本经本生故事中的主角，多数发济度众生的大愿，勇猛精进，因是自致成佛。此一理念对大乘本愿行思想的兴起和发达有促进的作用。

（三）本经第一卷中仙人（Raksita）、象、牛王为市民除去非人之害，使市民得安稳，这是着重在现世利益上。而此一现世利益的思想表现正是观世音菩萨利世济人思想的先驱。观音的信仰和本经或多或少有某种程度的关系，这是不能否认的。

（四）有关当来弥勒佛的信仰：本经除记载有弥勒佛现为菩萨及其前生事外，并记有其将来当成佛，为未来众生之所恭敬皈依等事。

（五）本经的菩萨思想，除了六度外，卷一中有菩萨十地的出现。此十地与《华严经》的《十地品》中的十地和《十信品》的十住相比较，虽然名词不完全相同，但性质大体相等，或许是华严十地、十住的先驱也不一定。但其为大乘十地菩萨最原始的来源则应可以被肯定的。

第六项　其他的佛传

有关佛传的作品除了前述外，尚有刘宋·求那跋陀罗所译的《过去现在因果经》四卷（《大正藏》第三册，页六二〇—六五三）、吴·支谦所译的《太子瑞应本起经》二卷（《大正》第三册，页四七二—四八二）、西晋·竺法护所译的《普曜经》八卷（《大正》第三册，页四八三—五三八）、唐·地婆诃罗所译的《方广大庄严经》十二卷（《大正》第三册，页五三九—

五六二）、后汉·竺大力共康孟详所译的《修行本起经》二卷（《大正》第四册，页五十四——一一四）、后汉·昙果共康孟详译《中本起经》二卷（《大正》第四册，页一四七——一六三）等。

第二节　提倡菩萨道的本生集成

所谓菩萨行，如前所述，是以上求下化，济度众生，牺牲自我，成就他人的懿行。以这种修持成就佛道的方法，计有布施、持戒、忍辱、精进、禅定、智慧六种，称六波罗蜜多，又简称六度。菩萨行六度的思想最早见于《增一阿含经》中，后来随着大乘佛教的兴起而被广传开来。而赞扬、说明释迦如来于过去三大阿僧祇又百劫修持六波罗蜜的本生故事也因此而被结集出来。目前现存的这类经典，当以汉译的《六度集经》和《菩萨本缘经》为最主要。

第一项　六度集经

《六度集经》，三国时吴·康僧会（公元二五〇——二八一年）汉译，全部八卷九十一经，收于《大正藏》第三册，页一——五十二。是现存最早的大乘本生经集。

据《出三藏记集》的记载，康僧会所译的《六度集经》，原只有八十七经，以下四经为后人所附加上去的，在康僧会所译的原本上并没有。

九十一经全部依六度而分配——

一、布施度：卷一有十经，卷二有四经，卷三有十二经，合计二十六经。（页一—十六）。

二、持戒度：卷四有十五经（页十六—二十四）。

三、忍辱度：卷五有十三经（页二十四—三十四）。

四、精进度：卷六有十九经（页三十三—三十九）。

五、禅定度：卷七有九经（页三十九—四十四）。

六、智慧（明）度：卷八有九经（页四十四—五十二）。

今将各经简单介说如下：

〔卷一〕包括菩萨本生、萨波达王本生、贫人本生、菩萨本生、乾夷王本生、国王本生、仙叹理家本生、普施商主本生、长寿王本生，全部九经。每一故事都旨在叙说释迦如来于过去因中，或为国王，或为菩萨，或为贫人，或为财产家、商主等，心根常念世事无常，荣禄、命根俱难保全，因而努力向上发为慈悲心，济度众生，行大布施。释迦如来过去生中为国王、萨波达王、乾夷王，或有名的长寿王，皆举国帑以拯济贫民，令贫乏者满足、病者予药、监狱中无囚犯，国富民安，五谷丰收，使人心常思佛、法、僧三宝；而自己为成就他人，即便堕身地狱被烧、被煮，受无限苦恼苦，亦不悔恨。故事中，菩萨行布施，帝释天以种种威胁手段去试炼菩萨的心念，菩萨对自己的布施行终无悔恼，这完全对成就无上正等正觉的佛道有强大无比的信念而有以致之。又菩萨昔日生为贫者，亦能发心舍身施鱼，又经几世流转，仍以最后身作布施，感动国王率领全国上下共同归命三宝，持行五戒，而自身终于证得阿耨多罗三藐三菩提。

〔卷二〕包括波耶王、迦兰王、萨和檀王、须大拏太子四则本生。波耶王以仁慈治国，废干戈、灭楚杖、毁囹圄，国富民安，四邻称羡。有一邻国举兵来害，波耶王为免兴战和生灵涂炭，遂捐国，并独自出家修行佛道。迦兰王为太子时，与妻入山修行，妻与罪人私通共同谋害太子，太子亡命，天神共护佑之，令归故国，其弟退位，太子绍继王位，每日出城行布施。萨和檀王行一切施，凡有来索者，莫不予供；时文殊师利化作婆罗门来宫，索王及夫人做奴婢；王及夫人应允无悔，文殊师利特为说法。须拏太子性好布施，将王所钟爱的白象亦布施出去，后为父王所驱摈。太子出国，遇梵志来乞，又将车、马、妻、子女等并布施出去。后父王赦太子罪，太子归国，王付以国藏珍宝令太子布施，十方称善，积德不休。

〔卷三〕包括和默王、四姓、维蓝梵志、鹿王、鹄鸟、孔雀王、兔王、理家、国王、梵志、理家、沙门十二则本生谈。其中最具文学兴味的是理家本生谈（第二十五经），记载菩萨昔为大理财家，积财巨亿，常奉三宝，慈心济家。一日至市场以百万元买一鳖放生。一夜鳖来叩门谓不久将有大洪水，速备舟以逃生。翌日洪水果至，菩萨与鳖共乘船逃难，途中菩萨于水中救一条蛇及一狐狸，鳖均赞同，后菩萨拟救一人，鳖反对，菩萨仍然救度之，俟洪水去后，蛇、狐皆感恩图报，独人忘恩负义反栽害菩萨。蛇、狐设计救菩萨，菩萨遂得以还回清白，并为王等说四大苦空等诸佛理，并劝令布施贫穷，令天下太平。此为佛、弥勒及阿难、舍利子等本生。

〔卷四〕包括清信士、象王、鹦鹉王、法施太子、国王、凡夫、贫商人、贫道士、童子、猕猴、长者、墓魄太子、弥兰商人、顶生王、普明王十五则本生谈，是记载如来于因中坚持戒行的本生故事。菩萨昔为清信士，其国国王虔信佛法，真正奉持戒律，国人则多伪善而实邪。王为观实情，遂权宜下令："奉佛道者处以死罪。"时，国人多弃佛道，唯菩萨宁就死刑不舍佛道。国王喜其心志坚固，擢为国相。菩萨昔生为法施太子，为守持净戒，不乱淫，宁可受凿目的苦刑。又菩萨昔有兄弟三人，遭逢凶旱，二兄皆杀妻而食，唯菩萨不忍，与妻相偕至山中，其妻却与人私通而害菩萨，菩萨幸不死，后被立为王，其妇来菩萨国中，群臣欲杀此淫妇，菩萨云："吾宁捐殒性命，不去仁道。"令人驱之出国。又菩萨昔为墓魄太子，年十三，口不能言，如喑症。王后忧戚，梵志云此为不祥，应予活埋。太子临墓圹，高声白王、臣，誓愿为沙门，修诸善行，其父因此发心以正法治国。又菩萨昔为弥兰商人，初未信奉三宝，愚惑信邪。其母浴后着新衣而卧，弥兰误蹈其首，故受火轮轹首之刑；后因于四月八日受持八关斋戒，心生欢喜，故受宝城巨亿，所愿从心，无求不获。弥兰自出太山之狱后，自是心闭三恶，口绝四刃，检身三尤，孝顺父母，亲奉三宝，戴戒为冠，衣戒为服，怀戒为粮，味戒为肴，食息坐行不忘佛戒，蹐步之间以戒德成，自致成佛。顶生王为飞行皇帝（转轮王），因贪得无厌，欲夺帝释天位而致失神足，并得重病，临终时大彻大悟，制贪戒令国人诵行之，其后嗣并以十善治国，获致永福。

〔卷五〕包括菩萨、睒道士、羼提和梵志、童子、国王、猕猴、龙、难王、盘达龙王、雀王、叔（又名《三裸国经》）、国王（又名《六年守饥毕罪经》）、释迦毕罪等十三则本生谈，一一故事皆在说明如来昔在因中修忍辱行的本生事迹。菩萨名睒，常怀普慈，奉守十善，悯念众生不见三宝，事奉失明的双亲于山泽中，供养至孝。一日国王畋猎，毒矢误伤睒，睒遂死，父母哀痛，感动帝释天令睒复活。自是王奉持孝道及十善，天下太平。又菩萨昔为猕猴，见有人陷于谷中哀号，遂以果食供养之，并背负彼人出山谷，结果反被彼人杀食。猕猴临终，心无恚意，悲悯彼恶人，愿其于来世常逢诸佛得度。又菩萨昔与阿难俱生为龙，虽处畜生道，而常说忍德，常行忍法。又菩萨昔为摩天罗王难，出家为沙门，居山中修行三十年，时有猎人、鸟、蛇伤堕于山谷中，沙门救之。后猎人忘恩负义，鸟与蛇为报昔日之恩前往救沙门。《六年守饥毕罪经》《释迦毕罪经》皆旨在说明善因善果、恶因恶果，果之随因犹如响之随声，影之随形。

〔卷六〕包括凡人、猕猴王、鹿王、修凡鹿王、驱耶马王、鱼王、龟王、鹦鹉王、鸽王、精进辨比丘（又名《蜜蜂王经》）、清信士（又名《佛以三事笑经》）、小儿、商人、童子、天王（又名《调达教人为恶经》）、兄（又名《杀龙济一国》）、帝释本生（又名《弥勒为女人身经》）、妇人（又名《女人求愿经》）、独母本生（又名《燃灯授决经》），计十九则本生谈。一一故事皆在叙述释迦如来于昔日在因中修精进行的本生事迹。妇人一经中叙述菩萨昔为女人发愿世世信奉三宝，获一切智，广济众生苦厄之事。又帝释本生中，弥勒曾为女人，此二则本生给妇女在修行佛道上有更大的信心。

〔卷七〕虽有九则，但其中得禅法、比丘得禅、菩萨得禅、太子得禅（三则）、佛得禅等七则皆非本生经，仅最末的常悲菩萨、那赖梵志二则是本生，以上皆讲如来昔修四禅、八定专志一心的故事。

〔卷八〕包括须罗太子、太子（又名《遮罗国王经》）、凡人（又名《菩萨以明离鬼妻经》）、儒童梵志（又名《儒童授决经》）、南王（又名《摩调王经》）、阿离念弥长者（又名《阿离念弥经》）、镜面王、察面王等八则《本生经》和一则《梵摩皇经》。《梵摩皇经》非本生谈，前面八则是讲如来于过去无量劫来修智慧行的本生事迹。《阿离念弥长者经》以下四则，在《出三藏记集》中康僧会所释的《六度集经》中是没有的，但是在道宣的《大唐内典录》中却已被列入。

《六度集经》的本生谈大多是原有的，在巴利本和汉译的《本生经集》及原始经、律中有很多是相类似、相当，或稍有一些变化的。如顶生王本生在《中阿含》中亦有，迦兰王本生在《生经》及律中均有。甚至在《六度集经》中就有许多相似的故事出现在不同的二度中，如第十二的迦兰王本生与第三十一的国王本生，第六的国王本生与第十四的须大拏太子本生，第二十四的梵志本生与第七十三的独母本生，第二十九的象王本生与第六十三的鸽王本生，第三十三的贫商人本生与第三十九的弥兰商人本生，第三十七的长者本生与第五十九的驱耶马本生等，都是故事骨架相同，而稍作变化的同一类故事。

本经集中提到释迦如来的本生时也谈到弥勒本生的事有多起，弥勒常和释尊同修佛道，而又总劣居于释尊之下，这应是和后来的弥勒信仰有关。第八十一的常悲菩萨本生和《般若经》常啼菩萨求法的因缘一致。第六十五清信士本生中“意专着空，不能空空，还于本无”之句，正与《般若经》“诫勿着空”相同。由以上可知《六度集经》中已有《般若经》的思想。

下面将《六度集经》中各本生故事与其他各经、律中的相对本生故事列出供作参考：

《六度集经》与各有关经的参对表——

经号	六度集经名	参考之相对经
1	菩萨本生	cf. Mvu. Ⅲ 41 ~ 47，菩萨本缘经卷中善吉王品。
2	萨波达王本生	cf. Jat. No. 499, Jam. No. 2, Avdś. No. 34，菩萨本行经卷下、撰集百缘经卷四、菩萨本生鬘论卷一（三三）、大智度论卷四。
3	贫人本生	cf. 贤愚经卷五（三〇）。

续表

经号	六度集经名	参考之相对经
4	菩萨本生	cf. Jm. No.1, Divy. No.32，菩萨本生鬘论卷一、贤愚经卷一（二）、菩萨投身饲饿虎起塔因缘经（大正 No.172）、金光明经卷四。
5	乾夷王本生	cf. Divy. No.22，贤愚经卷六（三一）、月光菩萨经（大正 No.166）、菩萨本缘经卷中（月光品）。
6	国王本生	cf. 同经卷一第十四须大拏经。
10	长寿王本生	cf. J ā t. No.428,371，五分律卷二十四、四分律卷四十三、中阿含经卷十七（七二）、出曜经卷十六等。
11	波耶王本生	cf. 菩萨本缘经卷上（一切施品）。
12	迦兰王本生	cf. J ā t. No.193，本经第三十一国王本生、杂宝藏经卷二（二二）、根有部破僧事卷十六等。
14	须大拏太子本生	cf. J ā t. No.547. Jm. No.9，本经第六国王本生、菩萨本缘经一切持王子品、根有部药事卷十四、根有部破僧事卷十六等。
17	维蓝梵志本生	cf. An. Ⅳ P.392 ~ 396，中阿含经卷三十九（一五五）、Msv. P.89 ~ 99、根有部药事卷十三。
18	鹿王本生	cf. J ā t. No.12. Mvu. Ⅰ P.359 ff.，出曜经卷十四、大庄严经论卷十四等。
20	孔雀王本生	cf. J ā t. Nos. 159. 491.
21	兔王本生	cf. J ā t. No.316, Jm. No.6, Avdś No.37，杂宝藏经卷二（二二）、撰集百缘经卷四（三八）、菩萨本生鬘论卷二等。
22	理家本生	cf. J ā t. No.4, Divy. No.35，根有部毗奈耶卷三十二等。
23	国王本生	cf. Mvu. Ⅲ 153 ~ 170，大方便佛报恩经卷三、杂宝藏经卷一（八、九）。

续表

经号	六度集经名	参考之相对经
24	梵志本生	cf. 增一阿含经卷三十八（二）、生经卷五（譬喻经第五十五）、贤愚经卷三（二〇）、本经第七十三独母本生。
25	理家本生	cf. Jā t. No.73，本经第四十九难王本生。
28	象王本生	cf. Jā t. No.514，杂宝藏经卷二（一〇）、大庄严论经卷十四、失译杂譬喻经（大正 No.205）卷上（九）、根有部药事卷十五等。
29	鹦鹉王本生	cf. Jā t. No.118. Mvu. Ⅱ 241 ~ 243，本经六十三鸽王本生、摩诃僧祇律卷十五。
30	法施太子本生	cf. Jā t. No.472，大方便佛报恩经卷四。
31	国王本生	cf. 本经第十二迦兰王本生及以下之参考。
33	贫商人本生	cf. Jā t. No.41，本经第三十九弥兰商人本生。
35	童子本生	cf. Jā t. No.3.
36	兄（猕猴本生）	cf. Jā t. No.208，生经（一〇）鳖猴经、五卷书中亦有。
39	弥兰经	cf. Jā t. Nos. 369, 439, Divy. No.38, Avdś No.36，佛本行集经卷五十、杂宝经卷一（七）等。
40	顶生王本生	cf. Jā t.258, Divy. No.17，中阿含经卷十一（六〇）、贤愚经卷十三（六四）等。
41	普明王本生	cf. Jā t. No.537, Jm. No.31，贤愚经卷十一（五二）、佛说师子素驮娑王断肉经（大正 No.164）、大智度论卷四。
43	睒道王本生	cf. Jā t. No.540, Mvu. Ⅱ 209—231。
44	羼提和梵志本生	cf. Jā t. No.313, Jm. No.28，中本起经卷上（转法轮品）。
46	国王本生	cf. Jā t. No.461，杂宝藏经卷一（一）。
47	猕猴本生	cf. Jā t. No.516, Jm. No.24，僧祇律卷十八、根有部破僧事卷十五。

续表

经号	六度集经名	参考之相对经
48	龙本生	cf. J ā t. No. 304，杂宝藏经卷三（二九）。
49	难王本生	cf. J ā t. No.73，本经第二十五理家本生。
50	盘达龙王本生	cf. J ā t. No.543.
51	雀王本生	cf. J ā t. No.308, Jm. No.34，根有部破僧事卷十五。
53	国王本生	cf.Mvu. Ⅲ .172—175，佛五百弟子自谈本起经（罗云品第二十五）僧祇律卷十七、根有部药事卷十七等。
56	猕猴王本生	cf. J ā t. No.407, Jm. No.27，杂宝藏经卷二（一二）、根有部药事卷十五。
57	鹿王本生	cf. Avdś. No.40，撰集百缘经卷四（三七）。
58	修凡鹿王本生	cf. J ā t. No.482. Jm. No.26，菩萨本缘经卷下、根有部破僧事卷十五。
59	驱耶马王本生	cf. J ā t. No.196, Mvu. Ⅲ 67—90, Divy No.36，中阿含经卷三十四、增一阿含经卷四十一、出曜经卷二十一、根有部毗奈耶卷四十七、根有部药事卷十五。
63	鸽王本生	cf. 本经第二十九鹦鹉王本生及其参考注脚。
67	商人本生	cf. Mvu. Ⅲ 353—356。
73	独母本生	cf. 本经第二十四梵志本生及其参考注脚。
81	常悲菩萨本生	cf. 道行般若经卷九、大智度论卷九十六。
82	那赖梵志本生	cf. Mvu. Ⅱ 48—64，生经卷一（一）。
83	须罗太子本生	cf. Mvu. Ⅱ .94—115, Divy No.30，根有部药事卷十三。
84	太子本生	cf. J ā t. No.531, Mvu. Ⅱ 419—Ⅲ 27（Kuś ā j ā taka）。

续表

经号	六度集经名	参考之相对经
86	儒童梵志本生	cf. Mvu. Ⅰ 231—248, Divy. No.18，四分律卷三十一、增一阿含经卷十一、修行本起经卷上、太子瑞应本起经卷上。
87	南王本生	cf. Jāt. No.9, 541, Mvu. Ⅱ 74—83，中阿含经卷十四、增一阿含经序品一、卷四十八、根有部药事卷十三、Msv. PP.111—114。
89	镜面王	cf. 大楼炭经卷三、起世经卷五、起世因本经卷五。
91	梵摩皇经	cf. An. Ⅳ 89—91，大正本中阿含经卷十一（六一）、大正本杂阿含经卷十（二六四）。

第二项　菩萨本缘经

《菩萨本缘经》,《出三藏记集》未有此经，宋、元、明三本编为四卷，且未载明为何人所撰，丽本、大正本则分为三卷八品，并载明为僧伽斯那所撰、吴·支谦所撰。和《六度集经》一样,《菩萨本缘经》也是倡导高格调的菩萨的本生谈，撰笔优美艳丽，体裁分序偈、本书、结劝三部分，与《大庄严论经》颇为相似，恐怕是同一时代的作品也未可知。即或不是，也有相当的关联。

本经的第一品至第五品都是讲菩萨行布施（檀）波罗蜜的事，第六品至第八品都是谓菩萨行持戒（尸罗）

波罗蜜的事。其他的四度并未提到。而《六度集经》中布施与持戒二度的比例也最多，这一点可以证明菩萨行是最重此二度并以此二度为始的。

依美浓晃及干潟龙祥的推断，此经的撰集应在公元二世纪末叶[12]。

本经各品和其他许多本生经集的本生故事有许多内容相似，或有变化成较简易、较复杂，或稍作改变的情形，但其骨架仍然相同，兹列表参对如下：

品数	品名	参考之相对经
第一	毗摩诃品	cf. 六度集经卷三（一七）维蓝梵志本生[13]。
第二	一切施品	cf. 大庄严论经卷十五[14]、大智度论卷十二[15]、西域记卷三[16]。
第三	一切持王子品	cf. 六度集经卷二（一四）须大拏太子本生[17]Jāt. No.547.
第四	善吉王品	cf. 六度集经卷一（一）菩萨本生[18]。
第五	月光王品	cf. Divy. No. 22，贤愚经卷六（三一）月光王头施品[19]、月光菩萨经（大正No.166）[20]、六度集经卷一（五）乾夷王本生[21]。
第六	兔品	cf. 杂宝藏经卷二（一一）兔自烧身供养大仙缘[22]、生经卷四兔王品[23]、撰集百缘经卷四（三八）兔烧身供养仙人缘[24]、菩萨本生鬘论卷二兔王舍身供养梵志缘起[25]。
第七	鹿品	cf. 六度集经卷六（五七）鹿王本生[26]、九色鹿经（大正No.181）[27]、撰集百缘经卷四（三七）佛垂般涅槃度五百力士缘[28]。
第八	龙品	

第三节　依特殊方式编成的北传本生经集

本生集属于这一类的颇多，现存而较主要的有：

第一项　生经

《生经》，五卷，西晋·竺法护译于晋武帝太康六年（公元二八五年）。今收藏于《大正藏》第三册，页七十——〇八；缩宿五。卍十四·三，国译本二十。有关《生经》的经数，《大正藏》计列为五十五，事实上不止此数，因为最后一经《佛说譬喻经》包含有八则，所以实际经数应该是六十二才对。各卷的经数如下：第一卷十一经，第二卷十经，第三卷八经，第四卷十五经，第五卷十八经。[29]

《生经》虽然全部有六十二则，但实际上属于本生谈的仅有三十八则，属于非本生的有：卷二第十三至第二十一经，卷三第二十二经，卷四第三十三至三十五、三十七、三十八、四十一、四十二、四十三、四十四及卷五第五十五经的最后四则。

本经究竟是部派佛教中哪一部派所传，目前尚难以认定。根据本经第八《堕珠着海中经》[30]、第二十六《比丘疾病经》[31]、第三十五《鳖喻经》[32]、第四十八

《蜜具经》[33]中谈“五道”之说看来，必非出于犊子部。因为根据《大智度论》卷十之说，犊子部讲六道，根本说一切有部讲五道。此外大众部及锡兰上座部也讲五道。

此外，本经第十九《佛心总持经》、第二十《护诸比丘咒经》、第二十一《吉祥咒经》[34]，应与密教有关。第二十二《总持经》[35]以普贤菩萨为诸菩萨之上首，普贤菩萨之行愿中提到有普逮法界、入法界等句，并且经中又将诸教法计列为十，凡此显示出与《华严经》必然有关。第三十三经[36]中提到往生兜率的弥勒信仰。第五十五经中的第一则[37]中提到有阿弥陀佛的本生事。由以上所列举的事项可知道，《生经》中所提到的本生谈虽以原始佛教中的人物为主，但是也提到了与大乘佛教有关的佛、菩萨和法，凡此无不显示出《生经》与大乘的因缘。

下面将《生经》与其他本生经集中有相同或可兹互相参考的相对经予以列出：

经号	生经经名	诸相应经
1	那赖经	六度集经卷八（八二）[38]。
2	分卫比丘经	cf. Jā t. No.208.
3	和难经	
4	邪业自活经	

续表

经号	生经经名	诸相应经
5	我所经	
6	野鸡经	cf. Jā t. No.383，杂宝藏经卷三（三 五），山鸡王经[39]等。Bharhut 的雕刻中亦有[40]。
7	前世诤女经	
8	堕珠着海中经	cf. 摩诃僧祇律卷四[41]。
9	旃阇摩暴志谤佛经	
10	鳖猕猴经	cf. Jā t. No.208，六度集经卷六（三六）猕猴本生[42]，另五卷书中亦有类似故事，但主角改为鳄、猴。
11	五仙人经	
12	舅甥经	
23	所欣释经	cf. Jāt. No.315.
24	国王五人经	
25	蛊狐乌经	cf. Jāt. No.295, 294.
26	比丘疾病经	
27	眷裸形子经	cf. Jāt. No.301.
28	腹使经	
29	弟子过命经	cf. Jāt. No.372, 410.
30	水牛经	cf. Jāt. No.278, 33 ect.
31	兔王经	cf. 撰集百缘经（三八）兔烧身供养仙人缘[43]。六度集经（二一）兔王本生[44]、菩萨本缘经第六兔品[45]、J ā t. No.316, Jātakamala No.6 等。
36	菩萨曾为鳖王经	
39	负为牛者经	
40	光华梵志经	

续表

经号	生经经名	诸相应经
45	梵志经	
46	君臣经	
47	拘萨罗国乌王经	cf. J ā t. No.292.
48	蜜具经	
49	杂赞经	
50	驴驼经	
51	孔雀经	cf. Jāt.339 摩诃僧祇律卷十七㊻等。
52	仙人拨劫经	cf. Jāt. No.431.
53	清信士阿夷扇持父子经	cf. Jāt. No. 249, 365.
54	夫妇经	
55–1	独母经	cf. 贤愚经（二〇）贫女难陀品㊼、六度集经（七三）独母本生㊽、增一阿含经卷三八（二）㊾、六度集经（二四）梵志本生㊿等。
55–2	萨和达王（鱼本生）	
55–3	首达本生	（内有阿弥陀佛本生）
55–4	儒童本生	cf. 六度集经（八六）儒童梵志本生㉛、四分律卷三一㉜、增一阿含经卷十一㉝、修行本起经卷上㉞。

第二项　菩萨本生鬘论

《菩萨本生鬘论》原名 Jātakamālā，其意为本生之花鬘，传为圣勇等人所造，宋绍德、慧询（公元九六〇——一二七年）等共译。汉译本今收于《大正藏》第三册，页三三〇—三八五年。本经汉译本全部分成十六卷三十四章，各章大意如下：

1. 投身饲虎缘起：本经叙述佛于过去生中行菩萨道，以自身血肉供施母饿虎的本生事。内中提到大目犍连、舍利弗、五比丘、净饭王、摩耶夫人及弥勒与文殊二菩萨之本生。

2. 尸毗王救鸽命缘起：本经叙述佛于过去生中行菩萨道时，以身肉施鹰救鸽子的本生事。此与《六度集经》卷二萨波达王割肉本生同。

3. 如来分卫缘起：本经叙述佛于过去生中生为善住太子以身肉施供父母的本生事。

4. 最胜神化缘起：本经叙述佛于过去生中生为株杌太子由丑陋变俊美丽的本生事。

5. 如来不为毒所害缘起：本经叙述申日长者以毒饭供佛，佛不为毒所害之事。本经非本生谈。

6. 兔王舍身供养梵志缘起：本经叙说佛昔日生为兔王时，为求法，舍身供养饥饿的梵志的本生事。内中亦提到弥勒菩萨本生。本经可参照本书《六度集经》（二一）兔王本生及其参注。

7. 慈心龙王消伏怨害缘起：本经叙说佛昔日因嗔堕生龙道，后又以慈心、忍力降伏消弭金翅鸟欲对诸龙所加诸的怨害。此经不具本生体裁。

8. 慈力王刺身血施五夜叉缘起：本经叙说佛昔日生为慈力王时，自刺身血施供五药叉本生事。本经可参考《根有律破僧事》卷十一“五比丘得度缘”——金刚王施五药叉本生及慈力王施血五药叉本生[55]。

9. 开示少施正因功能缘起：本经为佛现世谈。

10. 如来具智不嫉他善缘起：本经为佛现世谈。

11. 佛为病比丘灌顶获安缘起：本经叙说佛于往昔因中曾受今日之病比丘救助，世世未曾废忘，今日前往照顾病比丘乃报昔日之恩。

12. 称念三宝功德缘起：佛为净饭王说观佛三昧和称念三宝功德，为佛现世谈。

13. 造塔胜报缘起：佛说造塔功德，为佛现世谈。

14. 出家功德缘起：目犍连为教化福增比丘，令观大摩竭鱼等。

第十五至三十四都是法相的片断论述，没有本生谈。

本论除了在卷一的投身饲虎缘起中提到有文殊的本生[56]外，未曾再提到其他有关大乘的佛、菩萨名称。又在卷四如来具智不嫉他善缘起中提到“观佛身三昧”及“称念佛名”之教法。但所观佛身及所称念佛名为“释迦牟尼佛”，而非大乘其他佛名。原文：“尔时世尊以梵音声谓诸女言：‘汝今可称我之名字：南无释迦牟尼佛！南无释迦牟尼佛！由称我名，观我身相，即得解脱八十亿劫生死之罪，令发阿耨多罗三藐三菩提。’”[57]佛为病比丘灌顶获安缘起亦提到称念南无释迦牟尼佛[58]。称念三宝功德缘起中除谈到观佛三昧法门，称念南无佛法僧外，并提到称念过去六佛、释迦牟尼佛及弥勒佛[59]。在造塔胜报缘起中提到“一切如来在昔因地，知众生界自性清净，为彼客尘烦恼所覆。然彼毕竟污染不及，是故如来出兴于世，为诸众生说微妙法，除诸垢浊，令得解脱”[60]。

第三项　撰集百缘经

《撰集百缘经》，原名 Avadāna-Cataka。编撰者不明，三国时代吴月支优婆塞支谦（公元二二三—二五三年）汉译。今收藏于《大正藏》第四册，页二〇三—二五七。全部十卷，每卷各十经，合计一百经。其中有佛本生、弟子本生及授记等，单独的因缘、譬喻很少。兹略介绍如下：

第一，《菩萨授记品》[61]：记载佛因现在事，为故事中的主角依其功能授将来（过三大阿僧祇劫）成佛之记，并一一授予成佛时之名号。经授记者及事由和成佛名号如下：（一）满贤婆罗门（供养释尊）——满贤佛；（二）名称女（供养释尊）——宝意佛；（三）窳惰子难陀（入海采宝，设撰供养佛）——精进力佛；（四）商主（供养佛）——宝盛佛；（五）贫人须摩那（施缕供佛补衣）——十綖佛；（六）恶人婆持加（病愈设供施佛及比丘僧）——释迦牟尼佛；（七）王家守池人（以一花供养佛）——花盛佛；（八）信佛梵志（以香花、净水供佛）——不动佛；（九）般遮那王（设馔供佛）——无胜佛；（一〇）大长者（以七日为王之权，令诸王臣朝拜释尊，皈依三宝，请佛供养）——最胜佛。

以上十位蒙佛授记者，均于作善根功德时发大誓愿："愿持此施綖所有功德于未来世冥盲众生，为作眼目；无归依者，为作归依；无救护者，为作救护；无解脱者，为作解脱；无安隐者，为作安隐；未涅槃者，令使涅槃。"这与大乘的多佛思想、本愿思想应有极密切的关系。本品全为授记，无本生谈。

第二，《报应受供养品》[62]：本品全部叙述佛今生受供养的本生因缘。每一经都以本生谈形式写出，记载释尊于过去无量劫中因地修行时，以种种不同的身份，不同的方便供养过去佛，皈依三宝而蒙佛授记于今世成佛，号"释迦牟尼"的本生事。本品中释尊的过去身份，蒙授记的事由和授释尊成佛记的过去佛名如下：

（一）商主（以船渡佛过河，并设馔供养佛）——毗阎婆佛；（二）观顶王（以四事供佛三月）——梵行佛；（三）法护王（造浴池，浴洗佛、僧）——旃檀香佛；（四）梵摩王（供养佛，请佛救济民众灾疫、病患）——日月光佛；（五）伽翅王（以四事三月供养佛）——宝殿佛；（六）宝殿王（以四事三月供养佛）——妙音佛；（七）梵摩王（作乐并设馔供养佛）——正觉佛；（八）仙人（设馔供养佛、敬顺佛）——帝幢佛；（九）伽翅王（设馔供养佛）——差摩佛；（一〇）梵摩王（设百味供佛）——满愿佛。

以上，佛于过去十生中设馔供养佛，听佛说法，均能心怀欢喜，发无上菩提心。释尊自己亦于终结时指明："由彼时供养佛故，于无量世中，不堕地狱、饿鬼、畜生，天上人间常受快乐，乃至今者自致成佛，故有人天来供养我。"此中明白揭示了两项道理：（一）如是因（过去生中供养过去佛）如是果（今生成佛受人天供养）；（二）释尊的成佛是自己往昔生中所造善根功德而自致成佛，成佛的善根要自己播植，是不能假他人之手的。

第三，《授记辟支佛品》[63]：本品十经中，为首的化生王子成辟支佛缘，第四老母善爱悭贪缘及最末的劫贼恶奴缘三经非本生、非授记。小儿散花缘及女人以金轮掷佛上缘二经是释尊为信者授未来成佛记。其余五经才是释尊为供养佛的信施授未来将成就辟支佛果位的记别。

第四,《出生菩萨品》[64]：十经中除最末的劫贼楼陀缘外，均是叙述佛在过去生中修行菩萨道的本生谈，且其中都附带有其他人的本生事。第六则婆罗门从佛债所缘，谈到“凡负债者不可抵突冒而不偿，否则即使成佛，债主依然来索债”。九则本生中，莲华王舍身作赤鱼缘、梵豫王施婆罗门谷缘、尸毗王剜眼施鹫缘三则讲佛过去生中舍身济度他人的事。善面王求法缘、梵摩王太子求法缘、兔烧身供养仙人缘讲佛过去生中为求法而舍身捐躯的事。佛垂般涅槃度五百力士缘讲佛过去生中持戒的事。法护王子为母所杀缘讲佛于过去生中的忍辱事。

第五,《饿鬼品》[65]：本品全部叙述诸饿鬼之所以为饿鬼缘，每一饿鬼因其前生所造的业，今生堕落在饿鬼道受可怖的果报，读来令人触目惊心，对善恶业报做了相当具有警策力的告示。其中只有优多罗母堕饿鬼缘和长者若达多悭贪堕恶鬼缘不具本生形式外，余八则皆具本生谈形式。

第六,《诸天来下供养品》，记叙诸天生天界之因缘。第七《现化品》，第八《比丘尼品》，记叙诸弟子今生今世得出家并现各相之因缘。第九《声闻品》，记叙佛及诸无漏阿罗汉今生得出家证无漏智因缘。第十《诸缘品》，记叙诸有漏阿罗汉今生得出家证阿罗汉果，但却未证无漏智之本缘。第七品至第十品大多数是具有本生形式的因缘譬喻，应可以称作“本生譬喻”或“譬喻本生”来看。

《撰集百缘经》编纂的年代、作者虽不详，但是由译者的年代来推算，它编出的年代至少是在公元二世纪以前。

第四项　菩萨本行经

《菩萨本行经》，共三卷二十八则，已失译者名，附于东晋录下。今收于《大正藏》第三册，页一〇八一一二四。内容以佛本生谈为主，也有弟子本生和授记，所表现的思想通于佛、阿罗汉、辟支佛三乘。谈及大乘和现世利益的地方相当多。

第五项　兴起经

《兴起经》，二卷，共十经，全为本生谈，今收于

《大正藏》第四册，页一六三——七四。传为后汉外国三藏康孟详所译。译出时间约在公元二世纪末到三世纪初之间。

本经共十则本生谈，是舍利弗就住佛在摩揭陀国王舍城所发生的十件事，请佛自说宿世因缘。十件事是：（一）孙陀利无故毁谤世尊。（二）奢弥跋提谤佛及五百罗汉弟子。（三）佛风痛。（四）佛骨节酸痛。（五）佛头痛。（六）刚木枪刺佛脚。（七）调达抛石掷伤佛脚。（八）多舌童女带杅起腹谤佛。（九）佛三月食马麦。（一〇）佛六年苦行。此十件事全系就佛生理上及外部所受的不幸事故而说往昔因缘，旨在揭橥业力的可惧、可怖，多生多劫前所造之业苟不消完，今生即便成佛，仍免除不了其报应，所作之业如影随形，如声随响，自作者，纵令百千劫，所作业不消，因缘际会时，果报必自受，任谁也替代不了。以上十则本生谈，正严厉地警告佛子们——慎勿造身、口、意三恶业。

又，本经所叙与《根有律药事部》卷十六—十八相同，应是和根本说一切有部律有密切关系，或由根本说一切有部师集传也不一定。

第六项　杂宝藏经

《杂宝藏经》，十卷，一百二十一章，元魏宋明帝之世，西域沙门吉迦叶共昙曜汉译，今收于《大正藏》第四册，页四四七—四九九。本经是集北传四部阿含经和各部派所传律藏之因缘、譬喻、本生等而成的经集。由经中载有弥兰陀王和迦腻色迦王之事来看，本经的集出时间至少在公元二世纪以前。

本经的内容很杂，有因缘、譬喻、本事、本生，堪称为杂谈集录。本经的内容尽管很杂，但其排列多少还有其汇编的脉络可寻，大抵可归纳如下：

卷一：《孝养篇》，共九章，以谈尊亲孝养为主。

卷二：《孝养·因果篇》，共十七章，以谈孝养和善恶因缘果报为主。

卷三：《诽谤篇》，共十三章，以谈佛及弟子们何以遭受恶口诽谤之因缘为主。

卷四：《行施篇》，共十一章，以谈信士、弟子行布施度而获善果报为主。

卷五：《行施生天篇》，共二十二章，以谈行布施度而获生天界之因缘果报为主。

卷六：《行施·杂篇》，共六章。

卷七：《行施·杂篇》，共十六章。

卷八:《教化篇》,共七章,以谈诸众生受佛度化缘为主。

卷九:《教化·杂篇》,共八章。

卷十:《斗诤论》,共六章,以谈怨斗之因缘为主。

以上的分法,只是大别而已,并不十分规则。

本经中的十奢王缘(卷一·一)[66]与印度两大史诗中《罗摩衍那》一书中主角——罗摩王子的故事相同。月氏国王见阿罗汉祇夜多缘(卷八·九三)[67]与弥兰陀王见那先比丘的故事相同。

又,卷六第七十五章差摩子患目皈依三宝得眼净缘[68],非本生,从治眼疾的咒文看,是属于杂部密教的东西。卷八第九十七章大力士化旷野群贼缘[69],佛以方便、耐心和四句话(信能渡驶流,不放逸者能渡大海、精进能舍苦、智慧能得清净)降伏旷野鬼神,并说此旷野鬼神之前生事。此一故事的雕刻,在犍陀罗地方有多处。又从第九十三章月氏国王见阿罗汉祇夜多、第九十四章月氏国王与三智臣——马鸣、大臣摩偷罗、良医遮罗迦为善友[70]等内容看来,《杂宝藏经》应该是出自西北印度的作品。因为经中的月氏王即迦腻色迦王,而当时西北印度正是迦腻色迦王统一的天下[71]。

第七项　贤愚经

《贤愚经》，十三卷，六十九章，元魏时慧觉、威德等八人译于公元四四五年。现存的汉文译本有二种，宋、元、明版收有十三卷六十九章；高丽本收有十三卷六十二章。《大正藏》依高丽本为底，再依宋、元、明三本补上计为十三卷六十九章，今收于《大正藏》第四册，页三四九—四四五。此外藏文译本，有十二卷，五十一章；蒙古译本，有十二卷，五十二章。藏文译本的译出年代至少在公元六三二年以后，蒙古文译本则至少在公元一二六九年以后[72]。

本经内容与《撰集百缘经》颇相类似，包括有佛本生、弟子前生事、譬喻、授记等。在思想方面有大小乘混合的情形。例如——

卷四第二十二章《摩诃斯那优婆夷品》[73]有弥勒将于五十六亿十千万岁后来此世界成佛，为众生广说佛法，济度众生的记载。卷十二第五十七章《波婆离品》有释尊为弟子弥勒比丘授记及弥勒的前生事，同时提到弥勒将持遗教三次会度释尊所未度尽的众生。

《贤愚经》中的各章，在诸部阿含、律藏中及其他本生集中都可以看到。光是和《撰集百缘经》相类同的就有下列七篇：

	贤愚经	撰集百缘经
1	二梵志受斋品 （第三经）	二梵志共受斋缘 （第五十九经）
2	恒伽达品 （第六经）	恒伽达缘 （第九十八经）
3	波斯匿王女金刚品 （第八经）	长爪梵志缘 （第九十九经）
4	金财因缘品 （第九经）	宝手比丘缘 （第八十三经）
5	贫人夫妇叠施得现报品 （第二十六经）	白净比丘尼衣裹身生缘 （第七十三经）
6	大劫宾宁品 （第三十六经）	罽宾宁王缘 （第八十八经）
7	五百雁闻佛法生天品 （第六十经）	五百雁闻佛说法缘 （第六十经）

第八项　大庄严论经

《大庄严论经》，十五卷，马鸣菩萨所造，后秦三藏鸠摩罗什汉译。今收于《大正藏》第四册，页二五七—三四八。但公元一九二六年吕德（Lüders）教授指出，根据近时在中亚所发现的梵文片段显示，作者是童受（Kumāralāta）而非马鸣。

本经共集有九十则故事，每一则都是以“吾昔曾闻”作开头，这是日本《今昔物语》的原型。又本经第二则中提到有僧佉论、卫世师论、若提碎摩论等外道的名字。第二十三则中提到四吠陀，第二十四则中更提到《罗摩衍那（Rāmāyana）》及《摩呵婆罗多（Mahābharata）》两大史诗。就其思想而言，以经部为主，有部思想也处处可见。

《贤愚》《杂宝藏》《撰集百缘》等经对中国的《法苑珠林》《经律异相》及日本的《今昔物语》，影响非常大。

除以上八经外，标明为譬喻而其中尚含有本生谈的譬喻类经典有：

（一）失译《杂譬喻》二卷，收于《大正藏》第四册，页五〇二—五一〇：此经译于后汉末期。内容包括佛本生、弟子本生及单独的譬喻。此经不但有大乘的倾向，而且大乘菩萨思想的主张非常明显。如卷下二十七经讲到猕猴跳海，以海喻生死，聚沫喻五阴，猕猴喻人神识的譬喻中，由经末提到“故维摩诘言：是身如聚沫，澡浴强忍”[74]的文句可以知道已有《维摩经》。《维摩经》是龙树以前即有的经典。

（二）传为吴·康僧会所译的《旧杂譬喻经》二卷，收于《大正藏》第四册，页五一〇—五二三：全部六十一则，其中有好些是一则中有两个以上的故事和譬喻，因此实际上不止六十一则，而要更多些。以授记、寓言、因缘、譬喻较多，有本生谈，但数量并不多。

卷下第五十五则（页五一九上）中已提到“菩萨十住及住阿惟越（不退转地）事”[75]，第五十六则（页五一九中）中提到“十方各如十恒河沙，一沙一佛刹”。并提到“发大心者即得阿惟越至；已得不退转者皆悉逮得阿惟越住”[76]。由以上可知已有十住菩萨、不退转地和十方佛的思想。又从五十六经中目犍连大悟，哭言“发心所作当志如佛，莫得效我化为败种”一话及“百劫不取罗汉”一语中，可知重菩萨道而不重罗汉。第五十七则中提到“万罗汉欲度诸罪，力所不及，若无我者，为龙所制，不能度恶，还益其罪。……若为菩萨，龙欲加恶终不敢也”[77]。第五十八则（页五二〇中）中，说五百罗汉心自贡高，舍利弗、目犍连往度邻国恶人，结果俱铩羽而归，佛遣文殊菩萨往度，文殊以智慧、方便圆满完成度化的任务。五百罗汉愧言：“我为败种，无益一切。”[78]凡此，大乘色彩之浓厚可见一斑。

（三）《道略集杂譬喻经》，一卷，收于《大正藏》第四册，页五二二—五三一。全部三十七则，仅有二则是佛的本生谈，譬喻最多，因缘、弟子本生和寓言故事都有。第六则（页五二三）中有：“喻佛说般若，若不信、诽谤，其罪重于五逆，受地狱极苦也。”[79]第七则[80]

谈文殊师利本生时，亦说过去无量劫前有喜根菩萨说摩诃衍，文殊时尚为凡人出家修苦行，对喜根所说法生嗔心，致堕地狱，后受完罪报，知不信妙法之罪重，复出家为比丘专精学问，终成智慧解空第一。文中提到“淫怒痴与道不异，道即是涅槃”及“无所有者，法之真也；诸法皆空，云何当有净与不净？”[81]第十七则[82]提到若佛常说诸法不生不灭，一相无相，众生必以为是狂言；因此佛才随顺众生，说诸法有善、有恶、有为、有无为。又第十九则（页五二六下），一王子出家学仙，后被迎回宫绍继王位，因饕美食，凡所需均向厨宫索求，群臣奉告王：“百官各有所司，各有所职，各有所用，不可因美食而责备一人。”故事中还提道：“众经各自有所明，不可责备于一经也，彼若自明诸法实相，阿毗昙明诸法有，各各相异勒相无相而说也。”由以上所举可知此经出时已有大乘的思想和初期大乘的经典。

另外如《百喻经》，虽然有许多故事在律部和前述诸经中是以本生谈形态出现，但在《百喻经》中却改成以寓言形态出现，因此《百喻经》中本生谈一则也没有。

第四节　南传本生经集成

南传的本生经集成有“Jātaka”“Jātakamala（《本生鬘论》）”“Cariyāpiṭaka（《所行藏经》）”三种。《所行藏经》集有三十五则本生故事，其中有很多和《本生鬘论》相同。南传的《本生鬘论》亦为圣勇所造，有三十四则本生谈，和北传的《菩萨本生鬘论》相同，于此不再赘述。Jātaka 译作《本生经》《本生谈》，除了收集有五百四十七则本生谈外，前面尚有《本生因缘》（Jātakanidānakatha）的总序。

本生因缘也是佛传的一种，把全部的佛传分成：（一）远因缘、（二）不远因缘、（三）近因缘三阶段来叙述。从大士伏在燃灯佛足下发将来必当成佛的愿起至现一切度身转生兜率天的事迹为“远因缘”。从兜率天身死起至在菩提树下金刚座上得一切智的事迹为“不远因缘”。“近因缘”是指佛在各处说法的事迹。以上各阶段都引用有本生谈。特别是在第一阶段远因缘中，叙述善慧婆罗门童子在四大阿僧祇又百千劫逢燃灯佛出世度众，并蒙授记，自是历二十四佛时代，于一一佛所行十波罗蜜，发广大誓愿的记载中，于每一佛所都举出了一或二则的本生谈。有关此，在《佛种姓经》（Buddhavaṃsa）中亦有记载。其次，自布施以下的十波罗蜜中，每一波罗蜜都举出一至数则的本生谈。属于第一布施波罗蜜的有 No.480 Akitti 婆罗门等十一则。属于第二戒波罗蜜的有 No.506 Canvpeyya 龙王等九则。属于第三出离波罗蜜的有 No.505 Somanassa 王子等四则。属于第四慧波罗蜜的有 No.545 Vidhūra 贤者等七则。属于第五精进波罗蜜的有 No.539 Mahājanaka 王等。属于第六忍辱波罗蜜的有 No.313 Khantivāda 等。属于第七谛波罗蜜的有 No.537 Mahāsutasoma 王等。属于第八决意波罗蜜的有 No.538 Mūgapakkha 贤者等。属于第九慈波罗蜜的有 No.303 Ekarāja 王等。属于第十舍波罗蜜的有 No.94 Lomahaṁsa 外道等。最后一则 No.547 Vessantara 太子是远因缘的结束。

巴利本的 Jātaka，原典只有偈颂，今日流行于世的本生谈不但有偈颂，还有释义，称为《本生经释》（Jātakaṭṭhakathā）。其中的偈颂即原有的《本生经》。凭本生经偈能看懂其中意思的也有，不能看懂的也很多。

最早成立的《南传本生经》现在已不存在，目前能看得到的是泰国皇室以泰文出版（公元一九三一年）的，也有以锡兰文字和缅甸文字出版的。此外在英国伦敦的印度局图书馆有三部缅甸文字的写本（Phayre. Mss. No.1（18）, Mandaley Mss. No.71（143）, No.72（144）。由以上各版本中可以明显看出这些版本已受到释义本的影响了。

原来用巴利语所传的本生经偈传到锡兰，锡兰当地人士以锡兰土语加以释义并流传开来，后来再由锡兰土语还原成巴利语。今日巴利语的《本生谈释义》是佛音（Buddhāghosa）于公元四一二至四三四年在锡兰阿耨罗陀菩罗大寺精舍所著述。

《出三藏记集》卷二记载，在齐武帝时（公元四八三—四九三年）有外国大沙门大乘学者译有《五百本生经》，但已缺本。《出三藏记集》的编出是在公元五一五年以前。其中所谓大乘学者所译者恐怕与南传《本生经释》是属于同类的东西。此外公元一八七七—一八九六年 Fausböll 以罗马字出版六册和索引一册；公元一八九五——九〇七年 Cowell 出版英译六册和索引一册；公元一九〇八——九一七年 Dutoit 也有译本出版。

南传的《本生经释》全部五百四十七则，除了重复或简说的以外，每一则都包括五个部分：（一）现在因缘，即讲说此本生的因缘、理由，此为本生谈的序分。（二）过去的事，即本生故事。（三）主偈，即原来只有偈颂而无解释的本生，此偈颂插在（二）过去事的重要地方。（二）和（三）合构成此《本生谈》的主分。（四）语句注释，将前述的主偈中的句子加以注解。

（五）结分，这是把过去故事中的主人翁和今生主角联结起来。[83]

南传《本生经》几乎每一则经释都是根据以上五部分组成的，最末的几则大本生谈，则是集合了数个故事结合在一起而成的。例如第五三五经即含有第四七〇经，第五三六经含有第三四一及四六四等二经，第五四五经含第四四一经，第五四六经含第一一〇、一一一、一一二、一七〇、一九二、三五〇、三六四、四五二、四七一、五〇〇、五〇八、五一七等十二经在内。

南传的《本生谈》，都谈释尊昔日行菩萨道的本生事，但有许多并不是光谈释尊的本生而已，往往连带谈到其他弟子的本生。

五四七则《本生谈》中，除去重复的，有四三五则，其中与北传梵文汉译的《本生谈》相应的约有百六十余，另二百七十余是巴利本所独有的。然而北传有的《本生谈》，有许多也是巴利本中所没有的。

南传《本生谈》是依偈的数目而编辑的，次序由少而多，全部分成二十二篇。其分配情形如下：

编数	偈数	经号
一	一	一—一五〇
二	二	一五一—二五〇

三	三	二五一—三〇〇
四	四	三〇一—三五〇
五	五	三五一—三七五
六	六	三七六—三九五
七	七	三九六—四一六
八	八	四一七—四二六
九	九	四二七—四三八
一〇	一〇	四三九—四五四
一一	一一	四五五—四六三
一二	一二	四六四—四七三
一三	一三	四七四—四八三
一四	一四偈至一九偈	四八四—四九六
一五	二〇偈至二九偈	四九七—五一〇
一六	三〇偈至三九偈	五一一—五二〇
一七	四〇偈至四九偈	五二一—五二五
一八	五〇偈至五九偈	五二六—五二八
一九	六〇偈至六九偈	五二九—五三〇
二〇	七〇偈至七九偈	五三一—五三二
二一	八〇偈至八九偈	五三三—五三七
二二	九〇偈以上	五三八—五四七

综合南传《本生经》的内容，有几点是非常值得我们注意的:（一）菩萨道的完成必须实践十波罗蜜，十

波罗蜜与六波罗蜜同样以布施为首，而且比例特别重，可见菩萨道始于布施行。六度以智慧为完成，而十度却以舍为完成。十度中并没有禅定度，可见禅定在菩萨行并非必要的。（二）由五四七则本生谈登场的主角，可知上至诸天，中至各类人等，下及鬼神、傍生，只要行菩萨道，将来必定成佛，菩萨道不是人类的专利品。[84]

注释：

① 见《佛典解题事典》页七十二。

② 见《大正藏》第三册，页七九七。

③ 同上书，页七九八。

④ 同上书，页七九七下—七九七中。

⑤ 同上书，页七九七中—七九七下。

⑥ 同上书，页七九七下—七九八中。

⑦ 同上书，页七九八中—七九九上。

⑧ 同上书，页七九九上—七九九中。

⑨ 同上书，页六五六下。

⑩ 同上书，页九三二上。

⑪ 见干潟龙祥著《本生经类思想の研究》页九十五。

⑫ 见《国译一切经》第十八册，页三〇〇及干潟

龙祥著《本生经类思想の研究》页一〇六。

⑬ 见《大正藏》第三册，页十二。

⑭ 见《大正藏》第四册，页三三九。

⑮ 见《大正藏》第二十五册，页一四五。

⑯ 见《大唐西域记》卷三，页六十九（地平线一九七八年版）。

⑰ 见《大正藏》第三册，页七。

⑱ 见《大正藏》第三册，页一。

⑲ 见《大正藏》第四册，页三八七。

⑳ 同上书，第三册，页四〇六。

㉑ 同上书，第三册，页二。

㉒ 同上书，第四册，页四五四。

㉓ 同上书，第三册，页九十四。

㉔ 同上书，第四册，页二二一。

㉕ 同上书，第三册，页三三六。

㉖ 同上书，第三册，页三十二。

㉗ 同上书，第三册，页四五二。

㉘ 同上书，第四册，页二三〇。

㉙ 见《国译一切经》第二十册，页三四二。

㉚ 见《大正藏》第三册，页七十五。

㉛ 同上书，页八十九。

㉜ 同上书，页九十六。

㉝ 同上书，页一〇二。
㉞ 同上书，页八十四—八十五。
㉟ 同上书，页八十五—八十六。
㊱ 同上书，页九十五。
㊲ 同上书，页一〇七下。
㊳ 同上书，页四十三下。
㊴ 见《大正藏》第四册，页四六五。
㊵ 见本书第三章第三节第一项。
㊶ 见《大正藏》第二十二册，页二六〇。
㊷ 见《大正藏》第三册，页三十二。
㊸ 见《大正藏》第四册，页二二一。
㊹ 见《大正藏》第三册，页十三。
㊺ 同上书，页六十四—六十六。
㊻ 见《大正藏》第二十二册，页三六三中。
㊼ 见《大正藏》第四册，页三七〇。
㊽ 见《大正藏》第三册，页三十八。
㊾ 见《大正藏》第二册，页七五六—七五八。
㊿ 见《大正藏》第三册，页十四。
(51) 同上书，页四十七。
(52) 见《大正藏》第二十二册，页七八二—七八五。
(53) 见《大正藏》第二册，页五九七—五九九。
(54) 见《大正藏》第三册，页四六一。

㊼ 见《大正藏》第二十四册，页一五五。

㊽ 见《大正藏》第三册，页三三三中。

㊾ 同上书，页三四一下。

㊿ 同上书，页三四二中。

59 见《大正藏》第三册，页三四二下—三四三中。

60 同上书，页三四三下。

61 见《大正藏》第四册，页二〇三—二〇八。

62 同上书，页二〇八—二一三。

63 同上书，页二一三—二一六。

64 同上书，页二一七—二二二。

65 同上书，页二二二—二二八。

66 同上书，页四四七。

67 同上书，页四八四。

68 同上书，页四七八—四七九。

69 同上书，页四八六—四八七。

70 同上书，页四八四。

71 参考干潟龙祥《本生经类思想の研究》页十三。

72 参考《国译一切经》十七册，页四。

73 见《大正藏》第四册，页三七三—三七六。

74 同上书，页五〇九中。

75 同上书，页五一九上。

76 同上书，页五一九中。

⑦ 同上书，页五一九下。

⑦ 同上书，页五二〇中。

⑦ 同上书，页五二三。

⑧ 同上书，页五二三。

⑧ 同上书，页五二三下。

⑧ 同上书，页五二六下。

⑧ 参考日译本《南传大正藏》第三十八册，页一，《南传中译大藏经》页六一〇。

⑧ 参见日译本《南传大正藏》第二十八册，页九四。

第九章　本生经在文学中的地位

第一节　本生经文学趣味的例举

文学是以文字、语言为媒介的艺术，就其艺术性质而言，它与音乐、图画、雕刻等具有共通性。此一共通性即作者自己对人生世相都必须具有极深切的体认和新鲜感。并且把这一份体认和新鲜感表现在内容和形式上，融合无间，使作品呈现出一具有生命感而又和谐的整体，令阅读者因玩索而产生欢喜与共鸣，或者得到新的启示。

文学是与人生最相关、最密切的艺术，也是最原始和最普遍的一种艺术。原始民族，人人欢喜歌颂、讲故事及模拟人物的动作和姿态，于是产生了最原始的诗歌和戏剧。中国的《诗经》、印度的吠陀诗和两大史诗、希腊的《荷马史诗》、欧洲中世纪的民歌和有关英雄人物的传说，都是这一型的产物。这些作品最早都是很简单的作品，没有文字记载，大家口头传诵，初或由一人创始，然后一传十，十传百，大家随着附和，辗转相传，每一位传诵的人都贡献些许的心力和智慧，加以增损、润色，最后才被人们使用文字记载下来。

原始文学作品没有固定的作者，更没有版权，它是在辗转中集腋成裘而完成的集体创作。因此它的传播期即成长期，它的欣赏者即创作者。这一类的作品不但最能表现当时的社会形态，也最能表现当时的人生观和哲学思想。因此古来凡研究政治、文化、宗教的人，莫不在民俗歌谣中求资料。中国的古诗采风、观乐，早在春秋时代就被列为重要的政典。印度吠陀诗歌所深藏的宗教哲理，数千年来一直是印度民族生存的支柱和生命的泉源。原始社会的文学，几乎是它文化的记录，有关当时的历史、政治、民情、风俗、哲学、宗教无不表现在其中。甚至所有的道德教训，一切心灵的活动，都借着它的记载而流传下来。印度古吠陀诗、奥义书、婆罗门教的经典、民间故事五叶卷、佛教大小乘诸经典，把这一特色表现得更地道。

儒家说："文以载道，诗以言志。"佛教经典文学除了有载道、言志的功能外，还具有"因文证道"的功能。十二部经中的本生、譬喻、因缘、本事等即是例证。除了前述外，所有的佛教大小乘经典，乃至各类忏仪、禅诗、证道歌、佛传等都可以列入经典文学的范畴。

佛教经典文学的品类很多，大致可分三大类。第一类具有浓厚的文学兴味，变化无穷，将教理掺糅在故事当中，引发受学者的兴趣，在无形中接受教化，并起而身体力行，效法故事中的人物，或以故事做惕厉，以达警诫的效用。本生、因缘、本事、譬喻即属此类。第二类中有些是以雄伟、殊胜、庄严、瑞妙的情境和构想引人入胜，令人发渴仰心而志心向道。如《华严》《法华》《维摩》《弥陀》等大乘经即属此类。第三类中有些是记载释迦牟尼佛、诸大菩萨、诸大声闻弟子，乃至一般弟子如何修行、如何证道、如何救度众生的事，如《佛所行赞》《长老偈》《长老尼偈》《孙陀利与难陀》等具有传记文学性质的作品即属此类。以上又以第一类当中的本生文学为最吸引人。本生文学是绝对的讲究因果善恶和轮回思想，令人能从因果业报中肯定生命、祸福、成败及幸与不幸均操纵在自己，肯定人是自求多福的主体。本生文学把这样的一种人生哲学和教育方式表诠得最彻底，也最感人。同时，本生文学完全以因事而说故事的方式，把要讲的道理融入在故事当中，既避免了教条式的冷硬，更给人亲切，活泼的感觉，相当具有引发读者兴趣的力量。

本生文学的趣味性非常浓厚，除了善恶因果吸引人外，其内容与情节，有的是美得迷人，有的是诚得感人，有的是痴得动人，有的是呆得惊人，有的是坏得直让人起恨。下面我举三个例子来说明。

第一项　借感人肺腑的爱情故事说明精进力超越一切

《根有律·药事部》卷十四中，有一段佛讲述出家人要精进修持，精进力可以超越并成就一切。善财童子与悦意女的爱情故事就是为这一教示而举的佛本生故事。故事相当长，也颇为曲折，其大意如下：

善财童子是释迦佛的前生，为很早以前般遮罗国龙阁城的王子。是国王千求万求，求尽天上天下诸神，并经过去佛指点行大布施，方才获得的儿子。及长，王子常游戏山林。一日，一猎师因仙人的告示，以龙索捉得一名叫“悦意”的美丽紧那罗女（乐神）献给王子，王子喜爱非常。王子与一婆罗门国师有嫌隙，国师欲害之，乃怂恿国王派太子外出征战。太子征战前夕，持悦意的髻宝（此为悦意女的护身宝物，持此可腾空而去）

诣母，请母后妥善保管，莫予悦意女。但若悦意女有生死苦恼之患时，当即予之。王子出征，国师又设计要杀害悦意女，蛊惑国王建血池并用紧那罗女的油脂燃香祈福消灾。悦意女闻知，泣告善财王子的母亲，取得髻宝，逃回紧那罗宫。王子凯旋，得知悦意女已离宫，决心外出寻找。善财不顾父王、母后的劝慰、把守，于夜间出宫，以金刚般的坚强毅力，历经千山万水的跋涉、寻觅，终于抵达紧那罗宫，带悦意女回宫团聚。

经中描述善财乍见悦意女时“见己欲力所逼，心生爱着，如蛾赴火。色境如火，亦如水浪，不可止定。亦如生牛后，亦如金翅鸟，骏不可制。如风飘物，无可能回。如猴得树，迷乱难止”。接着善财在贪欲习性的作祟下，带悦意女回宫，经中叙云：“善财见彼面如月，亦如云雾中电光，心乱犹如象被射，受取悦意速归城。”这两段对欲念生起、对女人、对意乱情迷的叙述，真是妙透了，绝透了。

善财一路上找寻悦意女，途中所遇到的各种艰险不说，光是他一路上问月亮、鹿獐、蜜蜂……仙人“可曾看见我的悦意女”的事就够感人了。经中记载云：“月初出时，善财向月啼泣，思想悦意，即说伽他而告之曰：月满能明夜，亦是星中王，毕星如眼爱，亦如大导师。谁见悦意眼如青莲？……逢其鹿獐，告曰：汝常食水草，无病游行，不同我苦。问曰：见我悦意耶？……至一方所，乃见花果茂盛，有蜜蜂于花上食气，善财告言：青色无有垢，有金色相，在竹林间，两色妙身。见悦意不？……见一蟒蛇，告曰：汝是黑蛇，舌如树叶，张口及眼俱有烟焰，我有欲火，亦复如是，无有毒心，见我悦意在于何处？……见百舌鸟作其美声，告言：汝在诸鸟中尊，游林树间，有紧那罗王女，名为悦意，眼发如青莲，汝今见不？说已次行至无愁树，名花间枝，华名吉利，树中之王，而告之曰：忆悦意时心即迷闷，汝名无愁，我今合掌，令我无愁。由心迷乱，种种异言。次至仙人住处，赞仙人曰：身被树皮衣，常餐最上根，我今顶礼大仙师，幸请速报悦意处！”善财终于感得仙人告示悦意的去处和找寻悦意的方法。

善财的这份痴情是够感人的。

其后，又有一段仙人劝善财既单独一人无伴，又危险，为免丧命，不要去找悦意女。善财仍是执意要找，并云：“我决须觅，月在空行，谁为伴侣？亦如兽王，以牙爪力，亦无有伴。火能烧之，谁为为伴？纵我无伴，有何所妨？若见大海，可即不入，若被蛇毒，可不治疗，夫大人者，精勤作事，若事不成，人无有过。”

善财这份勇敢、坚毅，万难不辞的精神和态度，正是求道者应有的态度。故事中的“悦意女”不一定要当女色、爱欲来讲，应该把她当作真、善、美的化身。佛用这样不平凡的故事来告诉弟子求道当精进，精进能超越、能成就一切。佛实在是深得文学三昧的教育家[①]。论情节，真比《七仙女》《孔雀东南飞》《罗密欧与朱丽叶》更感人。同时结局是个欢喜大团圆，充满美感，这不但是印度文学的一大特色，亦是所以异于西方文学的一大特点。

第二项　借野猫向野鸡求婚以明智者不为绮语所惑

《生经》卷一第六《野鸡经》，也是令人拍案叫绝的故事，佛借一野猫为吃树上的野鸡，不惜巧言美语去骗野鸡，而野鸡始终很理智，拆穿了野猫的鬼胎。此一拟人化的动物故事，不但妙趣横生，而且可以作男女交往的龟鉴，千万不要因为几句迷汤就乐昏头，陶陶然，迷迷糊糊地把生命、前途推送出去。故事大意是：

一只野猫因生产多日未食，至一树下，见一野鸡立于树枝上，想吃野鸡。遂向野鸡灌迷汤，说自己愿意嫁给野鸡做妻子。野鸡说四只脚的猫和两只脚的鸡不适合做夫妻。野猫对鸡表示：自己走遍各国邑及郡县，见人无数，只中意野鸡，野鸡颜貌第一，自己是清净童女，若能成婚配，不宜快哉。野鸡说：别讲得那么好听，谁不知道你不怀好意要吃我这野鸡。野猫说：我修清净行，吃素不吃肉，我好洗澡，又有好身毛，善处理家事，闻歌能起舞，又有智慧方便，若结成夫妻，我愿为你洗脚、梳头。野鸡说：我不会那么不自爱，让怨家替我梳头，和你相亲，我还有命吗？[②]

这一则故事真是有趣又生动，告诉吾人“巧言令色者鲜矣仁”，黄鼠狼向鸡拜年，绝没怀好意，碰到时得小心。更重要的是能分辨绮语与真实的赞叹语。有智慧者才能度脱苦厄。

第三项　借我所鸟的故事以明不可吝啬当行布施

《生经》中《我所经》[③]叙述一吝啬的婆罗门，虽财富无数，在生时自己舍不得花用，妻子、儿女、父母连衣服都没得穿，为守财故，不与朋友来往。命终后，财物悉没归官府。佛说此人守财，不肯施用于人，前生亦曾如此。原来此婆罗门前生曾生为名叫“我所”的鸟，住于山中，春月山中药果成熟，众人来采，鸟就悲鸣说：“药果是我的，不要采走，我不喜欢你们采。”人们不听，继续采，鸟终于悲鸣而死。

本生谈的文学意味非常浓厚，并有寓言文学的妙用，这是佛说法的方便运用。

第二节　本生文学与印度文学的关系

佛陀出生于印度，成道于印度，弘道于印度，自然受到印度原有文学、借用印度原有文学和影响印度后来文学的地方非常多。本生谈自不例外。于此，分别从对佛教文学的影响和对印度其他文学的影响两方面来谈。

第一项　对佛教其他文学的影响

由于本生文学的兴起和被广泛提出，本生谈的范围不再狭隘地只谈本生，并扩及弟子、信者的前生事，甚至讲前生、今世因果业报的因缘也划入本生的范围，而名“因缘本生”或“本生因缘”，并且在《增一阿含经》中就已扩及弥勒菩萨及阿弥陀佛的本生了。佛灭后，本生谈不断地被结集出来，为大家所传诵。这些本生谈，对佛教文学的刺激和影响又可分三方面来讲：

一、促进佛传文学的发达和兴盛：本生文学很多被利用到佛传中，为佛传平添了许多色彩。有关这点可以参考本书第八章第一节。

二、促进大乘经典文学的兴起，并丰富了大乘经典的内容：本生谈中，佛于过去无数劫因地修行菩萨道的高尚德行，刺激了菩萨道的兴起，佛教因是由小乘走向大乘，《法华》《般若》《弥陀》《华严》《宝积》等诸大乘经先后被结集出来，内容除了引用了许多小乘时代所结集的本生外，也加添了许多内容，不但释尊本身的本生有新的内容，更多了其他诸佛、菩萨的本生，特别是大乘经典文彩阔澜、雄伟、庄严、瑞妙、富庶、谐和，是非常诱人的。《华严》《法华》二部经中的本生、因缘、譬喻等故事合起来不下千余个，而且都非常动人。

三、促进譬喻、本事、因缘的本生化：原始圣典中，最早被结集出来的是《杂阿含》，其次是《中阿含》，再其次是《长阿含》《增一阿含》。从本书第四章第一节中可以知道，在《杂阿含》中并没有本生谈，譬喻倒是不少。《中》《长》二阿含有少数几则本生，譬喻、本事、因缘很有一些。到了《增一阿含》，本生的数量就大为跃进了。律以《十诵》《五分》《四分律》《铜鍱律》的结集出来较早，其次《摩诃僧祇律》《根有律》是最晚的。从本书第四章第二节中可以知道，《十诵》《五分》《铜鍱律》中的本生谈比较少，数量不多，譬喻、因缘非常多，然而《摩诃僧祇律》和《根有律》中的本生数量就相当惊人了，许多在其他经律中本是譬喻、因缘的，在此二部律中也都成了本生。下面举三例说明之。

1. 长寿王的故事：在《五分律》卷二十四（《大

正藏》第二十二册，页一五九)、《四分律》(同页八八〇)、巴利律《大品》十、《增一阿含》卷二十四第二经、《中阿含》七十二经（《长寿王本起经》）中都只是普通的过去故事，并未具有《本生经》的形式，但是在现存巴利本《本生经》第三七一（Dīghiti-kosala)、四二八（Kosambi），汉译《六度集经》第十经（《长寿王本生经》）却是十足《本生经》的形态。

2. 鹞和鹰的故事：在汉译《杂阿含》第六一七经及巴利本相应部卷四十七第六经中，是佛教诫弟子应善守护自己境界的寓言故事，但是在巴利本《本生经》第一六八（Sakunagghi）则中，把鹞说成佛的本生。

3. 牛喜爱语：在《铜鍱律》"经分别"（巴二，页七一八)、汉译《四分律》卷十一（《大正藏》第二十二册，页六三四下)、《五分律》卷三（《大正藏》第二十二册，页十四下）俱为寓言，但在南传巴利本第二十八、二十九中都是本生。

当然也有由本生成为譬喻、因缘的情形。

第二项　对印度教文学的影响

在印度文学的发展史中，印度教文学居第三，在婆罗门教文学及佛教文学之后。时间可自公元四世纪笈多王朝建立复兴婆罗门教，形成新的印度教起，直至十六世纪蒙古王朝统治印度止。此一时期的作品大都是用梵文写的，主要的作品有《罗摩衍那（Rāmāyana）》《摩诃婆罗多（Mahābharata）》《五叶卷（Pañcatantra）》《鬼语二十五则（Vetālapañ caviṃśatikā）》《鹦鹉所讲七十夜》等。其中《罗摩衍那》《摩诃婆罗多》二史诗在佛教文学兴起时已逐渐在酝酿而加长，直到公元第四五世纪才定型。之后由于笈多（Guputa）王朝的提倡，印度文学不论在诗歌、寓言、戏剧、小说等方面都很兴盛，不断有杰出的作家和作品产生。此时期的作品，寓言故事以《五叶卷》（又称《五卷书》《五章书》）、《四部箴》为最著名；短篇小说以《鬼语二十五则》《鹦鹉所讲七十夜》最著名；小说则有《十王子所行记》、苏槃豆的《天主授》等。这些作品中有不少佛教本生谈的踪迹，有的情节完全相同，有的只是稍变异故事的主角，有的只是结语稍作改变，有的稍作增损。下面略举数书说明之。

一、《罗摩衍那》与本生谈

《罗摩衍那（Rāmāyana）》又称《罗摩正传》，为印度两大史诗之一，全长二万四千颂，全部故事在叙述憍萨罗国王子罗摩一生孝勇双全的感人故事。罗摩王子为了奉行父王昔日对王妃的诺言，毅然接受父王无可奈何的命令——放逐南印十四年。妻子媳妲随行，为锡兰王所掳，引起一场战争。罗摩因得到神猴哈纽曼的协助，渡海打败锡兰王，迎媳妲回憍萨罗国绍继王位。在罗摩被放逐之时，父王亦死，新立太子婆罗多获悉兄长被放逐，赶至森林中请罗摩回国承继王位，罗摩坚持十四年期满方回国。婆罗多无奈，只得回国代理国政，并于王座上置罗摩的鞋子，直至罗摩十四年期满回国为止。

罗摩王子的故事的原型在《六度集经》第四十六则“国王（未名）本生”④、《杂宝藏经》卷一第一则“十奢王缘”⑤、巴利本生谈第四六一“十车王（Dasaratha）”⑥都可见到。在《六度集经》“国王本生”中述一国王（未名）被逐，王妃被邪龙抢至海岛，国王得一猕猴之助，群猴负石填海，毒龙吐毒，猕猴取天药救众兵，国王终于屠龙，救回王妃，并复国重新为王。故事中尚未有罗摩、媳妲之名，可见原与罗摩无涉。至于南传的十车王和北传《杂宝藏经》中十奢王缘此二相类似的故事，都同样记着罗摩的最初本事。《罗摩衍那》最初完成于公元前四五百年左右，但是故事内容很简单，到公元二三世纪再逐渐增加新的资料，直到公元四五世纪才被集成今日长达二万四千颂的长诗。虽然如前面第二章所说的，本生谈中很多是借用印度古德、先贤的故事把它说成佛的本生，但是由以上所列举的事项中，不论就时间上或空间上来说，《罗摩衍那》受到本生谈的影响是毫无疑问的。

二、《五卷书》与本生谈

《五卷书（Pañcatantra）》是印度著名的寓言故事和格言谚语集。最早出现于六世纪初，六世纪中时被译成巴勒维语（Pahlavi）⑦。全部内容在说明在摩醯罗卢比也（Mahilaropya）地方，有一国王名阿摩罗铄枳底（Amaraśakti），他为了教导他的三个愚蠢王子，请了一位名毗湿奴哈里曼（Visnuśarman）的婆罗门来担任教席，教导王子治理政治术，使令聪明。毗湿奴哈里曼采用说寓言故事的教育法，把一切道理都融入故事中讲出，结果效果非凡，仅六个月就把王子教聪明了。《五卷书》全部分五卷，包括七十八个故事⑧。第一卷是讲失友，第二卷讲得友，第三卷讲乌鸦和猫头鹰从事和平与战争的六种策略。第四卷讲丧失已得的东西。第五卷讲不思而行。

《五卷书》全书把大小长短的各类故事相互插入套叠在一起，形成有如葡萄藤式的结构，而每一大主题和小主题之间的关系都非常微妙。《五卷书》中的故事，不论就其内容、结构、主角人物来看，可以发现太多

《本生谈》的踪影，及佛经中的譬喻故事。下面略举数则《五卷书》吸收和引用本生谈的实例。

（一）《五卷书》卷一第九则“忘恩负义的人”[9]记载一位婆罗门在井中救了一只老虎、一只猴子、一条蛇和一个人。猴子、老虎各以物品施赠婆罗门。后来被救的人恩将仇报，婆罗门被害，国王下令将婆罗门捆起来准备处死刑。蛇为了救婆罗门报恩，去咬王妃，全国的医生、咒师都无法解毒，唯婆罗门能解蛇毒，国王见爱妃毒愈，重新审理案件，婆罗门终于还得清白与自由之身。此故事与《根本说一切有部毗奈耶破僧事》卷十七“黑头虫”情节相同[10]。在《根有律》中原来的主角是猎人，被猎人救的是黑头虫（坏人）、狮子、鼠、鸱鸟与毒蛇。被毒蛇咬的是国王。

（二）《五卷书》卷一第十一则“蓝色的豺狼”[11]记述一只豺掉到蓝色的染缸里，毛被染成蓝颜色，借机佯装是大神派来统治群兽的兽王，群兽不明所以，信以为真，悉服从之。一日豺狼听到群豺的嗥叫不禁跟着嗥叫，终于被识破身份，被老虎撕成碎片。此故事与《五分律》“野狐佯装兽王（调达欲作佛而自找苦吃本生谈）”[12]、《根有律破僧事》卷二十“野犴乘象”[13]故事情节相同，只是《五分律》《根有律》中的野狐易成豺而已。

（三）《五卷书》卷一第十六则“半空中的乌龟”[14]记述某处池水干涸，两只天鹅合力把好友乌龟带走。乌龟口衔木棍，由两只天鹅衔着木棍的两端飞行空中，乌龟在空中开口说话，结果自高空摔下来。故事情节与《五分律》卷二十五“双雁与龟”[15]相同，只是把《五分律》中的双雁易成双鹅而已。

（四）《五卷书》卷五“驴子唱歌”[16]叙述一只驴子与一只豺到田里偷吃作物，驴子吃饱了，在田中高歌，引来农人，农人把驴子抓起来痛打一顿。故事情节与《根有律破僧事》卷十“特牛与驴（提婆达多不用佛言）”[17]相同，只不过把《根有律》中的特牛易成豺而已。

在卢前的译本当中还有割肉喂鹰、鳄鱼想吃猴肝、共命鸟、老道人失财、豺被败羊触死的故事等，都与《本生谈》的故事内容相类同。《五卷书》除了有佛教本生故事的内容外，几乎都是佛经中的譬喻故事，虽然本生与譬喻有些是引用民间传说流行的故事，《五卷书》也可能直接引用民间的传说，但是就《本生谈》流传的时间和《五卷书》编出流传的时间，并配合其内容来看，《五卷书》受《本生谈》的影响是十分明显的。

三、《鬼语二十五则》与本生谈

《鬼语二十五则》是记叙超日王与起尸鬼在夜间于道路中同行时所讲的二十五个故事。其中摄入了不少佛教的思想、本生故事在内。第十六则中有菩萨的身份出现三次，第二十则中有与大乘佛教的愿相比较的事。此外大乘佛教中有关业、利他的主张也都可在本书中见到。鬼语第七则有部分思想可见于《南传·本生》第八十二则中、鬼语第十四则可见于《南传·本生》第三一八则中，鬼语第十七则是《南传·本生》第五二七则的翻版。

除前述外，像加里陀沙的剧本沙菎达罗（Sakuntala）即利用《大事·紧那罗女》本生、《南传巴利本生》第七则、《六度集经》第八十三须太罗本生、《根有律药事部》卷十三—十四的故事为材料加以写作的。

第三节　本生经对东西方文学的影响

第一项　对西方文学的影响

印度是个古老的国家，早在公元前三二六年希腊亚历山大大帝即已由西方东征到印度。亚历山大的军队虽然在西北印度作战获胜，但并未长期驻席印度，不久即班师西归。随着亚历山大大帝的去来印度，印度与西欧的文化终于有了正式的沟通。由《那先比丘经》（南传称《弥兰陀王所问经》）中那先比丘对希腊王弥兰陀的开示中，及弥兰陀王的归信三宝，我们可以知道已有希腊人信仰佛教并把佛教带回希腊。由此推算佛教因政治性而正式传入西方应是在公元前四世纪。但是印度人与希腊人的民间交流，贸易往来必定早于亚历山大东征之前。根据佛教史的推算，释尊入灭于公元前四八六年，入灭后一百二十年左右佛教开始分裂，佛教走向部派时代。阿育王也正崛起于此时期。阿育王归信三宝后到处立石柱，刻法敕，派出布教师远赴四境弘法，向西到叙利亚至欧洲，向北越过葱岭到西域，向南到锡兰、缅甸等国。佛教自是由印度向四方传播。佛教的本生故事、譬喻故事等也因此传到各地，影响各地寓言文学的内容。

在希腊最著名的《伊索寓言》中，我们可以发现多则与本生谈相同或相类似的故事，兹将二者相同或类似的地方并列如下：

伊索寓言	本生谈
犊子与母牛	南传本生第三十、二八六则犊豚与牡牛
产黄金蛋的鹅鸟	南传本生第一三六则黄金色的鹅鸟
狼和鹤	南传本生第三〇八则狮子和啄木鸟、根有律破

僧事卷十五啄木鸟与狮子王

狐狸和鸡　　　　南传本生第三八三则猫和鸡、生经卷一野鸡经

狼和小羊　　　　南传本生第四二六则豹和牝羊、根有律破僧事卷十饿豺吃老特羊

鹫和龟　　　　南传本生第二一五则雁和龟

秃头男人和苍蝇　南传本生第四十四则秃头男人和蚊子、十诵律卷三十七子打蚊子误杀父

狐狸和乌鸦　　　南传本生第二九四、二九五则

犬和影子　　　　南传本生第三七四则豺鱼和鸟

狮子和狐狸　　　南传本生第一四三则狮子和豺

蒙狮子皮的驴子[18]　南传本生第一八九则蒙驴皮的狮子

以上故事情节相同者达十一则之多，应该不是巧合。

第二项　对东方文学的影响

东汉明帝永平十年（公元六十七年）中印度僧摄摩腾、竺法兰以白马驮来《四十二章经》，在洛阳展开了汉译佛经的先河，次年译出《佛本行经》五卷，自是千余年间，佛教经典不断传入中国，译成汉文。由于王公大臣、文人学士热心学佛，佛教深深地影响了中国。梁启超在《印度与中国文化之亲属的关系》一文中指出中国文化之受印度影响的有十二项之多。十二项为：（一）音乐。（二）建筑。（三）绘画。（四）雕刻。

（五）戏曲。（六）诗歌小说。（七）天文历法。（八）医学。（九）字母。（一〇）著述体裁。（一一）教育方法。（一二）组织。[19]其中与文学有关者占三分之一。本节次仅就本生谈影响中国文学的部分提出，其他影响中国文学的部分，因为不在讨论范围之内，暂不予提出。

最早的有关本生和佛传方面的汉译经典，是竺法兰在东汉明帝永平十一年（公元六十八年）所译的《佛本行经》五卷[20]，可惜今已不传。之后到了三国时代黄武七年（公元二二八年），吴·支谦汉译《太子瑞应本起经》[21]。吴太元元年（公元二五一年），康僧会汉译《六度集经》九卷[22]。西晋武帝太康六年（公元二八五年），竺法护译出《生经》五卷[23]。自此直到公元五世纪终，与本生谈有关的作品陆续被传译到中国来。本生谈逐渐在中国传开，并被吸收到中国人的作品中。梁天监十五年（公元五一六年）宝唱等人集散见于经和律中的稀有异相为一百科辞书，名《经律异相》[24]，全书二十一部门几乎都收有佛典中的本生和譬喻等故事。唐总章元年（公元六六八年）道世（？—六八三年）撰一百卷《法苑珠林》[25]，这是一部有今日百科全书性质的书，全部分为一百篇，每一篇都有述意、引证等细目。其引证部分引有许多本生故事。

唐临于唐高宗永徽元年至六年（公元六五〇—

六五五年）所撰的《冥报记》，是依佛教本生谈所示因果报应的思想，把发生于中国社会中所传说的奇瑞、奇人、奇事编集而成的书，此外，唐代的变文有佛教本生的思想。唐代至五代间所传的冥报之流的传说，到了宋代为李昉收入五百卷的《太平广记》中。十一世纪中叶，辽僧非浊著《三宝感应录》三卷，收集佛典及种种感应故事一六四则，每一则中都注明了出处，本书影响了十二世纪日本的《今昔物语》的编撰，许多故事亦出现在《今昔物语》中。明末墨憨斋收集自唐末经五代以迄宋、元诸朝所流行的话本和明代的拟话本而成所谓的《三言》。《三言》即：《喻世名言》《警世通言》《醒世恒言》。其中以《醒世恒言》中摄取佛教本生谈中因果报应的思想和故事为数最多。在中国说话文学中，其佛教的思想，以因果报应为最盛，至于在话材方面则仅有极少数采用《本生谈》的资料，同时并加以改良成非本生式的因果报应故事。例如由《太平广记》卷四二八《勤自励》增改成的《醒世恒言》卷五的“虎和猎狮勤自励”，是由南传《本生》第一五七则、《毗奈耶》卷五师子王[26]等改编而来。又《太平广记》卷四二九及《醒世恒言》中均有老虎报恩的故事，这是自《六度集经》第五十一雀王本生——雀替老虎取出喉咙中的骨头，及南传《本生》第三〇八则——啄木鸟为狮子取出口中的骨头等本生谈演变而来的。又《太平广记》卷四二六“峡口道士”道士化虎食千人中，道士对人的谈话内容与失译《杂譬喻》卷上第八则“啖人王”前半段及南传《本生》第五三七则“斑足王的话”如出一辙。由以上看来，本生谈对中国文学的影响，主要是思想方面的更新，至于沿用话材则并不多。

至于日本方面，九世纪平安时代所出的《灵异记》，与中国的《冥报记》相同，与本生谈不太有直接的关系，多采用《法苑珠林》及《出曜经》的材料。十二世纪出来的《今昔物语》卷五有许多本生谈。《今昔物语》之后，日本的谣曲、戏剧、小说等镰仓以后的日本文学的取材不少都受到本生谈的影响。

由以上可知道，印度佛教的《本生谈》实是世界各国说话文学的泉源。各国的一般文学很少不受到《本生谈》的影响。

注释：

① 见《大正藏》第二十四册，页五十九—六十四。

② 见《大正藏》第三册，页七十四—七十五。

③ 同上书，页七十三。

④ 同上书，页二十八。

⑤ 见《大正藏》第四册，页四四七。

⑥ 见《南传大藏经》日译本第三十三册，页四〇二—四一一。

⑦ 参考干潟龙祥著《ジャ—タカ概观》页一二三（日本·春秋社，昭和五十六年版）。

⑧《五卷书》的版本很多，本书根据一一九九年耆耶教沙门补哩那婆多罗（Purnabhadra）所编成流传，由季羡林中译的本子（丹青图书公司，一九八三年版）。中文本另有卢前的译本，是文言体，本人只有辗转得来的影本，故事内容与前述的本子有许多不同的故事，但和《本生谈》相同的一样很多。

⑨ 见《五卷书》（丹青一九八三年版）页一〇五。

⑩ 见《大正藏》第二十四册，页一八八上—一八八下。

⑪ 见《五卷书》（丹青一九八三年版）页一一七。

⑫ 见《大正藏》第二十二册，页十八中—十九上。

⑬ 见《大正藏》第二十四册，页二〇四。

⑭ 见《五卷书》（丹青一九八三年版）页一四五。

⑮ 见《大正藏》第二十二册，页一六五—一六六。

⑯ 见《五卷书》（丹青一九八三年版）页四九三。

⑰ 见《大正藏》第二十四册，页一五一。

⑱《伊索寓言与格利姆的故事》（简清国注，台湾

商务一九七九年版)。

⑲ 见裴普贤著《中印文学研究》页一五八。(台湾商务一九七六年版)。

⑳ 参考《望月辞典年表》,页六十四。

㉑ 见《历代三宝纪》卷五、《开元释教录》卷二、《出三藏记集》卷二。

㉒ 见《历代三宝纪》卷三、《开元释教录》卷二、《出三藏记集》卷二。

㉓ 见《历代三宝纪》卷六、《开元释教录》卷二。

㉔ 见《大正藏》第五十三册,页一—二六八。

㉕ 见《大正藏》第五十三册,页二六九—一〇三〇。

㉖ 见《大正藏》第二十四册,页八七三。

第十章　结论

最后以《本生经》的价值和贡献作为结论。

第一节　从教史的发展上看

佛教史发展的秩序是：（一）从释尊在菩提树下成正等正觉，然后往鹿野苑展开说教的四十五年间，称之为佛释尊住世亲自说教的时期，或称根本佛教时期。（二）从佛灭至佛灭后百年左右，这是弟子依遗教修行，一味和合，尚无明显分歧的时期，又称原始佛教时期。（三）自佛灭一百二十年左右，毗舍离青年比丘的十事非法事件引起教团根本分裂以后的三四百年间，因为佛教在此一时期中分裂相当严重，对法和律各持异说，称为部派佛教时期。（四）公元一世纪前后，大众部自由派打破部派佛教的形式化，把佛陀时代的精神重新应用于时代中，以复活为目标的宗教改革，带来了大乘佛教的兴起，并且长达千余年，这一时期称为大乘佛教时期。在大乘佛教时期的最初百年间，小乘仍然流行，是大小兼并的时代。到了公元七百年以后，密教兴起，成了显密并行的时代。在这样的一个历史发展中，本生究竟在此中扮演了怎样的角色和地位呢？由前面第三章至第八章所举的事实来看，可以大胆地说，在为时甚长的历史舞台上，本生经一直有相当吃重的演出。特别是在促进大乘佛教兴起的原因和实质内容上，不仅有举足轻重的地位，而且是把小乘佛教推向大乘佛教的推进器、发酵剂。佛教有了它，才能从小乘推向大乘；佛教因为它，才有了新的佛、菩萨观，大乘佛、菩萨的信仰才能产生，才能被重视，才能放出光芒。

《本生谈》在根本佛教时期，原只是释尊为了教育和解开弟子存疑而在讲学中所用的一种教材而已。到了原始佛教时期，弟子们以九分教和十二分教的形式，把佛所授的法与律集出。当时，也只不过是在经典文学中为了方便，依其内容和形式所作的一种分类。并不具有像后来那样的特殊意义。即使到了部派佛教的初期，也没有特别重视这一分教，只是偶尔在各部派所传的经和律中随缘出现，登场的情况亦少之又少。有关这一点，可以由本书第四章《小乘（部派）经律二藏中的本生谈》得到证明。现存四阿含中，以出自说一切有部的《杂阿含》和《中阿含》为最早，前者没有本生谈，后者有七则。其次是出自法藏部的《长阿含》，仅有二则本生谈。最晚出的《增一阿含》是大众部所传的，本生较多些，但也不过十七则而已。北传诸部律中，以《十诵》《四分》《五分》三律较早。但是，在说一切有部所传的《十诵律》中只有十一则本生。化地部所传的《五分律》只有八则本生。法藏部所传的《四分律》只有五则本生。可见得这些部派们并不重视本生谈。可是稍后再由大众部所传出的《摩诃僧祇律》就比较重视本生了，计有五十三则之多。如果把大众部经律二师所传的本生合计起来就有七十则之多了。比《摩诃僧祇律》更晚集出的《根有律》就更惊人了，光是《破僧事》和《药事》二部就达近一百三十之数。根有部虽出自上座部，但是思想和大众部非常相近，在促成大乘运动中，贡献颇大。然而这些出现在原始经、律中的本生，只不过是作为因果报应和劝人止恶为善的辅助说明而已。其作用，一方面是借故事的前因后果作连贯，让弟子深深体会到生活中自有因果报应，业果是不能逃避的，必须在善因上下功夫。一方面对诸弟子的疑虑做个疏解，譬如，提婆达多、吐罗难陀为什么做坏事？释尊为何成佛了仍有头痛、背痛，乃至三月食马麦等。弟子们对这些问题相当疑惑难解，佛乃借本生谈的方式，自善恶因果上为弟子释疑。这是第一时期的本生，内容着重在诠释善恶因果，有佛和弟子的本生，甚至以弟子的本生为重。

稍后，弟子们才因思念佛，而自佛德上去考虑佛之所以成佛的理由，他们在本生谈中发现释尊过去生中有许多异于常人的地方，这异于常人的地方是——释尊在无量劫前就开始修难行、难忍的菩萨行和立下救度众生及成佛的大愿。于是有关释尊的本生得到人们的重视和肯定。因此释尊在三大阿僧祇劫来在因地依诸波罗蜜修习菩萨道做成佛准备的本生谈才被大量传出和集出，于是有各种不同的本生集成出现，内容非常丰富、可观。这是第二时期的本生，专重在释尊过去生中修菩萨行做成佛准备的叙述。

释尊本生的大量流转，疏解了人们对历史释尊的怀念，刺激弟子们兴起了找寻另一位继承释尊地位者的念头，但是由释尊授记来此世界接替释尊教化娑婆的补处佛——弥勒佛将在五十六亿年以后才下生，在这种佛位悬空的境况中，弟子们凭借本生中三世佛的说法，兴起了十方现在佛的理念，希望借十方现在佛及大菩萨们来此土教化他们，同时对新的佛、菩萨们付以本生行迹，同时又根据释尊本生中，多劫修菩萨行，上求下化，做成佛准备而致自成佛和蒙佛授记等事件，加以作综合而善巧的运用，终于酝酿出以本愿思想为主的大乘佛、菩萨本生。这是第三期的本生，内容除了有释尊的本生外，十方现在佛、菩萨及未来佛的本生也相当多，并且做了彼此的连贯，使释尊与十方三世佛有极密切的法缘关系，有关这一点，在本书第七章第三节《十方现在佛、菩萨本生的例举》中可以得到证明。

大乘本生不再如第一期的本生只是在表示因果而已，也不像第二期的本生只注意释尊的过去德行的表现。而是把理想的人生目标、国土建设及新的佛、菩萨观，借本生本愿的方式加以表现出来。有关这一点可以由诸佛、菩萨的本生中看出端倪。

由于大乘本生的兴起，本愿思想的开发，大乘佛教迅速展开，终于在印度发光生热，并传布到世界各地。从小乘走向大乘这件事而言，部派的释尊本生实是推动的主力。大乘本生对大乘而言，其本愿思想的展开，实在又是获得人们信仰的基因。

第二节　由本生的数量和分布情形看

第一期的《本生经》，虽不是很多，且被分布在原始的经、律、论中，四阿含合计有二十六则，诸部律合计近两百之数，这是以分教的情形出现，散布在圣典中。到了第二期时，释尊的本生逐渐被结集出来，北传的有《生经》《六度集经》《本生鬘论》《撰集百缘经》《杂宝藏经》等本生集，和其他以本生为主的经集先后被编集出来，并被译为汉文。南传的本生除了散见于经、律二藏中外，小部特别收集了有五百四十七则本生故事，而北传的本生故事有许多并未在此五百四十七则之内，可见还要更多。

此外在许多的佛传作品中，本生被利用的情形相当多，如《佛所行经》《众许摩诃帝经》《佛本行经》《太子瑞应本起经》《兴起经》等属于佛传性质的作品中，有很多的本生谈，有关这一点，可以从本书第八章的叙述中得到证明。

大乘佛教兴起，本生流传得更多，除了旧有的外，又增加了许多大乘佛与菩萨的本生，这些本生随着大乘经的传出而传出，没有蔓成本生经集，但是分布在各部经中，《法华》《华严》《涅槃》《大宝积》诸大部经和《大正藏》经集部及宝积部、大集部、本缘部诸经中，都散布有十方三世佛及释迦牟尼佛的本生。有关这点，可以从本书第七章《大乘佛教兴起与本生经》中得到证实。

因此可以说有了这么多内容精彩的本生，三藏十二部经的内容又更充实、更丰富了。

第三节　由对文学的影响上看

《本生经》就文学方面的观点看，也是成绩斐然，贡献不小的，诚如本书第九章所论述的那样。首先就对佛教其他文学的影响来看，本生文学一方面促进了佛传文学的兴起和发达，尤其公元一世纪左右佛教大文豪马鸣菩萨以宫廷叙事诗的方式，写下了辞藻优美的长篇佛传——《佛所行赞》后，佛教文学被带至高潮，大量的佛传，接连写出。一方面又使得许多原本属于譬喻、因缘、本事等分教的东西，受到本生的影响而呈本生化，于是出现了所谓的本生因缘、本生譬喻之类的作品。然而也有许多本生，后来被改成以譬喻情节出现的。

其次就对印度本土佛教以外其他文学的影响而言，较佛教文学稍后的印度教著名的文学作品，如《大战书》《罗摩衍那》《五卷书》《鬼语二十五则》等脍炙人口，流传久远的作品，都受到了本生文学的影响，细加比较，可以发现，不论形式或内容都有许多佛教本生谈的影子在内。

就东方文学来讲，不仅影响到西域，更影响到中国和日本的文学作品。如中国的《法苑珠林》《三宝感应录》《喻世名言》《醒世恒言》等，都是取自佛教本生中因果报应的故事，或加以演变而来。日本的《今昔物语》中有许多本生故事，《冥报记》则直接取材于《法苑珠林》和《出曜经》。

就西方文学来讲，由于佛教的西传，随着军人，随着商旅贾客传布到西方，影响了希腊的《伊索寓言》和阿拉伯的《天方夜谭》，在二者中可以找到好些佛教的本生故事。

第四节　由对文化的保存上看

早期经师所传的本生，都是把印度古来流传的先贤名德的故事加以运用，把它说成是释尊的本生。从这些高贵、贤德的圣贤故事中，吾人可以了解到印度人的理想仁王，和多么渴望能生活在一个平安、富乐、吉祥和不兴兵作战的世界里。至于律师所传的本生和部派时所集出的本生，多半是印度民间早已流传的故事，佛教把它拿来作本生题材，当然也有些是佛教自己本身所新创的。这些古圣先贤的故事、民间流传的故事，就这样附身在《本生谈》中被保存下来，并流传开来。故事中除了拟人化的动物故事外，在以人为主角的本生中，可以看到印度的各行各业，如陶工、轻业师、赌徒、驯马师、金匠、商人、教师、织匠、船师等。从本生中所提到的许多神的事件来看，可以知道印度原本是个信神的国家，神很多，宗教师也不少。此外就风俗来说吧！如队商、船师、祭典、赌博、王位的传法等，都可以在《本生经》看到。因此可以说对民间故事而言，本生有承先启后的贡献；对古印度的风俗、民情而言，本生也保存了若干可资参考的资料。

第五节　由艺术浮雕的遗迹来看

公元三二六年，希腊马其顿王亚历山大大帝入侵西北印度，自是东西方有了交流。希腊人带来了他们的建筑和雕刻技巧，印度人加以运用，取本身传说的故事作题材，以浮雕、壁画的方式表现在塔堂建筑的巨柱、栏楯和墙壁上、藻井上。印度现今仍存在的主要古迹，如中印度的Bharhut，Sāñchī，南印度的Amaravatī，中印度靠北的Mathurā，西北印度的Gāndhāra，西印度的Ajantā的塔堂建筑中就有许多本生故事。塔是用以供养佛舍利的，在这些塔中浮雕上佛的本生故事，是有非常特殊和非常意义的事。这一风气后来传到西域、中国、缅甸、泰国诸地，释尊的本生故事便大量出现在各国的石窟、石壁和建筑艺术中。如天山之南的北丝路，一路上的吐鲁番、库车、喀什干等地的窟院，敦煌、龙门、云冈等石窟的石壁，都有许多浮雕是以本生故事作题材的。有关此，可以从本书第二章的论述中得到证明。光是这一点，已足以判定“本生谈”为佛教艺术浮雕贡献了最好、最恰当的故事题材。

第六节　由教育的作用上看

释尊是人天的善导，擅用各种方便演法布教，使人天获利。在宣扬教法的形式上，有时他用长行散文的方式，详细说明教义。有时以演唱诗歌的方式说教。有时，恐怕听者记性不好，或为了方便弟子加深印象，于是先用散文说一遍，再以诗歌的方式朗读一遍。就内容上，释尊更善巧，他总是因时、地、事、缘的不同，而采取不同的教材，对那些少数的上上根者，经常是直说法义，以霹雳猛剑的方式破其心魔，令转识成智，直证果位。但是对一般的弟子、信者，释尊就缓和多了，也费心多了，先告诉他们归信三宝、发菩提心、持戒、知善恶因果、知人天福报，再进而告诉他们人生实相和修道的方法。释尊为应听者的根性，引起听受的兴趣，加深印象，或解除听者莫须有的心理武装，释尊有时干脆把大道理化成小故事，以直说故事的方式来说法。有时在说教时，在适当的地方，插入一两则故事，令听者轻松一下，或借故事去彰显法义。本生、譬喻、因缘、本事，就是应这种方便教法而产生的。特别是本生，尤具有特殊的教育价值，主要是借之以显示——

（一）如是因如是果，黑业黑报，白业白报，果之随因，如音之随响，因果一点也不会错乱。在第一期本生中，经、律二师所举的本生，几乎完全是针对因果善恶业报而说，所以常于结尾处说：假令百千劫，所作业不消，因缘会合时，果报还自受。因果报应本来是相当形上而难懂的，可是经释尊举出一些惨痛或鲜明的例子后，顿然成解。

（二）告诉人要如实修持菩萨道，并且要持之以恒。成佛不是一天的事，只要肯用心于道上，总有成佛的一日，任何有情，不论在哪一道，都可以修菩萨行，只要修菩萨道，不论现在、过去身份地位若何，统统可以打破，统统有成佛的一日，至于何时成佛，则又有待于各自的用功了，所谓佛道之前，有情众生一律平等。

（三）大乘本生中的授记和本愿思想告诉吾人有关伦理道德的次序。譬如宝藏如来为转轮王及千子授记的事，就是一种社会伦理、国家伦理及家庭伦理的综合表现，告诉我们长幼先后应有秩序。千佛的本生告诉我们，学佛、归信三宝、发菩提心、修行，做家长的很要紧，要提携并鼓励子女，传法给子女，自己的力量不够时，令其前往亲近有道者，父母成佛，子女也有希望。

（四）成佛，先要发度众生的广大誓愿，建设佛国不是为自己，而是为一切有情众生，若不能实践自己的誓愿，则不成佛。这是大乘本生启示我们的。一切佛、菩萨莫不以慈、悲、喜、舍成就大众而成佛，众生比自己重要，又启示吾人，不要把自己看得太大，太重要，要把众生看得比自己重要，要比自己大。佛、菩萨就是因为这样而受人尊敬与信仰的。

附　录

一、《生经》(《大正藏》第三册)中的本生故事提要

1.《那赖经》(页七十上—七十下)

此经叙说舍卫国有一族姓子，弃家舍妻做沙门，却因难忘情欲，而归返俗家探望妻子，众比丘不以为然，至佛前告发。佛令族姓比丘前来，开示以蠲除色欲之念和痴爱尘劳的方法，族姓比丘因此出离家牢和情欲之苦。佛说，族姓比丘之迷于情色，不能自制，不是今生才这样的，在过去世已有记录。

昔时，族姓比丘为一国王，名方迹，为爱欲所迷惑，难以自解。佛其时为一五通仙人，名那赖，以神足

通飞往宫中为说爱欲之灾难和离欲之德益。方迹听罢，心开意解，出家修四梵行，命终之后往生梵天。本经旨在戒断情欲，为佛及弟子之本生。

2.《分卫比丘经》(页七十下—七十一上)

本经叙说一比丘依戒律次第托钵行乞，一日至一淫女家，受到甘美丰食之供养，心生欢喜和贪欲，遂日日前往，淫女见其学问不明，诸根未伏，所做不办，乃设计考验之。结果，此比丘为淫女的虚情假意所缚，意乱情迷，不能自持。淫女见其无德，遂把他赶走。诸比丘知晓此事，问佛本末。佛说，此比丘的邋遢事，在过去世已有记录。其时，比丘生作水鳖，住于江中，淫女生为猕猴，住于江畔丛林中，一日，二人邂逅，相共语言，鳖对猕猴渐生情愫，吐露衷情，希望共成美眷，结果反遭猕猴抢白，并被屈辱一顿。最有趣、最富寓意的是鳖和猕猴二者的谈话，颇堪作青年男女的借鉴。此经为弟子本生，旨在教比丘戒情欲。

3.《和难经》(页七十一上—七十二下)

和难比丘为增加门下弟子，滥收徒众，凡有求从其出家者，不加审察，一一答应剃度之。恶人博掩之子觊觎其有无央数之衣、钵等供养具，设心诈欺，佯装善人，前往求法。

和难以出家获利众多，并将供养修行所需，诱博掩子出家。博掩之子剃度出家，忍辱顺教，和难见其可信，于出游时，将一切财物托管之，博掩之子敛财而去，并现凶暴。诸比丘往白佛。佛说，博掩之子的佯装善良以行窃和诈欺与和难比丘之滥收徒众，不加审察即相信人，收之为徒，在前世也曾经如此过，并非今世才这样。

佛说，在久远劫前，博掩子生为一具财富之聪明人，与淫女相交。久之，财富皆为淫女所夺，一旦床头金尽，淫女驱之，无以为活，遂流浪到郁单国，佯现仁贤，谎称贾客，往见当地极富财势之大尊者，谓己于经商途中遇恶贼，财货尽为所夺，今日流离失所，难以自活，愿为尊者之给侍云云。尊者见其面善，志勤不懈，聪明有辩才，口言柔软，工谈美辞，笃信可靠，遂待之如弟兄，并以产业托付之，结果尊者之财富尽为所窃。此大尊者即和难比丘之前生。此经为弟子之本生，说明前世之相欺、相害，今世亦然。

4.《邪业自活经》（页七十二下—七十三中）

本经叙说和难比丘为人讲经论生活业，只讲饮食衣被诸事之具足；讲福德之事，只讲得报应之果，而不曾讲论道义，因此大获衣被、饮食之供养。和难比丘获得丰富的供养，许多行为都离了圣贤之道，不再讲说度世的无极智慧，只讲述饮食、衣具等世俗事。诸比丘见此情景，共呵责之，并往祇园告白世尊。

佛呵和难所做非法，并说和难比丘的愚骙不是始于今世，前世也曾为获得名闻利养而广说以衣食利世的世俗经典。佛说：

过去久远劫前有一心灵闭塞、愚冥无明的仙人，与诸神仙住在异闲林，不为国王及诸大臣讲经说道，只说饮食衣服之事，因此而获得善供养，余仙人们不以为然，共往责难。佛昔为五通仙人，闻之此事，一方面呵责愚明仙人之不是，一方面亦告示众仙人，修梵行者，不可诽谤人之过误。

此经说明前世相遇，今日又相逢，遇到同一件事。

5.《我所经》（页七十三中—七十四上）

此经叙说舍卫城有一愚鄙、吝啬的富翁，勤苦治生，耐饥耐寒，聚财无量，金银珍宝不可计数，却悭吝异常，不但不行布施，也不供养父母、妻子、奴婢，致家眷裸冻，亲朋断交。俟其寿终，所有财宝悉没入官府。佛告诉诸比丘，此富翁之悭贪爱财，非但始于今世，前辈子也是这样。佛说：

在过去无量劫前，有一山名“大香山”，山中遍植胡椒及荜茇等药用植物。荜茇树上栖止有一鸟，名“我所”。当春天药果成熟时，就有许多人前来采取，用以疗疾。我所鸟见人前来采药，总是悲啼不已。呜咽道：“这药果是我的，我不要你们采取，你们不要采吧！”采药的人不理它，继续采取。我所鸟终日哀鸣不休，终于命绝。

佛说：愚骙的下等人，利用种种正当或不正当的手段来求取财富，积聚财富，不肯以财富利益他人，一旦命终，财不随身，一切归他人，就像这只名叫我所的鸟一样。

佛下结论说：故事中的我所鸟即是今日大富翁的前生。比丘出家学道，亦应如此，不可悭吝己之所有，应以佛法涤除垢浊之心，常修清净行。

6.《野鸡经》（页七十四上—七十五中）

佛在祇树给孤独园，告诉比丘这样一个故事：

过去无数劫前，有一大森林，有一野猫游居于此，因生产的缘故，终日未食，饥饿至极，见树上有一只野鸡，端正姝好，欲毒食之。遂以柔情蜜语向野鸡调情，表示愿下嫁野鸡为妻室。野鸡说："你是四只脚的动物，我是两只脚的飞禽，咱们不宜做夫妻。"野猫不死心，自语家世极盛，若与结婚，当富如雨宝。野鸡说："你是想吃鸡罢了！"野猫说："我修清净行，不吃肉。"野鸡说："没听过野猫吃素修清净行的；你想吃鸡，以为我不知道，你虽然工于美辞，佯装嬉笑，但一脸凶相，令人害怕。我听到猫的名字，就寒毛倒竖；见到猫，避之唯恐不及，世世都要远离你。"野猫说："我面貌端正如童子，诸威仪、功德具足，智慧有方便，通晓一切家务。我好沐浴，能歌善舞，设使我们结婚，我将为你洗脚，为你梳头。"野鸡说："得了，让冤家梳头，和他相亲，还有长寿的吗？"

佛说：那时的野猫即栴遮比丘之前世，那时的野鸡即是我的前生，前世相遇，今日又相逢。

7.《前世诤女经》（页七十五上—七十五中）

本经叙说佛在祇园，调达心怀毒念，诽谤如来，自称有道，众人呵之，劝莫害如来，说："佛为三界之尊，有三达智，心无所挂碍，天上天下，莫不归命。毁佛，得无量罪。你设心害佛，犹如举手以掷日月，如一尘欲超须弥山，如持一毛欲度虚空。”

调达听罢，依然故我。诸比丘往以白佛，并问调达何故如此。

佛说调达不是今生才对我如此，他世世都这般待我。在过去无量劫前，有一梵志，家财无数，生有一女，端正姝妙，天下无双。梵志欲将女儿下嫁聪明有智并通达诸经论之士。乃请五百同学梵志，供养三月，查其所知。五百人中，有一人具最上智慧，博通三经五典，无所疑难。不过已年衰老朽，丑陋不堪。父母忧愁，女亦烦恼。时，一少年梵志自远方来，颜貌姝好，聪明智慧，博通三经五典，上知天文下知地理，举凡灾变、凶福、祸吉皆能测知，能知六博，对众生怀慈、悲、喜、舍之心。梵志请五百同学供养之，并令一一向少年梵志问难。五百众皆不及，梵志夫妻大喜，欲把女儿许配之。

年老梵志说：“我已年老，把此女让与我为妻，我把一切的财物，悉让予你。”

少年梵志不肯，老年梵志下毒念：“你毁辱我，夺我的女人，我将世世与你没完没了，和你作对，或危害你，或毁辱你。”而少年梵志则常怀仁慈。

佛终结说：那时的老年梵志即调达之前生，少年梵志即我的前生，梵志女即今日之瞿夷；前世的仇怨，直到今日尚未解开。

8.《堕珠着海中经》（页七十五中—七十六上）

本经叙说佛在灵鹫山，五百比丘与一切圣众在讲堂共议佛因精进，故早弥勒九劫证道之事。佛遥闻众议而来讲堂，为说缘由。佛说：

在过去无数劫时，我见国人多数贫穷，我怜悯他们，希望他们能致富而改善生活。我摇鼓振铃，通知大家入海采宝。临当上船，我告示大众此行之危险和海中的三难，希望上船后不要追悔。众人听后大都退心，仅五百人心志坚固，随我望风举帆，乘船入海采宝。海龙王赐以头上如意宝珠。五百人各各采宝，悉皆具足，乘船而返。时，海中诸龙和众鬼神以如意珠乃海中最上宝，不愿流于人间，遂共议设计夺回，令如意珠自我颈项堕于海中。我为了要济度贫苦才率领五百贾客来采宝，经过无数艰辛才得此宝，今反为海神夺去，实在不甘心。遂令持器具舀海水，精进不已，决心渫海水至底，不得珠，终不停止。海水渐少，诸海龙海神见状，心怀恐惧，以为我之精进力，世所非有，今渫水，不久，海水将枯竭。遂持珠来还，并说："你的精进力，天上天下无人能及。航海的导师！把宝珠拿回去，求愿使雨七宝，以供天下。"

佛终结说：那时航海的导师是我的前生，五百贾客是你们的前生。我过去世引导你们入大海求财宝，解救你们的贫穷；今世我成佛，亦将竭生死海，以无量智慧宝救济群生，普令众生皆得度。此为讲佛的精神与慈悲。

9.《旃阇摩暴志谤佛经》（页七十六上—七十六中）

本经叙说佛在给孤独园，波斯匿王于宫中设供，请佛及众比丘。佛及众比丘于往王宫的途中遇到比丘尼暴志，暴志以木盆系腹，佯装怀妊，牵扯佛衣，呼佛为丈夫，今有身而不给饮食。佛为解众疑，仰视上方，天帝释提梵因随即化作小鼠咬断暴志系木盆的绳子，众人嗔喜交集。波斯匿王嗔恨暴志的行为，欲活埋之。佛说不可，此为我夙昔的罪业所致。佛说：

在过去久远劫前，有一珠宝商，卖好珍珠，一女前往购买，以配成对。一男子前来，以双倍之价买走，女子不得，心怀嗔恨，请求男子让度珍珠，男子不肯。女子怒言："我来买珠，你来抢购，我曲意今求你让度，你不肯，如此毁辱我，我生生世世都要报复此一怨恨。”

佛终结说：那时的买珠男子是我的前生，买珠的女子是暴志的前生，因怀恨的缘故，生生世世常相毁谤。

10.《鳖、猕猴经》(页七十六中—七十七上)

本经叙说众比丘在祇园共议暴志比丘尼害佛之事。佛说不足为怪，暴志之行径，非始于今日，他在过去生中，世世都处心积虑要毁害我。我想起：

在过去无量劫前，有一猕猴王住一林树上，与一鳖为知友。鳖常至猕猴所，饮食、交谈。鳖妇见鳖常外出，以为鳖有外遇，加以调查盘问，鳖说没有外遇，只有一猕猴朋友，常一起论经说道。鳖妇不信，且妒恨猕猴引诱丈夫外出，遂生歹念，欲恶杀猕猴，便佯装生病，并谓病重至极，非用猴肝不得以治病，求鳖向猕猴王借肝做药引。鳖以己与猕猴为知交，不忍相害。后来禁不住妻子的请求，邀请猕猴至家中，并背猕猴渡水，途中鳖向猕猴表示拟向其借肝予妻子疗病。猕猴说：“肝挂在树上没带来，为何不早说，以便一道带来。”并着鳖送他返回树林。猕猴回到陆地，跳到树上说：“天下至愚，莫过于你，焉有肝挂于树上的？我和你拜把成兄弟，身命相托，竟欲图害，自今而后，咱们各行其道！”

佛终结说：那时的鳖妇即今日暴志之前生，鳖为今日调达之前生，猕猴则是我的前生。

11.《五仙人经》（页七十七上—七十八上）

本经叙说佛在王舍城与诸比丘及诸菩萨同在一起，佛告诉大众如下的一个故事：

在无数劫前，一山村中的湖泽畔，有五位仙人同住一起修行，四人为主，一人为侍给。侍给一向尽责如法，未曾有失误。一日远行备办饮食，途中因疲惫懈怠眠寐，未能于日中前赶回。四仙人责骂侍给不负责任，所行不堪为修道者。侍给难过不语，退坐水边树下，思维自责，忧伤而死。其足所常着之七宝屐，因翘足而坐，一屐不慎堕下，随水漂去。

侍给死后转世投胎为凶咒之子，童年时，一梵志观其面相，告示将来必为王，凶咒之子言，果真如此，必当重谢。未久，国王薨绝，凶咒之子果然被群臣立为新王。梵志前来邀功，新王问梵志希望获得怎样的报酬。梵志云：“无所欲，仅二愿，一、饮食进止，衣服、卧具与王同；二、与王一同参与国事，治理百姓。”新王应允。梵志因骄纵轻蔑朝中重臣，并辱骂国王，群臣愤怒，建议国王用种种酷刑杀之。国王慈心，供给资粮，驱遣出国。

梵志被驱遣后，沦落到人家中去做农夫，专门欺负奴隶。奴隶捡获一只七宝之屐，献给梵志，希望梵志不再责打他。梵志拿七宝屐去献给国王，国王不念旧恶，接纳梵志，但群臣以为梵志罪恶深重，献一只屐，其功德不足以弥补昔日所造之罪业，除非献一双宝屐。国王以为然，再度逐出梵志。梵志逆水岸而行，见四仙人，获得另一只宝屐，献给国王，得到群臣的谅解，恢复昔日得宠的地位。

佛终结说：那时的国王是我的前生。四仙人分别是拘留孙佛、拘那含牟尼佛、迦叶佛、弥勒佛的前生，梵志即提婆达多的前生。（以上为第一卷）

12.《舅甥经》（页七十八中—七十九上）

本经叙说佛在舍卫国祇园告诉众比丘如下的故事：

在过去无量劫前，有甥舅二人在官府负责织造金缕、绫罗、锦、缎和妙好珍贵的衣服。二人见库中珍宝，大动贪意，共谋于夜间挖地道偷取。后为官府发现，舅父被捉枭首。国王利用尸体，一连设计捉拿共谋，结果一一被识破，舅父的尸体被其外甥运用机智夺回安葬。国王不死心，利用美人计，结果赔了女儿又折兵。女儿怀孕，生一子。国王又用小孩做饵，设计捉拿之，不料，还是失败，孩子反被外甥夺回。外甥逃到另一国度，以其智慧，赢得禄位，并说动国王派遣使节协助他到先前的国家求取王女，彼王发兵来捉拿外甥，外甥设计自保，彼国之王叹服其智慧为天下无双，遂把女儿许配之。

佛终结说：那时的外甥即是我的前生，彼国王是舍利弗，舅是调达。

13.《所欣释子经》（页八十六上—八十七中）

本经叙说，佛在祇园，所欣释子出入精舍不知时节，所到之处不知节量，经常访问豪门贵富。阿难、黑优陀、薄拘卢等众贤者共往劝诫。所欣非但不接受谏言，反自语自己的外出是为众僧服务，并以粗犷的言语去呵责众贤不发心办道。阿难等三人，平日言语柔软、威德具足，依本有之福德业而修行，故所得的果报远远超越所欣。所欣是愚骏自用的钝男子，强求故不得如志。一日，所欣到一长者家获大供养；贤者阿难到另一位长者家，以柔软语为说经法后，向长者托钵，不强不求，随其布施，获大供养。诸比丘知此事，请佛说本末。佛说：

在过去久远劫前，他方世界有至亲四人聚会一处。时，有一猎师得鹿一头。四人共议设计向猎人索鹿肉，比赛谁获得最多。第一人粗语而傲慢说：“喂！你这男人，给我肉，我要吃！”第二人说：“兄台！请布施肉予我吃！”第三人说：“仁慈可敬爱的猎人，请赐我肉，我想吃！”第四人说：“亲朋至友！请看在我乞施的份儿上，捐送我一些肉，我想与朋友共解饥渴！”

猎师察四人之言辞，各随所言，以偈回答四人，并各赠予鹿之某部分。大意如下：第一人言辞粗鲁如刺，以鹿角相赠；第二人以兄弟相称，言辞如肢体，以鹿脚相赠；第三人以爱敬相施，心怀慈悲，言辞如腹心，以鹿之心与肝相赠；第四人以亲族至交相称，视他人如己，辞善言快，以鹿肉相赠。

时，天赞叹此事说：“一切男子辞，柔软归其身，是故莫粗言，利衰不离身。”

佛终结把今昔人物联结起来说：第一人是所欣释子，第二人是跋陀和黎，第三人是黑优陀，第四人是阿难，天者即是我身，前世相遇，今世亦如是。

14.《国王五人经》（页八十七上—八十八下）

本经叙说佛在祇园，五百众贤聚会谈心。舍利弗赞叹智慧最为第一，阿那律赞叹工巧最为第一，阿难赞叹正色像第一，输轮赞叹精进第一。而佛经无数劫累积功德，以至成佛，并为一切众示现成佛之道。诸比丘往诣佛陀，请求开示本末。佛说：

在过去久远劫前，有一王名大船，国土广大，物产富饶，人民兴盛。王有五子，名：智慧、工巧、端正、精进、福德，五人俱赞叹自己的长处最为第一，互不相让，五人只好协议各自远游他国，展现殊德，较量何人最为第一。智慧在旅途中，遇二长者失和，利用权巧方便使二者解怨复交，并各敬奉以百千两金。工巧因巧造之木制机器人，超胜于真人，为国王所激赏，赐以亿万两金。端正因色相姝妙世间稀有，人所欢喜，竞相供养，获财富、众宝无数。精进因见激流中有旃檀树，不顾危险，下水泅截，往送国王，获赠百万两金和诸宝无数。福德游至一大国，在一树荫下午休，树荫不移，为该国大臣所获，以为非凡人，被迎为国主，南面而王，并下诏召集贤人为侍卫，共得四位，赫然为智慧、工巧、端正与精进。福德王颂出一偈："有福功德者，得为天帝释；帝王转轮王，亦得为梵王。智慧及工巧，端正并精进；皆诣福德门，侍立为臣仆。”福德王遂居高位，令诸兄弟各发挥所长。

佛终结说：那时的智慧即舍利弗，工巧是阿那律，端正是阿难，精进是输轮，福德王即是我。那时各自赞叹自己的长处最为第一，今世亦然；过去也不如我，今世我成佛道，为三界之最尊最胜者，他们都皈依我，做我弟子，依我而得度。

15.《蛊狐乌经》（页八十八下—八十九中）

本经叙说佛在祇园，调达和拘迦利二比丘颠倒是非，并相互赞叹，相互高抬。佛说此二人非但今世才如此，前世亦然。佛说：

过去久远劫前，有人死了，亲里将尸体林葬于樗树间，狐狸和乌鸦来食肉，二者相互恭维，抬扛身价。乌鸦违心赞美狐狸身如狮子，头如仙人，脂如鹿王等等；狐狸赞美乌鸦智慧第一，明照十方，羽如紫磨金等等。二者一来一往地相互抬扛对方。近处修行的大仙听乌鸦与狐狸虚伪不实的对话，责二者两舌。乌鸦不甘挨骂，自称自己与狐狸犹如孔雀与狮子，并损仙人一顿。仙人再度责其下贱，贪食死尸，却自称为上等人。

佛终结说：那时的狐狸即调达，乌鸦是拘迦利，仙人是我。

16.《比丘疾病经》（页八十九中—九十上）

本经叙说佛在祇园，一比丘病重，无人看顾救济，阿难往白世尊。世尊说：

在过去久远劫前，此比丘生为梵志名摩纳，与众多神仙失处，余仙人常互相体助，病时相互照顾，唯摩纳孤独不合群，一日病重，无人授援。时佛为五通仙人前往探视、看顾，为他疗疾，借机开示与人相处，要善结亲友，彼此照顾，并安慰他安心养病。病比丘前世曾受我救助，今世亦当尔，佛说毕，随即前往探视。

病者言病中无医、无药，无人给侍、看顾。佛问："你强健时，曾否去探视、照顾病患？"答："不曾！"佛说："你健康时，不肯去问疾、探病，今日谁肯来看你？善恶有对，祸福有报，恩生往返，义绝稀疏。佛救度一切众生，前世救你，今世亦救你，不舍你。"说毕，亲自扶起病比丘，拟替其洗浴。释提梵因在天界听到佛对病比丘的开示，亦悟道，前来灌水，协助佛替病比丘沐浴。浴后佛给予饮食、医药，病者即痊愈。佛为说道，即时证果。佛赞叹道：

人当瞻疾病，问讯诸危厄；
善恶有报应，如种果获实。

世尊则为父，经法以为母；
同学者兄弟，因是而得度。

17.《审裸形子经》（页九十上—九十一中）

本经叙说佛在祇园，裸形外道（即尼乾子）遣四女往试佛陀，欲乱佛道法，结果四女受佛的感化，皈依佛，并证罗汉果。裸形子责难四人，四人以佛法回之，并替佛辩护。众比丘深觉奇怪，往诣佛，佛举故事说：

过去久远劫前，迦邻王与虚空国主阿脂王有怨仇，派遣四美女潜伏在阿脂王左右。四女见阿脂王端正姝好，威神巍巍，无有瑕秽，安详柔和，乃赞叹其功德为世所稀有，微妙难及。并具白迦邻王，不忍相害。迦邻不听女言，发兵攻打。阿脂王在欣踊大臣的辅助下，打败迦邻王。帝释天以诗偈赞叹阿脂王的成功。

佛终结说：那时的迦邻王即审裸形子，阿脂王是我，欣踊大臣是舍利弗，帝释天是阿难。

18.《腹使经》（页九十一中—九十三中）

本经叙说，佛在祇园，正遇荒年，米谷踊贵，人民饥饿，佛欲率领诸比丘远游他国，以为节岁。阿难以为佛为舍卫城之德本，若远游，众人将失去所依，乃以利害关系说动波斯匿王供佛及比丘三月饮食、医药等一切生活所需，佛及比丘因是在九十日中无所匮乏，安隐办道。诸比丘感念阿难之功德，共同议论，谓阿难行权知时。佛告诉诸比丘，阿难非但今世行权知时，前世亦如是。佛举故事说：

过去久远劫前，波罗奈国国王梵达贤德远播，称名四方。不幸该国遇荒灾，米谷踊贵，人民饥饿，乞丐众多。梵达王喜行布施；乞者四面来集，王随力布施，无有稍息。天转酷旱，所种不收，乞者日滋，仓廪虚竭。诸大臣唯恐国库空虚，有害国力，力劝梵达王暂息止布施，待来年丰收时再行布施。王不想违弃志心行施的本愿，仍然行施。诸大臣共议，敕告四天下，不得往向梵达王行乞，否则将处以斩首。同时禁止穷士谒见梵达王，只有自远方的使臣，经过盘询后方可觐见之。众人知此系群臣所为，非梵达王所为。时，有一梵志饥穷懊恼不堪，乃听信妻子的建议与鼓励，冒称远方的使臣，前往求见，经王宫门吏之重重盘询，始得觐见梵达王。王问为何国人所使唤而来。梵志请求王不生气，不怪罪，方说。王应允。梵志乃具实而陈：因饥饿，应“腹”之使唤而来求见。王怜悯之，乃施与赤牛及㹀犊子千头，并解除其所怀被杀害之恐惧。

佛终结说：那时的梵志即今日之阿难，梵达王即波斯匿王。那时阿难以权巧方便渡过难关，今世又以权巧方便令波斯匿王于荒年中供养佛及比丘三月。是故比丘们应学阿难善言柔和之辞和方便之巧语。

19.《弟子过命经》(页九十二中一九十三下)

佛在舍卫城时，有一比丘之年少弟子，志性温雅，精进顺教，惜薄寿早夭。少年弟子夭后，往生忉利天，见天界景气，感伤己身，夜往诣释尊，请求开示，佛为说四圣谛法，遂证果而去。比丘因伤弟子早夭，忧愁难解，往启释尊。佛劝比丘勿忧愁，汝弟子已于是夜前来求法，并已证得果位而去。比丘即时除去忧悲苦恼，喜欢非常。诸比丘知之，乃聚集共赞佛为无上医，能以法药疗众生心病。佛说：此比丘遇弟子命终忧悲难解，唯独释尊能解开其忧悲的事件，不仅今生这样，过去世亦曾如此。佛说：

过去世有一森林，林中有一母象产子，子生，母死。不远处有一仙人，见母象已死，子象才能举足，尚不能自活，乃予饲养之。子象渐长，衣毛鲜泽，仁和贤善，乐习义理，无有忧患，卧起均与仙人同处，俨同父子。子象待仙人极善，每食必先供养仙人善好水浆果蓏，自己后食。仙人观子象德性，爱之如子。帝释天见仙人爱子象无厌，乃设计试探之。化使子象突然暴毙。仙人见子象死，涕泗纵横，忧愁不解，难以言语，众仙人俱来劝慰，仙人仍忧伤不能饮食。帝释天乃住身虚空中开示仙人道：

仁者！你出家修仙人法，却忧悲死亡是不对的。如果悲泣能令死者复生，那么大家一同来哭吧！假使啼哭不能令死者复活，就停止你的哭泣吧！子象和你有感情，见你如此难免会忧愁。死者哭死，有这等事吗？明智的人是不怀忧悲的，仙人聪慧，又啼哭什么？

仙人听了帝释天的开示，不再忧悲，并停止哭泣。帝释天令子象复活，仙人见了欢喜踊跃，不再忧愁。

佛终结说：昔日的仙人即是今日之比丘，子象即比丘死亡之弟子，帝释天即我身。前世相遇，今世亦然。

20.《水牛经》(页九十三中—九十四中)

佛游舍卫国，在祇园告诉比丘：

过去世，有一森林，一水牛王率领牛群游行其中，饮水、吃草。一猕猴住于路边，见水牛王及其眷属，心生嫉妒、愤恨，以石、瓦掷打之，以恶口谩骂毁辱之。水牛默然不报。未久，又一牛群寻后而来，猕猴亦复予以打骂。此群牛见前牛王默然不报，乃效仿忍辱之，安详雅步而去。后又一群牛来，亦遭猕猴同样的侮辱，牛群亦效仿前牛王，不恨不嗔，忍辱柔和而去。不远外的森林中有一树神问牛王汝等何故忍此大辱，默不应声。

牛王说：它会轻慢辱骂我，必也会加诸别人；别人不能忍耐，必然会报复，辱与被辱将两相抵消。

牛群去后未久，有梵志大众及群仙人们路经此，猕猴亦复打骂之，诸梵志等即时抓住猕猴，并以脚踏杀之。树神见此，乃唱颂道：

罪恶不腐朽，殃熟乃遭患；
罪恶已满足，诸殃不烂坏。

佛终结说：那时的水牛王即是我身，那一世，我行菩萨道，因罪堕为牛王，但我仍常行忍辱，并修慈、悲、喜、舍四等心，故今世得以成佛。其余水牛即是今之诸比丘，梵志、仙人则今之清信居士，猕猴则今之尼乾子。尼乾外道之骂辱佛教，本末如是，具足究竟，各获所行，善恶不朽，如影之随形，如响之应声。

21.《兔王经》(页九十四中—九十四下)

佛在祇园告诉诸比丘：

过去世有一兔王与同类居于山中，行慈、悲、喜、舍四等心，教诸眷属行和善，勿造众恶，脱此兔身，转生人道。时有仙人于山中独处修道，行四梵行，诵经念道，兔王每往听之，并以果蓏供养仙人，时届寒冬，仙人欲还人间，兔王恋恋不舍，予以挽留。仙人云：“山中冰冻，无处可居，将至人间，止顿于精舍，分卫求食。”兔王说：“吾当远近摸索，求供饮食，若无供具，当以我身供养上人。”

仙人事火，前有炭火。兔王见仙人默然，以为仙人默允，便举身投火。仙人欲救，寻以命过。兔命过，往生兜率天，为菩萨，功德殊尊，身相巍巍。仙人见兔王为求道而舍身，伤愍自尊，绝谷不食，亦命过，往生兜率天。

佛终结说：那时的兔王即我身，其眷属即今之比丘，仙人是定光佛。我为菩萨行道时，是如此勤苦，精进不懈怠，为求经道，不惜舍身。我积功累德无央数劫，乃得证佛道。汝等亦当精勤修行，莫放逸，莫懈怠；断除六欲，如救头然，心无所着，如飞鸟之翱翔于虚空中。

22.《菩萨曾为鳖王经》（页九十六上—九十六中）

本经叙说菩萨昔为大海中之鳖王，行慈、悲、喜、舍四等心，慈愍并教化子民。一日外出于海边休息，经累月。其背坚燥如陆地高燥之土，贾客自远方来，止其上，破薪燃火，作炊饮食，并系牛马车乘及置诸货物。鳖王为火所焚，痛不可言，欲趣入水，又恐有害众贾客，乃入浅海，以灭火毒。贾客惊恐，以为海水暴涨，悲哀呼救。鳖王不忍，因报诸贾客，勿惊惧，并移游岸边，众贾客得以全命，欢喜遥拜鳖王，并叹鳖王功德超三界，若得佛道，愿来救脱吾等度生死苦厄。鳖王言："善哉！当如所言。"

佛终结说：那时的鳖王即我身，五百贾客即舍利弗等五百比丘，追识宿命为我弟子，修学佛道。

本经未有序分，直说本生故事。

23.《负为牛者经》（页九十八上—九十八下）

本经叙说佛住祇园，一回入城分卫，市民购一牛欲宰杀，牛见佛，绝靷奔跪佛前，呜呜佛足，泪出交横，请佛救济脱难。阿难及天、龙、鬼、神、人民莫不愕然。阿难问所以然，佛遂说本末：

过去久远世，有转轮圣王统一四天下，一日游观四方，见过去世一亲人，为债主拘缚于树上，乃商请债主释放之，债主索金两百，转轮圣王嘱臣下返宫如数与之，臣下言诺，遂放欠债者。债主数往宫门求金不得，无数劫来，周旋生死，不偿所负，至于今世。今世堕牛中，所债所卖数千金，故来归佛，此实宿缘所牵。昔转轮圣王即我身，债主为此牛，我保为偿债，竟未与之，故今日来归佛，求索故债。

佛欲以牛的身重，予若干金给牛主赎牛，牛主不肯。释梵四王请佛勿分卫，并云：彼牛主欲得金万千亿两，由吾等致之。牛受赎来到祇园，念佛法僧，七日命尽，生天上，寻旧忆，往返人间，皈依佛，听受经法，得无生法忍，还归天上。

24.《光华梵志经》（页九十八下—九十九上）

本经叙说佛在祇园，阿难白佛："众学夙昔有何行，修何德，今世能值佛，舍俗做沙门，精勤道业，得神通，断生死？"佛乃说本缘：

九十一劫前，维卫佛时，旃头摩提国有梵志名光华，博达众经，悉皆了义，见维卫佛度化十方，天上天下，乃诱所教五百众往诣佛所，剃除须发，做沙门，咸受经戒。国王旃头亦捐国弃王位与五百众做沙门。时又有长者化群从五百众行做沙门，接受道法。是诸人等行慈、悲、喜、舍，九十一劫不归恶趣，生天上人间，今世又得人生，普皆来此聚会，行做沙门，启受经戒。

佛终结说：那时的光华梵志即我身，国王、人民及大长者等众，是维卫如来时的同学。

25.《梵志经》(页一〇〇下——〇一中)

佛在舍卫城分卫，至一梵志家宅，梵志见佛威光巍巍，相好具足，乃与众眷属共迎佛，请佛上座受供养，并请佛说法，家眷等众闻佛开示咸得天眼，皈依三宝，受持五戒。梵志续请佛广开法要，梵志与眷属又普获大利。佛告诉诸比丘，是梵志不唯今世如此，过去世亦曾有相同的事件。

过去久远世时，波罗奈城有梵志名所守，聪明黠慧，深解义理，工辞令，语出柔美，甚得王心。国产葡萄美酒等，饮食快乐，梵志作兴技艺，多所娱乐。王大喜，多所赏赐，恣梵志所欲。梵志言当归家以问眷属。结果家中眷属心愿各不同，妻妇要百种璎珞装饰、臂钏步瑶之属，及种种衣服、饮食、乳酪、醍醐。子要乘车马与太子、大臣俱游。女要出众之珠宝及上等妙被服。奴要车、牛、田及耕具。婢要碓磨、桩粟、硙面。梵志还宫具以告王，王一一满足其家人之心愿，令皆大欢喜，无所饮恨。

佛终结言：那时的国王即我身，梵志即今之梵志，其眷属亦今之眷属。

26.《君臣经》（页一〇一中——一〇二上）

佛在灵鹫山，诸比丘共议调达害佛，佛是否早已预知？何故又度其出家做沙门？佛遥闻，前来开示，调达久远劫来，继续以害心向如来，未曾和悦，吾久知之，为以慈心降伏之，故度其出家，盼借出家之缘，予以救护之。调达非但今世得吾之便而怀害心，过去世亦尔。吾常以至真慈心降伏之。佛举过去事：

过去久远世，波罗奈城有国王号大犹，王有大臣名密善财，智慧聪明，无所不通，名德殊胜，性吉祥和雅常怀慈心。王无愍，凶恶，常伺人过。王问大臣，人食何，言何能名所安稳，不遭危害，并得长益。

大臣言：无害、无嗔怒是正本所行。

王又问：如何得安寐？如何可得不忧患？圣贤何所叹？谁能除却忧愁令无患？

大臣言：弃嗔即得安寐，除恚可无忧患，怒是毒之本，此，大王应当知，圣贤之所赞叹，依此而行则无忧患。行忍辱行，毁呰诸嗔恨，分别降伏之，凶恶不能加，王当如是行。

佛终结说：那时的国王大犹即调达，大臣密善财即我身。

27.《拘萨罗国乌王经》(页一〇二上—一〇二下)

本经叙说佛在舍卫城分卫，波斯匿王四位将军奉令带兵讨伐邻近小国，遥见释尊与僧众，即诣佛所，并说明此行之任务。佛赞叹四人能效忠于波斯匿王，报王大恩，不顾己身性命，前世亦曾如此。佛举说：

过去世，沙竭国有八万乌鸟来聚，乌王名甘蔗，王妇名旧梨尼。乌妇怀妊，欲食善柔鹿王肉。时沙竭国王、猎者亦欲得善柔鹿王肉。四乌应乌王之招募，不惜性命，计议得鹿王肉。沙竭国王以网罗捕获四乌，问乌何故而来。乌具陈受乌王之命，实受君教，不惜身命，虽非所愿，但谨遵所教。国王愕然，叹未曾有，四乌未有自作食之心，不惜身命，千方百计，只为上效君王，实为世所稀有。因是赦放四乌。

佛终结告诉四将领：那时的四乌即今汝四人，沙竭王即波斯匿王。今王之诸兵臣吏即汝等所将八万乌众。彼时汝等得脱离险境，不见危害，今亦当如是。

28.《蜜具经》(页一〇二下—一〇三中)

本经叙说佛在舍卫城，一梵志惑于外道，不欲佛法，欲乱佛教。一日遥见佛来，恶不欲见，佛寻至其前，走避不能，遂称诣佛。佛为说经法，生欢喜，旋皈依三宝，并受戒法。还归以钵盛蜜供养佛。佛令比丘取钵蜜布施与众生，众皆得满足，而钵满如故。佛令梵志持钵蜜供养巨流中虫、蠡、鼋、鼍、鱼、鳖之属。佛授记说：梵志以蜜供佛及僧，并以余蜜供水族，以此因缘，将历二十劫不堕恶趣，过二十劫将证缘觉，名蜜具。此梵志以一钵蜜饶益佛、僧及水族之事，前世亦曾如此。佛举故事：

过去世久远劫前，有一婆罗门往仙人处求道法。一五通仙人踊在空中，住其前。婆罗门生欢喜，还家以钵盛满蜜而来供养仙人，缘此施德，后做国王，名蜜具，以政法治国，寿终生天上。

佛终结说：那时的五通仙人即我身，婆罗门即梵志。过去因施蜜受人天福报，缘今世复施佛，将来当证缘觉。佛救度一切众生，如母忆子。

29.《杂赞经》(页一〇三中——〇三下)

本经叙说佛在祇园，有一比丘尼之子亦舍家为沙门，但喜与白衣杂处，言语粗犷，行不纯一，常受父母呵斥，不肯受教，在人间居家造乱，一日遇凶恶之人，予以痛打捣捶，并欲投水中，经呼救，始为比丘所救而归还家。诸比丘往白佛，请说本末。佛说，此人非但今世不随家教，前世亦迷惑其行。

过去久远世，有乌鸟巢，宾近人家，人数往探视，欲捕之。乌妻谓乌勿近人家做巢，莫信于人，以免遭苦毒。乌心怀恋舍，不忍舍远人家，一日为人所捕，羽毛遭拔光，颈项遭荆棘系扣，天降大雨，泥溺难行，又不能飞，徐徐自遆而归巢，乌妻见状，问所以故，乌道：身遇吉祥缘，又逢甘霖雨，吾已饿，速开门户，供我饮食。

乌妻明了一切，抢白他一顿，劝他速迁至闲林，避凶恶苦恼。不远处一仙人遥闻二人对白，乃歌颂道：

不睹恶罪果，缘是遭苦患；
以故莫作罪，将无受大恼。

佛终结说：那时的乌妻即今之比丘尼，乌即今之比丘尼之子出家为沙门而遭辱打者，仙人即我身，昔日相遇，今又相逢。

30.《驴驼经》（页一〇三下——一〇四中）

本经叙说佛在祇园，一新学比丘自远方来做客，要求猗筹，诸比丘以是人行不具足，举动不安详，不予应允。新学比丘转向余处求，彼处比丘不问本末，即便授予。前诸比丘遥闻，咸来问难，彼比丘力赞新学比丘举动安详如类佳人，不似凶人。一日主事比丘独在，新学比丘盗走其衣钵，并将主事比丘绑缚鞭打。天将亮，诸比丘闻声来搭救，并责其自作自受，往白释尊。释尊说，此比丘不但今世妄信凶人，不查其本末，以致受侵扰，前世亦曾如此。佛举故事说：

过去世，有一梵志，名草驴驼，载运瓦器，路上遇一劫贼前来，梵志不识贼人，以为是来奉事、布施，亲附自己的人，欢喜非常。余梵志共劝莫信此人，以免人财损伤。梵志不听信朋友的警语，反相信贼人之语。半夜，贼人打伤梵志，劫其财物而去。梵志受伤又亡失所有，躄地而泣，称怨不已。净修梵天见了，唱道：

其求财于利，而行于愍哀，
憹戾而自用，不从尊师教，
皆当得是患，如彼梵志苦，
从愚不慎路，获罪如梵志。

佛终结说：那时的梵志草驴驼，即今授新学比丘犄筹者；劫贼即今之新学比丘；净修梵天行即今我身；那时相遇，今世又相逢。

31.《孔雀经》（页一〇四中——〇五上）

佛在舍卫城，诸比丘共议佛以一人兴世，破诸外道，令外学晦暗无光。佛以天耳遥闻，来众比丘处，告诉诸比丘说：佛法未兴之世，外学炽盛，大地如无日月，仅有烛火；今佛法兴，异学皆没，犹日月适出，烛火无明。佛之光耀，无所不照；佛不但今世有异殊行，前世亦然。佛举故事说：

过去久远世，北方边地有一大国，号智幻。智幻乡人持乌至波遮梨国，此国无乌，国人见之，欢喜踊跃，供事奉养。远方之乌闻之，悉来集会，咸普受供养。彼时一贾客，持三只孔雀来，国人见孔雀微妙殊特，步行和雅，音声怡人，叹未曾有，供养奉事千亿万倍于前乌，并弃乌于不顾。乌遂如日出之烛、火不现，不再为人所爱敬、供养，乌终不知去处，时有诸天唱道：

未见日光之时，烛光独为明；
诸乌本见事，水饮及果蓏。
由音声具足，日出止树间；

诸乌所见供，于今悉永无。
当观此殊胜，无尊卑见事；
尊上适兴现，卑贱无敬事。

阿难听了，立即唱道：

如佛不兴出，导师不现前；
外沙门梵志，皆普得供事。
今佛具足音，明白请说法，
诸外异学类，永失诸供养。

佛终结说：那时的孔雀即我之前身；乌鸦为外学；天者阿难。我那时在世，虽讲经法，但三毒未捐，在生、老、病、死中打转，不能究竟除却尘垢，净修梵行。今世成佛，说法已具足究竟，清净梵行，离诸尘垢烦恼，生、老、病、死，独步三界，故诸邪外道莫不归服。

32.《仙人拨劫经》（页一〇五上——〇五下）

本经叙说佛在王舍城灵鹫山，诸比丘请教何以锦尽手长者出家学道，不能证得罗汉果，不得解脱生死。佛说：一点也不奇怪。锦尽手为舍利弗所度，见四患之苦；我于过去世，亦曾以凡夫之身广说经法。佛举说：

过去有一五通仙人名拨劫，为国王所见爱，常以神足通，飞行至宫中。王奉事供养，凡饮食、用度，王皆不假人手，极尽诚意。一日王有事外出，令女代殷勤奉事，一如王，不可失意。王去，仙人乘神足通飞来宫中，王女前往迎接，不慎碰触到身体，仙人起爱欲之心，旋失神足，不能飞行。王回宫，问所以故，仙人俱答。王乃劝仙人以智慧审察善恶，远离欲本，不令薰发，否则无以恢复本净之身。

仙人听罢国王所言，羞惭自责，夙夜精进修行，未久果然恢复神通。

佛终结说：那时的拨劫仙人即今之舍利弗，国王是我。

33.《清信士阿夷扇持父子经》(页一〇五下—一〇六中)

本经叙说佛在王舍城，当地有一清信士，其子聪慧、勤勉，博学能辩，从事经商，多所获利，供养父母、佛僧，诸天人众皆爱敬之，独不可意于父，常遭捶打呵斥，并被驱逐出家流落他乡。清信士子在异乡从事买卖，积财无数，其父遣人劝其归返家园，子不肯；劝其寄钱返家亦不肯；清信士以此事告诉比丘，谓其子有病，不顺父母。比丘具以告佛，佛说：清信士与其子之不和，各人福德不同，其子智慧殊特，德不可量，其父不可意是子，不喜闻见是子，又想获得其子的财物，此事非始于今世，前世亦曾如是。佛举说：

过去世，有一猕猴师名阿夷扇持，专教猕猴戏耍技术以取悦观众，获财无数。猕猴师常挝打猕猴，一日又将猕猴带入城中，绑缚于柱上，挝捶毒打。猕猴挣脱，逃入森林依止仙人，采取果蓏供养仙人，并以自活。阿夷扇遥闻猕猴在仙人处，乃遣人唤猕猴归来。猕猴不肯，并言："我无过罪，而毒我、捶我、辱我，无量众患加诸我身，令我驰走入山。"阿夷扇又自往森林，劝猕猴归返，猕猴默然不肯。仙人劝阿夷扇不可行强，强要猕猴归去，是不会成功的。阿夷扇佯善企图计骗猕猴。猕猴以偈表示己意道：

不仁和生我，我自知志性；
从何所睹闻，猕猴为贤柔。
我到诸方面，未有中间念；
假使有邪长，终不能制意。
吾今续念之，君阿夷扇持；
将我入城中，缚柱加毒痛。
于今不忘之，挝捶我苦毒；
我已得自在，不能就君困。

佛终结说：那时的阿夷扇即今之清信士，猕猴为其子，仙人是我身。

34.《夫妇经》(页一〇六中——〇七)

本经叙说佛在王舍城，一清信士不爱敬其庄严、聪慧、多才的妻子，并娶丑老的婢妇为妾。清信士妻出家为比丘尼，精进行道，未久即证得果位。后清信士妾死，要求已出家为比丘尼之妻返俗同居，比丘尼不肯，并往白佛，佛告诉诸比丘说："此清信士，不仅今生毁辱有德之人，前世亦曾如此；此女人生生有德，有殊特之志。此人常怀邪恶心，今比丘尼已证果，尚要来迫害她，必不得从愿。"佛举故事说：

过去久远劫前，一梵志妻，名莲华，端正姝好，色像第一，世所稀有。梵志疼爱女婢，不喜其妻，并听婢女之言，把莲华骗至山间。梵志上树吃熟果，弃生果予莲华。莲华问："何故自食熟果，却给生果？"夫答："欲食熟果，自行上树采取。"妇上，夫下。以荆棘铺于树下，令莲华不得下树。一国王畋猎经过，予以搭救，并娶为王后。王后智慧辩才无人能及，又通达六书、樗蒲，远近闻名。梵志知王后实为其前妻，乃往宫中调戏之，以偈道：

发好长八尺，其眉若如画；

柔软上第一，常念熟果蓏。

王后以偈答：

往时婢自在，其志好其所；

敬重为第一，劫取为第一。

梵志不死心，又唱道：

诣闲居龙处，龙象常所游；

于彼相娱乐，当念熟果蓏。

王后反击道：

独自啖熟果，生者弃与我；

是吾宿因缘，梵志所劫取。

梵志心中悔恨自责，然为时已晚，悔之不及。

佛终结说：那时的梵志即今之清信士，其妇即今之妇，国王是我身，那时清信士胡作非为，今亦如是。

35.《譬喻经》（页一〇七上—一〇八下）

本经包括有八经，其中前面四经是《本生经》，后面四经是《譬喻经》。前四经依次介绍如下：

（一）本经为佛为舍利弗所说的故事。叙述佛在过去劫生为卖麻油膏的独母时，因以油膏施比丘供佛，比丘以之燃灯供佛而蒙佛授记将来成佛，独母亦因此施供之德而蒙授记。

（二）本经叙说佛在毗舍离，一长者供养佛三月，众人欲请佛，不得，举兵欲害长者，长者怖畏，佛出而解困，为大众说恚害之苦报，并叹慈和获福无量等，众人意解，发真正道意。诸比丘问佛，此番际遇是偶合，或是有宿缘。佛说实乃宿缘，并举说：

佛昔为王名萨和达，以慈治国，天遇旱魃，三年未雨，人民饥渴。王祈雨不成，恐人民饥死，遂沐浴斋戒，祈祷十方，发愿往生大海做大鱼，以肉供养大众。王七日命终，生为鱼，身长四千里，人民取以解饿。

佛终结说：那时的鱼即我身；食鱼肉者即今毗舍离人。如来昔以肉救活众生；今又以道慧救护识神，永离三界，除灭众苦。

佛又说：菩萨应精勤修行外、内、大三施。施以衣食、珍宝、国土、妻子是外施；施以肢体、骨肉、头目、脑髓是内施；为众生说四无量心、六度、四谛、十二部经是大施。求道者，三施具足即可速证菩提。

（三）本经叙说释尊与阿弥陀佛的前生事。首达长者，年高而位尊，教化五千弟子；惟先年少而智慧深远，游行诸国教化六万人，辗转与首达相会。首达弟子见惟先智慧勇猛，咸欲往亲炙，首达谓诸弟子：惟先年少，慧薄。惟先窃闻，自想：菩萨修行当相互供养、护持。遂默然他去，以令学者专心供养首达。首达则因诽谤惟先，不制身、口、意三业，有失菩萨法，堕摩诃泥梨六十劫；后出此地狱为人，又堕无舌之狱六十劫；及至罪尽，再行菩萨道而致证正等正觉，号释迦文。

佛终结说：其时，首达是今之我身，惟先是今之阿弥陀佛。身、口、意三业不可不守护，否则虽小失，却有大患。若能奉守，则能得道；若有过恶，能自觉悔改，其过得减轻。

（四）本经叙说调达与释尊前生之事：

过去无数劫前，一人大兴布施，供养数千外道梵志数年，选博通诸经者为上座，时一年老梵志荣登上座。后来一儒童菩萨，击败诸梵志及耆年梵志。布施者拟以金、银等几物供养上座。耆年梵志以不如儒童菩萨为羞耻，私与儒童菩萨商议，愿让予几种物，请让上座。儒童不肯，结下恶缘，梵志生嗔恚心，发誓生生世世坏佛道，令不成佛，若成佛亦将乱之。梵志生歹念后又想，善恶殊途，若不修善，恐难相遇，未有报复之机会。因此精勤修行六度无极及种种善，并将所获得的几物分赠给大众及儒童。那时的梵志即今之调达，儒童即今之释迦文佛。菩萨成道，调达依其过去誓愿，俱生俱死，长相追随，共为兄弟，恒坏佛、乱佛。

由文体和文义推断此经疑系弟子所说，或后来加上的。

二、《根本说一切有部毗奈耶破僧事》(《大正藏》第二十四册）中的本生故事提要

1. 转轮王吉利枳＝频婆娑罗王本生（卷七·页一三六）

【讲经因缘】佛成道后实践昔日对频婆娑罗王的诺言，往度之。王受度，发心毕生供养佛法僧众。诸比丘因故问佛，频婆娑罗王及诸眷属，以何业力故，得清净眼。佛为诸比丘释疑。

【本生故事大意】昔日频婆娑罗王生为金轮王，名吉利枳，将十八俱胝军从空中过，往人间礼拜阿罗那鞞如来塔，见塔未成，与诸部众互相劝勉以珍宝、香花、伎乐供养佛塔，并各各胡跪、合掌同声发愿："愿以此所种善根，于当来佛闻法得法眼净。"

【今昔人物对照】(今）频婆娑罗王——（昔）转轮王吉利枳；(今）频婆娑罗王眷属——（昔）吉利枳王

的侍从。

【主旨】频婆娑罗王于过去生中率众供养礼拜佛塔，并发愿祈于未来佛时听闻佛法，得法眼净。所作善业于今世得果报，蒙释迦佛度化得清净眼。假令百千劫，所作业不亡，因缘会遇时，果报还自受。吾人当舍黑业求白业。

2. 三子供养迦叶佛塔＝三迦叶本生（卷八·页一三七）

【讲经因缘】众比丘问佛："优楼频螺迦叶作了何种业，而能调伏五百众及那提迦叶、伽耶迦叶及其二人所率领的五百众？"佛为诸比丘众讲述优楼频螺迦叶过去生中所集之资粮业。

【本生故事大意】优楼频螺迦叶在人寿二万岁，迦叶如来住世时，生为一巨富之长子。那提、伽耶俱为其弟。迦叶如来涅槃，其父亦死。三兄弟办毕丧事，长子欲分家，二弟劝先修福业，供养迦叶佛塔。长子初不允并多致难，后始随许。其二弟以种种珍异供养迦叶佛塔，并发愿："由此善根，愿迦叶佛授最上记，于人寿百岁，释迦佛时，从彼出家受学佛法，获胜果。"长子闻之亦发愿："我昔恶性，不信正法，今由此随喜善根，于释迦牟尼佛时予我五百弟子，并能调伏之，且令我出家获胜果位。”

【今昔人物对照】（今）优楼频螺迦叶——（昔）长者子；（今）那提迦叶与伽耶迦叶——（昔）二弟子。

【主旨】三迦叶等千人今世蒙佛度，因前世供养迦叶佛塔并回向功德发愿于释迦佛时随佛出家证果。

3. 梵授王与天河护＝释贤王与优波离本生（卷九·页一四六）

【讲经因缘】优波离出家，佛令释种贤王等人礼优波离足，结果大地起六种震动。诸比丘见此，心怀疑虑，佛说贤王等人礼优波离足，地起六种震动，非唯今世如此，前世亦曾如是，故说过去事。

【本生故事大意】昔波罗奈斯城梵授王得一法偈，令剃发者天河护持诵，时时令王记忆。天河护后要求王，听许出家，并言证悟后当来报王。天河护出家精进修持，遂证五通，回宫报王，于空中现大火光、大神变。梵授王见之，头面顶礼并赞叹，大地震动。天河护欢喜离去。

【今昔人物对照】（今）贤首释迦王（净饭王）——（昔）梵授王；（今）优波离——（昔）剃发者天河护。

【主旨】虽贱民给侍，一旦出家，即为人天师范，堪受贤王礼拜。因此不可轻视地位轻忽的出家者。

4. 饿豺吃老特羊＝提婆达多杀莲华色女（卷十·页一四七）

【讲经因缘】未生怨王（阿阇世王）皈依佛，不再与提婆达多（天授）来往，并下令闭城门，以止其进宫。莲华色比丘尼自宫内持钵而出。提婆达多怀疑是莲华色往离间所致，不分青红皂白，不听解说便把莲华色打破头盖骨，莲华色女忍痛，加持寿命返尼寺涅槃。众比丘问佛："提婆达多何故不听莲华色所哀告，打破其头，使莲华色因此入灭？"佛说："提婆达多杀莲华色，非始于今生，前世亦曾断其命，食其肉。"

【本生故事大意】过去世，提婆达多生为饿豺，莲华色女为老特羊。老特羊一日落单，路侧逢一恶豺，豺欲吃羊，找借口说老特羊常踩豺尾，并拔豺毛。老特羊说："你的尾在身后，我从你前面来，如何踩得你的尾巴？"豺说："四洲并海岳，都是我的尾巴，你不践踏我的尾巴，你从何处来？"老特羊说："我从空中来。"豺又说："就是因为你从空中坠下来，惊走林中的野鹿，致断了我的粮食。"遂把老特羊的头折断了，并吃了它的肉。

【今昔人物对照】（今）提婆达多——（昔）饿豺；（今）莲华色比丘尼——（昔）老牸羊。

【主旨】欲加之罪何患无辞。恶人往往在加害善人之时，不听善者之辩称，反为其制造了各种罪状后再予杀害之。

5. 特牛与驴＝提婆达多不用佛言（卷十·页一五一）

【讲经因缘】诸比丘听罢舍利弗、目犍连说提婆达多堕在阿鼻地狱受火焚等苦之事起疑惑，问佛："提婆达多何故不用佛言，致堕阿鼻地狱受如是之苦？"佛说："提婆非但今日不听用我言而受如此酷刑，过去世也曾经不听我言致遭受苦恼。"佛举本生——

【本生故事大意】佛在过去生中修菩萨道时，曾生在牛趣，为一大特牛，提婆达多生为驴。牛每于夜中往王家豆地餐食，日出还城卧眠。驴问牛肥壮之故。牛悉告之，驴要求同往，牛嘱咐驴不可出声，以免被发现遭逮捕。夜中，牛、驴共往王田，破篱食苗。驴未饱，寂然无声，既饱，牛去，驴在园中高歌。守田人闻歌声而来，驴被捉捕，截去双耳，并以木臼悬其咽喉，毒打后逐之。

【今昔人物对照】（今）佛——（昔）大特牛；（今）提婆达多——（昔）驴。

【主旨】不听善者之善言，任性而为，必招苦果。

6. 牛王与野猴＝提婆达多不用佛言（卷十·页一五一）

【讲经因缘】与“特牛与驴”同。

【本生故事大意】昔佛，生为牛王，生在一长者家。提婆达多生为野猴。牛王一日因逐水草而陷于泥沼中。野猴往戏牛王，并欲食牛。牛警告野猴不可。野猴不听，结果为牛角上的绳索所缚，被吊于半空中受苦。

【今昔人物对照】（今）佛——（昔）牛王；（今）提婆达多——（昔）野猴。

【主旨】同“特牛与驴”。

7. 制底迦王妄言＝提婆达多不用佛言（卷十·页一五二）

【讲经因缘】诸比丘问佛：“提婆达多何故对世尊起大嗔心，不随佛正语，而致生阿鼻地狱受大苦燎身？”佛说提婆达多非但今日不用我言，身遭猛火一切无救。

【本生故事大意】昔提婆达多曾生为制底迦王，国界富饶昌炽，安隐丰乐。王有大胜福，常得人天护持，每坐时，即有诸天众捧其座足止于空中，令不坠失。王有大臣之长子出家学法。大臣殁，次子世袭大臣之职，因不善治理，人民生怨。出家长子闻悉，返宫见王。次子恐失继承之位，乃共串王云为臣次子为长。王见长子，于宫中众臣前作伪证云长子为小，次子为长。诸天见其妄言，立即放座令于空中坠地，并口出恶气。

【今昔人物对照】(今）佛——（昔）大臣长子；(今）提婆达多（天授）——（昔）制底迦王。

【主旨】一生不受善人言，一生吃亏受苦。生生不受善人言，生生受苦。妄言失福泽，诸天人众咸弃之。

8. 机关师与弟子＝提婆不受佛言（卷十·页一五二）

【讲经因缘】同5、6、7。

【本生故事大意】昔，佛生为机关师，善造解机关。机关师造有木孔雀，能载人飞行至空中。提婆达多其时生为机关师之弟子。机关师协助弟子取妻后，将木象交赠予弟子的母亲，嘱咐其好生收藏，不应予儿，因儿未深解机关，恐其强乘发生意外。机关师去，弟子果然从母索取木象，结果因不懂归还之道，木象之机关绳索烂尽，弟子坠海而亡。

【今昔人物对照】（今）佛——（昔）机关师；（今）提婆——（昔）机关师弟子。

【主旨】提婆达多往昔生中背弃利语，致遭沉殁海底之殃；今世又弃益言，致受烈火焚身之苦，纯自作自受。

9. 龟王与八万蚁＝憍陈如本生（卷十一·页一五五）

【讲经因缘】众比丘问佛："憍陈如及八万天子先世作何业，佛施以法味，令悉皆具足？"佛说今生以法施，令悉皆具足；前世亦曾以血肉施，令悉皆具足。佛举过去事。

【本生故事大意】佛于过去生中曾生为海龟王，住于深海。五百商人入海采宝遇难，海龟救度上岸，幸免罹灾。龟王倦，眠于岸上，一蚁见龟，引来八万蚁共食龟肉，龟醒，见诸蚁遍身而食，不忍动身害蚁，反发愿以身血肉供养诸蚁，令得饱食，并回向功德，于未来世证菩提时，亦以法味令此诸蚁各各具足。

【今昔人物对照】（今）佛——（昔）龟王；（今）

憍陈如——（昔）引导之蚁；（今）八万天子——（昔）八万蚁。

【主旨】世尊未成佛时，以身肉布施结缘；今世成佛，以法味布施。众等当舍黑、杂二业，勤修白业。

10. 金刚臂王施血五药叉＝五比丘得度（卷十一·页一五五）

【讲经因缘】佛成道，首度五比丘，诸比丘问佛：“五比丘先世作何业，得法味具足，大师哀悯，于生死海中强拔令出，方便安置于究竟涅槃？”

【本生故事大意】佛过去世，生于波罗奈斯为王，名金刚臂，以正法、慈悲治国，于四城门置施舍堂，以大量财物布施贫穷者。时五比丘，生为药叉，向金刚臂王乞食热血肉，王为不损他人性命，自刺己身，令流出血，令五药叉悉皆饱食，复为说法，并授予五戒。

【今昔人物对照】（今）佛——（昔）金刚臂王；（今）五比丘——（昔）五药叉。

【主旨】佛昔世为五比丘施血肉、说法并授予五戒，今世成佛，又为说正法，令脱离苦海，住于究竟涅槃。

11. 慈力王施血五药叉＝五比丘得度（卷十一・页五十六）

【讲经因缘】同10。

【本生故事大意】同10。

【今昔人物对照】（今）佛——（昔）慈力王；（今）五比丘——（昔）五药叉。

【主旨】同10。

12. 谤迦叶佛＝佛受六年苦行（卷十二・一五六）

【讲经因缘】诸比丘问佛："世尊往昔生中造作何业，今生须经六年的苦行才成正觉？"佛说："我是自作自受——"

【本生故事大意】昔，人寿二万岁，迦叶佛住世时，释尊生为婆罗门弟子，名最胜，父母及七祖均清净高良，所学殊胜，通达四明。最胜有友名喜护，为一陶师，皈依三宝正信佛理。喜护邀最胜同往诣礼拜佛，最胜颇不以为然，并诽谤迦叶佛不得正觉名，仍须苦行，彼不勤苦如何能得正觉。喜护再三说明，再三邀约，最胜才被喜护半强半迫带至迦叶佛所。喜护请迦叶佛为最胜开示法要，最胜谛解佛理，发心出家。

【今昔人物对照】(今)佛——(昔)婆罗门弟子最胜。

【主旨】说明释尊六年苦行其来有自，原是自己于过去生中造口业，谤迦叶如来不勤苦修行，须修苦行，而于今生受果报。业报须自作自受，任何人代替不得。

【备注】与《生经》中《陶师经》同。

13. 智贼＝罗睺罗识父（卷十二·页一五八下）

【讲经因缘】世尊返迦毗罗卫国，化成五百佛，幼子罗睺罗于其中识出生父。众比丘疑惑，问佛："何因缘今罗睺罗得以识佛？"

【本生故事大意】无量劫前，佛生为盗贼，妙而有智。智贼与其舅同入宫行窃，其舅被抓，智贼劫其头颅而去，国王亲自部署抓贼计划，结果屡屡失败，最后以公主作美人计，结果赔了公主又折兵。贼去，公主怀孕生一子。子长六岁，王系鼓令天下男人进入堂室，告诉幼儿持花鬘赠其生父。此一父子感应果然灵验，王凭此捉得智贼，王念贼有机智，以女妻之，并以半面江山惠赠之。

【今昔人物对照】(今)佛——(昔)智贼；(今)罗睺罗——(昔)小儿。

【主旨】业感不可思议。

14. 独角仙与王女＝耶苏陀罗惑佛（卷十二·页一六〇下）

【讲经因缘】世尊返回迦毗罗卫国说法，耶苏陀罗因染心重，欲迷惑佛，诸比丘紧张去告诉佛。佛说："我昔三毒未离之时，对诸有香味即无爱着，何况今三毒已离，耶苏陀罗纵有染欲食味，我亦无所惧怕。"比丘请问佛："何以耶苏陀罗因欢喜团对佛生染着？"佛说非此一生，前世亦曾如此。

【本生故事大意】昔，世尊为母鹿所生之独角仙，父死悲恼，证五神通，一日因天雨路滑，不慎滑倒，便以仙咒咒天十二年中不可下雨。后天大旱，王由占相者知是独角仙持咒所为。遂遣王女假冒仙人，以药力迷倒独角仙，令破淫戒，独角仙果然中计，咒力失效，亦失五通，王以女妻之。王女见仙人与其他女人相好，便打仙人，仙人忆念往昔，懊悔破戒，致今日为女人所欺，便厌染心，舍王女，昼夜精勤习定，再证五通，乘空而去，还归本处。

【今昔人物对照】（今）佛——（昔）独角仙；（今）耶苏陀罗——（昔）王女。

【主旨】佛已去三毒，不惧染欲爱着。

15. 紧那罗妇殉情＝耶苏陀罗跳楼（卷十二·页一六一下）

【讲经因缘】耶苏陀罗见佛已息欲念，不为自己所惑，伤心跳楼自杀。佛以神力接之，令不死伤。众人惊异，问佛："耶苏陀罗真的因为爱佛所以不惜身命自高楼往下跳吗？"佛说："耶苏陀罗为了爱我，不独今生不惜身命，过去世亦曾如此。"

【本生故事大意】过去世，佛生为紧那罗，耶苏陀罗为紧那罗妇。时梵受王游猎。王张弓射杀紧那罗，掳走紧那罗妇，欲强娶为妻。紧那罗妇佯装葬夫后嫁王。王答应，紧那罗妇积材四面放火，追念其夫后，亦投身于火，夫妇俱烧。

【今昔人物对照】（今）佛——（昔）紧那罗；（今）耶苏陀罗——（昔）紧那罗妇。

【主旨】耶苏陀罗生生世世为情所困，前世为情自焚，今世复为情跳楼自杀。佛最后以四圣谛法导之，令出苦海，证预流果。

16. 村姑诳母＝耶苏陀罗六年怀胎（卷十二·页一六二中）

【讲经因缘】诸比丘问佛："耶苏陀罗前世作何业，

今世招受六年怀胎之报？”佛说过去世因缘。

【本生故事大意】过去世耶苏陀罗生为养母牛的村姑，日日担酪浆与母亲巡村估卖，一日设矫心诈骗母亲，令母亲独挑酪浆六里。

【今昔人物对照】（今）耶苏陀罗——（昔）村姑。

【主旨】耶苏陀罗过去因骗母亲单独挑酪浆六里，故今生得怀胎六年的果报。

17. 六日之罚＝罗睺罗六年处胎（卷十二·页一六二中）

【讲经因缘】诸比丘问佛：“罗睺罗先世作何业致今世得六年处胎之果报？”佛说：“罗睺罗实自作恶业所致。”

【本生故事大意】昔，波罗奈斯有兄弟二仙人在林中修道。弟弟喝了哥哥的瓶中水，请哥哥治罪，以免心不安。兄不予治罪，弟径请王治重罪，王问明原委，认为弟不犯盗罪，不予处治。弟仍要王治重罪，否则心不安。王发怒道：“你就在此，勿走他处，待我打猎回来处理。”王去游猎后回宫，忘了仙人。仙人依王言，六日不敢他去，诸臣往报，请王速予处分，王说：“已经处罚六日，今已无过，任你到他处。”仙人欢喜他去。

【今昔人物对照】(今)罗睺罗——(昔)梵授王。

【主旨】罗睺罗前生为王时，因起嗔心，不许仙人移走他处，罚仙人在一处六日，今受六年处胎之报。

18. 贫人施供辟支佛＝具寿贤王自种福业(卷十二·页一六二下)

【讲经因缘】诸比丘问佛："具寿贤子曾作何业致今世得于上首释中做国王？"佛说："此具寿贤子曾自种福业。"

【本生故事大意】具寿贤子过去世生为贫人，一日游至波罗奈城，为当地贫人所追赶，逃至国王花园中，逢王率宫眷游园，忘却璎珞于园中，贫人奉还。王封其为贫人之首，并普施贫人饮食以为酬答。一日贫人之首夺持一筐饼，诸贫人竞相来逐。贫人被逼泛河渡至对岸，巧逢辟支佛，便以饼奉施辟支佛，并回向功德，愿来世脱离贫困，得为国王，且为诸国中最为上首。并见如来渡生死海，后诸贫人亦浮海而至，问饼何去？答如上云。诸贫人闻已皆发愿，愿来世为国王最上臣佐。

【今昔人物对照】(今)贤王释子——(昔)贫人；(今)五百释子——(昔)诸贫人。

【主旨】贤王释子昔以食物供施辟支佛并发愿，故今世得为诸释种之国王，并见佛出家、学道、证阿罗汉果。

19. 剃头人＝优波离为王作剃头人（卷十三·页一六四上）

【讲经因缘】佛在迦毗罗卫城尼拘律园中当度五百释子及优波离时，诸比丘问："优波离昔作何业，今生得为国王剃头士？"

【本生故事大意】昔，优波离生为剃头人之外甥，一日有一辟支佛来请剃头人为其剃头。舅嘱甥为辟支佛剃头。甥即为辟支佛剃头，一如为国王剃头般。辟支佛为令甥多获利益，遂于空中现神变，甥见之，五体投地，发愿："今与此人剃头如似国王，愿来生，世世常得为国王剃头。"

【今昔人物对照】（今）优波离——（昔）剃头人之外甥。

【主旨】优波离先世为辟支佛剃头，回向功德，发愿生生世世常得为王剃头，故今生为王之剃头人。

20. 剃头人＝优波离为王作剃头人（卷十三·一六四中）

【讲经因缘】同19。

【本生故事大意】昔优波离生为剃头人，为王剃头。剃头人无子，亲友赠予一子。子后来要求出家，剃头人听许，并要求子得法后归来教授。子后得辟支佛果，回父处，现神变，其父见已，欢喜发愿："令我世世常为国王做剃头人"。时剃头人于后又值五辟支佛，皆如是发愿，后四生值佛世尊亦如是发愿。

【今昔人物对照】（今）优波离——（昔）剃头人。

【主旨】同19。

21. 发愿持律＝优波离持律第一（卷十三·一六四下）

【讲经因缘】诸比丘问佛："优波离作何福业，今得证阿罗汉果，并持律第一？"

【本生故事大意】贤劫中人寿二万岁时，迦叶如来住世，有一弟子证阿罗汉，持律第一，时优波离为持律第一阿罗汉之弟子，终身梵行不获果利，临终之时发誓愿："愿以此持戒福业善根，于释迦如来出世时做其弟子，持律第一，如己师父。”

【今昔人物对照】（今）优波离——（昔）持律第一阿罗汉之弟子。

【主旨】优波离于先世发愿于释迦佛时为持律第一弟子，今日果然如是。

22. 弹打辟支佛＝阿难生背疮（卷十三·页一六五上）

【讲经因缘】阿难（欢喜）依十力迦叶剃度受具后，背生疮，佛令医王侍缚迦治之，侍缚迦于阿难听佛说法时，为其开刀治疮。阿难因听法故，了不觉痛，因是治愈。诸比丘问佛："阿难先世作何业，今世生背疮？"

【本生故事大意】昔，阿难为一国王，生于边国，不值佛，仅有辟支佛出世。一日，辟支佛来乞食，王起嗔心，以弹弓打辟支佛背。

【今昔人物对照】（今）阿难——（昔）王。

【主旨】阿难因嗔心，弹打辟支佛背，于后五百世中常受背生恶疮之报。

23. 数学＝阿难善占相算术（卷十三・页一六六上）

【讲经因缘】诸比丘问佛："阿难先世种何善业，致今世能占相算术？"

【本生故事大意】昔，阿难生于婆罗门家，名大白，学千万颂算术之法，善得明了，且教他人，因此功德，五百生世明了，亦教他人占相算术之法。

【今昔人物对照】（今）阿难——（昔）婆罗门子大白。

【主旨】说明行业与果报相应相续。

24. 雉鸡落地＝胜军王的果报（卷十三・页一六六中）

【讲经因缘】胜军王（波斯匿王）常于食时，自空中下一银娑罗香粳米饭、二只熟雉及一枚甘蔗至银盘中，唯总有一雉要落地不着盘中。诸比丘问佛："胜军王何缘若此？"

【本生故事大意】昔，胜军王生为波罗奈斯城一大富长者，有一辟支佛巡门乞食至长者家，长者施以新粳米、熟雉二只及甘蔗一枚。时新粳米饭、熟雉一只及甘蔗悉入辟支佛钵中，唯一雉落地。

【今昔人物对照】（今）胜军王——（昔）长者。

【主旨】胜军过去世布施辟支佛，因此业受果报，于无量百千劫生于天上受诸快乐，受天报已，又生人间做王。若供养僧食，应恭谨勤奉施，并勿令落地。

25. 医师＝阿难顶生恶疮（卷十三 · 页一六六中）

【讲经因缘】阿难顶生恶疮，胜军王请天下名医替阿难治病，并亲自替阿难敷药、包扎，诸比丘问佛："阿难昔作何福业，今世感应国王亲自承事？"

【本生故事大意】昔，阿难生为医师，住于波罗奈斯城，有辟支佛病往医师所，医师尽心恭敬供养辟支佛所需一切衣食、医药，直至病愈。

【今昔人物对照】（今）阿难——（昔）医生。

【主旨】阿难因往昔供养辟支佛故，无量世中皆生天多福，五百生中常于人间受胜果报，并受一切国王及婆罗门诸宰贵等亲自供养。

26. 两兄弟＝阿难为佛侍者（卷十三 · 页一六六下）

【讲经因缘】诸比丘问佛："阿难修何福业，今生得做佛的堂弟，又做佛的侍者，并且聪明又有智慧？"

【本生故事大意】昔，佛与阿难俱为波罗奈斯城日翟王之太子，兄先出家证得辟支佛果，后弟亦出家，随辟支佛修行。辟支佛患风，手执饭钵掉动不安，弟以金钊承其钵，使钵安住。弟请辟支佛说法。辟支佛说我实不说法，待如来出世时将演说种种妙法。弟发愿以此善根功德在未来世做佛之弟，并随佛出家亲承供养如来，闻法颂记大获总持。

【今昔人物对照】（今）佛——（昔）兄辟支佛；（今）阿难——（昔）弟。

【主旨】阿难昔日供养辟支佛，并发愿在未来世中做佛弟，亲承供养多闻总持，所以今生为佛弟，又多闻第一。

27. 迦叶如来弟子＝佛赞阿难（卷十三·页一六七下）

【讲经因缘】诸比丘问佛："阿难过去行何善业，今生得蒙佛于大众中赞美称扬，聪明无比？"

【本生故事大意】人寿二万岁时，迦叶佛出世，阿难为其弟子，多闻不忘，聪明第一，常修梵行，至命终仍不获圣果。临终之时，一心发愿以此生所作善根，愿于当来之世与释迦如来为亲侍弟子，与今无异，于弟子中聪明第一，愿释迦如来与我授记如彼无异。

【今昔人物对照】（今）阿难——（昔）迦叶佛弟子。

【主旨】阿难以先世善心发愿，故今于释迦如来弟子中智慧第一。

28. 摩纳婆的咒术＝提婆达多失神通（卷十四·页一七二下）

【讲经因缘】十力迦叶教提婆达多神通，提婆常显神通，致得到丰厚的供养，提婆却自谓是自己精进苦修而来，与迦叶无关。提婆因讲此无恩义的话，所有神通尽失散。诸比丘问佛何以故？

【本生故事大意】昔波罗奈斯城梵授王治世时，提婆达多生为南天竺的摩纳婆，到波罗奈斯城向旃荼罗学咒。为学咒故，极尽力量侍候旃荼罗。旃荼罗感动之余遂授予咒术。摩纳婆凭咒力取宝献给国王。国王问咒法是否学自旃荼罗，摩纳婆答是自行日夜苦行一年所得，非旃荼罗所授予。摩纳婆因不知感恩于师教之故，神力即时消失，所作法悉皆不成。

【今昔人物对照】（今）提婆达多——（昔）摩纳婆。

【主旨】提婆达多前世学神咒不知感恩，所以咒力退散。今世学神通又不知感师恩，所以神通退散。学法亲教须有感恩心，否则犯越法罪。

29. 无智的树神＝阿阇世王供养提婆（卷十四·页一七三中）

【讲经因缘】诸比丘路逢阿阇世王以五百车物品供养提婆达多，遂语佛："阿阇世王无智，以五百车粟供养提婆达多，不供养佛。"佛说阿阇世王非但今生无智，供养无智人，前生亦如是。

【本生故事大意】昔东天竺有一林中住五百仙人，常食自落之果，取树根以为饮食，取树皮以为衣。林中有阿摩罗果将熟，诸仙来乞食。时，阿阇世王生为树神，心贪吝果实，不令落地。仙人往他处求，留一人守林，众仙去，五百贼人来，见果已成熟，贼王下令砍树以食果。树神吝惜其树，遂动摇树身，果悉落地，为贼人食尽。众仙人回林知悉原委，责树神无智，憎善爱恶，不予善人果，与恶人果。

【今昔人物对照】（今）阿阇世王——（昔）无智树神；（今）提婆达多——（昔）贼王。

【主旨】阿阇世王先世无智施恶人果物，不供养好人；今世又无智予提婆达多物，不供养诸净比丘。

30. 子知父意＝侍缚迦善知佛意（卷十四·页一七三下）

【讲经因缘】佛为慈悲故现身患，医王侍缚迦为佛治病，相互对答。诸比丘闻之，问佛："此侍缚迦看来善知佛意？"佛说此侍缚迦非但今生善知佛意，前世亦善知佛意。

【本生故事大意】昔，佛生为一大富长者，娶妻生子，收埋宝藏后，去他处经商，又再娶妻生子。前妻之子离母寻父，父因后妻生子众多，恐前妻之子遭嫉被害，乃作书颂予之，并遣还前妻处。子归读诵父书，深解颂意，知父示宝藏处，遂据以掘取之，家中成大富贵。

【今昔人物对照】（今）佛——（昔）父；（今）侍缚迦（医生）——（昔）子。

【主旨】能善解、喜知佛意者，得大法益、大富贵。

31. 仙人与象＝提婆达多无恩无报（卷十五·页一七四中）

【讲经因缘】提婆达多学佛，食酥二斤，并食粥，结果腹痛，昼夜不安。佛为其疗病消除痛苦。提婆达多却自称非佛所救，腹痛是因腹内酥油消化而自然好的，与佛无关。诸比丘白佛："世尊对提婆达多有慈有悲，他却无恩无报。"佛说：提婆达多非特今生无恩无报，从过去以来一直是这样。

【本生故事大意】昔，提婆达多生为象，住波罗奈斯的林中，甫生下即为母象所弃。时佛为林中仙人名憍尸迦，怜悯象子，遂鞠养之，如子无异。象子长大，便坏仙人花果林树，仙人嗔责，象子更以象鼻损仙人及仙屋。

【今昔人物对照】（今）佛——（昔）仙人；（今）提婆达多——（昔）象。

【主旨】提婆达多往昔不知感恩图报，今亦不知善报。

32. 金色鹿＝提婆达多无恩无报（卷十五·页一七五上）

【讲经因缘】同 31。

【本生故事大意】昔，佛生为金色鹿，为诸鹿之王，与乌鸦相互守护于波罗奈斯的森林中。时提婆达多生为人，与仇家相搏，因被捆缚投入水中而呼救。金色鹿不听乌鸦之劝，径往救之，并嘱咐溺水者勿告知他人曾被金色鹿所救之事，以免有人觊觎鹿皮。时王夫人月光梦金色鹿，出重赏欲寻此鹿。溺水者贪重赏，告诉国王金色鹿处。王派人前往捉拿，鹿王为免群鹿被杀，挺身而出。溺水人遥见金色鹿，举两手指示王知，才举手，手便断落地上。溺水者后悔。王知鹿王是大威德之菩萨，遂礼遇之，同时将山林施与鹿王，并永不杀生。

【今昔人物对照】（今）佛——（昔）鹿王；（今）提婆达多——（昔）无恩义之溺水者。

【主旨】穿墙盗物不名大贼，有恩不报是名大贼。众生若造极恶业者，当受现世果报。

【备注】《生经》中亦有类似之本生故事。

33. 作花鬘人与猕猴＝提婆达多无恩无报（卷十五・页一七六）

【讲经因缘】同 31、32。

【本生故事大意】昔，提婆达多生为作花鬘人，奉王命寻找庵摩罗果，遍寻不着，坠于山谷中。时佛生为猕猴，见作花鬘人陷于深谷中受饥苦，乃发心救之出谷。猕猴因负救作花鬘人，身体乏困，嘱作花鬘人守护之，令稍睡少时。作花鬘人起歹心，把猕猴打死，做成肉干以充路粮。

【今昔人物对照】(今)佛——(昔)猕猴王;(今)提婆达多——(昔)作花鬘人。

【主旨】同31。

34. 啄木鸟与狮子王=提婆达多无恩无报(卷十五·页一七六下)

【讲经因缘】同31、32、33。

【本生故事大意】昔,提婆达多生为一狮子王,常食鹿肉,一日骨横梗咽中,不能得出,痛苦不能食,羸劣饥瘦。时佛生为啄木鸟,见狮子痛不能食,问狮子何以故及能否报恩供养饮食不。狮子应能,啄木鸟遂以方便为狮子除去咽中骨。一日啄木鸟为鹰所逐,飞投狮子,求予一餐之食,狮子非但不予,且欲食杀之,啄木鸟数落狮子一顿而去。

【今昔人物对照】(今)佛——(昔)啄木鸟;(今)提婆达多——(昔)狮子王。

【主旨】同31。

35. 樵夫与熊=提婆达多无恩无报(卷十五·页一七七上)

【讲经因缘】同31、32、33、34。

【本生故事大意】昔，提婆达多为一贫困樵夫，入山采樵，逢暴风雨，为熊（佛的前生）所救助。风雨停，熊赠果物，发遣令去，并嘱樵夫勿向人道己所住处。樵夫受猎人之利诱，引猎人至熊住处，以火熏杀之，猎人将肉分作三分，樵夫方举手取肉，双手便断落。猎人返城上奏于王，王取熊皮，建塔供于寺中。时有证果阿罗汉云此熊乃胜上菩萨，应受三世供养。

【今昔人物对照】（今）佛——（昔）熊；（今）提婆达多——（昔）樵夫。

【主旨】同31。

36. 樵夫与熊＝提婆达多无恩无报（卷十五·页一七七下）

【讲经因缘】同31、32、33、34、35。

【本生故事大意】昔，提婆达多生为樵夫，佛生为熊。樵夫上山打柴，遇虎，爬到树上，熊救护之。虎要熊把樵夫推下令得食之，熊守信不肯。熊在树上暂睡，樵夫听虎的话，趁熊睡时把熊推下给虎吃，虎食饱而去。樵夫下树返家，却发狂不止，家人求五通仙人救治之。仙人说此人造恶不知报恩，杀菩萨掷于树下，故发狂。

【今昔人物对照】同36。

【主旨】同31。

37. 国王与病人＝提婆达多无恩无报（卷十五·页一七六中）

【讲经因缘】同31、32、33、34、35、36。

【本生故事大意】昔，佛为寂静国之王，悲悯好施，供养沙门、婆罗门及诸贫病。一日，于城门见一病者呼救，乃召一切医人救治之。医生言须取一生无嗔之人的血煮粥以治之，方得除病。时王自观为一生无嗔，乃日日刺血，以供养病人。病人康愈，王又施与五大好财。消息传开，有人问病人："国王实否六月出血供养你？"病人言："国王恶血本应弃却，以恶血施人，有何惊怪？"语出已，地中出火，烧此人家，一切皆尽，病人再度生病。

【今昔人物对照】（今）佛——（昔）国王；（今）提婆达多——（昔）病人。

【主旨】同31。

38. 二王子＝提婆达多无恩无报（卷十五·页一七八下）

【讲经因缘】同31、32、33、34、35、36、37。

【本生故事大意】昔，佛与提婆达多为二兄弟王子，佛为兄名善行，提婆为弟名恶行。及长，善行为娶妻并节省国库之故，入海采宝。恶行为篡兄位，尾随善行而去，于善行采得宝珠后，将善行刺瞎夺宝而去。父崩，恶行绍继王位。善行眼瞎流浪至未婚妻国，因奏琴，与未婚妻相逢，经过一番周折，证实二人原为未婚夫妻。善行眼睛复明，二人结婚，并带军返国，驱逐恶行，绍继王位。

【今昔人物对照】（今）佛——（昔）善行王子；（今）提婆达多——（昔）恶行王子。

【主旨】同32。

39. 不贞的女人＝提婆达多无恩无报（卷十六·页一八〇上）

【讲经因缘】同31、32、33、34、35、36、37、38。

【本生故事大意】昔，佛为一国之四王子，与三兄同为父王所逐，各携妻子而行，至旷野粮尽，共立恶制，杀一妻取肉而食。四王子名小枝，宁可自死不断他命，与妻密走他国，妻饥困不能行，小枝割髀肉，刺血与食。至山中，小枝救一被截手足之贼人。小枝因修行寡欲，妻子欲盛心邪，与贼人共交，并合谋将小枝推落山崖。小枝落崖随水流至王都，彼国王无子命终，国人拥戴小枝为王。王以女人为过患，不肯立后，国人发愁。其恶妻与贼人因山中缺粮，从山中出。恶女背贼人流浪至王都，人问所背何人，即言我夫，国人以其贞谨，多供养之，并禀报王云女人非过患。王唤女人，既见，王微笑，颂偈说其事，国人将恶女与贼人驱摈出国境。

【今昔人物对照】（今）佛——（昔）小枝；（今）提婆达多——（昔）恶女人。

【主旨】同31。

40. 舍子＝提婆达多无恩无报（卷十六·页一八一上）

【讲经因缘】同31。

【本生故事大意】昔，佛生为自在友王之太子，及长乐于布施，后携妻及子、女各一人，至山林修行。时有婆罗门来行乞，希望能乞得二子做侍者，太子布施二子与婆罗门。天帝化为婆罗门乞施妻子，太子亦施之。

天帝感动，将其妻奉还，以供养侍奉太子，天帝释并说此女是寄存太子，不可再施与别人。婆罗门将二子带至市场中喝卖，后为国王追回。王死，大臣迎接太子回宫，册立为王。太子升王位，作大施会，无所吝惜，广施一切沙门、婆罗门及诸贫穷。

【今昔人物对照】（今）佛陀——（昔）舍子王；（今）提婆达多——（昔）婆罗门。

【主旨】同31。

41. 贫童子＝宝德童子足生黄金毛（卷十七·页一八五下）

【讲经因缘】诸比丘对宝德童子的福报感到疑惑，问佛："宝德童子昔日种何种业，由此业力得生富贵家，足下长金色毛，每日常食五百种味，九十一劫以来，足不踏地，才诞生即得二十俱胝金钱，后于世尊教中出家修学，断诸烦恼，证阿罗汉果？"

【本生故事大意】往昔九十一劫毗婆尸如来住世时，诸居士童子发心于三月夏安居中，以四事供养三宝。时诸童子决议每人各依次随力作食供养一日。时宝德童子生于贫穷之家，但与母亲商量，选据于最后日兴办供养，同时极力筹措，遂得充足。供养之日，以熊皮铺地供如来踏行至坐处，并造五百种味饮食供养如来，五体着地发大愿言：“愿所生之处，常得生于豪姓富贵之家，亦愿我足不踏于地，犹如如来足下有毛，四指金色，行愿如佛，当来之世，有佛出世时，誓当供养。”

【今昔人物对照】（今）宝德童子——（昔）贫童子。

【主旨】宝德童子于过去生中供养毗婆尸如来，发誓愿，今世业果成熟，感来大富贵，足下有金色毛，从九十一劫以来不曾足踏于地，诞生之日有二十俱胝金钱从地涌出，并出家修学佛法，证阿罗汉果。

42. 二狗＝阿阇世太子与提婆互为恶友（卷十七·页一八七下）

【讲经因缘】阿阇世太子与提婆达多为友，对生父频婆娑罗王起大叛逆，举国人民耻笑其行为。谈论阿阇世王叛逆之过错系由何人所造成。言论莫衷一是。频婆娑罗王闻已，忧愁烦恼，诸比丘问佛：“何故二人滋事，令他人受灾殃？”

【本生故事大意】昔阿阇世王与提婆达多为黑、白二狗，住在宫中，食王之鞍辔皮绳。王嗔怒，下令屠杀城中诸狗。一狗从外来，问悉原委，往宫中见王，以智慧令盗食之二狗于王前吐所食之皮，王遂治二狗，放其余诸狗。

【今昔人物对照】（今）阿阇世王与提婆达多——（昔）黑、白二狗。

【主旨】阿阇世太子与提婆达多二人过去生中造过误，令频婆娑罗王受苦，今生又如是。

43. 黑头虫＝提婆达多无恩无报（卷十七·页一八八上）

【讲经因缘】同31—40。

【本生故事大意】昔，梵授王在波罗奈斯城治国时，佛生为猎人，提婆达多生为黑头虫。一日，黑头虫、狮子、鼠、鸦鸟、毒蛇与鼠俱跌入井中。猎人来见，一一救起令脱困厄。其后时，狮子猎一鹿献给猎人，鸦鸟衔了国王的瓔珞送给猎人。国王诏告找寻丢失的瓔珞，黑头虫弃恩义往宫中秘告，王嗔怒捉拿猎师。鼠见之，急往白蛇，蛇令鼠密告解救猎人的方法。蛇放毒咬王，王召天下名医救之，无效。猎人持咒，蛇收毒，王遂得治愈，乃放猎师并予重赏。

【今昔人物对照】（今）佛——（昔）猎师；（今）提婆达多——（昔）黑头虫。

【主旨】同31。

【备注】《五卷书》有类同之故事。

44. 鼠与鼠狼＝提婆达多无恩无报（卷十七・页一八八下）

【讲经因缘】同31—40、43。

【本生故事大意】往昔，佛生为鼠，提婆达多生为鼠狼。逢非时，一日大雨，鼠狼、鼠、青蛇共于一洞穴躲雨。鼠狼与青蛇共推鼠去觅食，鼠去，鼠狼白青蛇言："若鼠找不着食物来，即便食鼠。"毒蛇为免鼠觅食不得，反为鼠狼所食，遂决定牺牲自己，并附信报鼠知。鼠知后复信给毒蛇。

【今昔人物对照】（今）佛——（昔）鼠；（今）提婆达多——（昔）鼠狼。

【主旨】同31。

45. 陶家主人＝影胜王之终（卷十八・页一八九上）

【讲经因缘】诸比丘问佛："影胜王究竟于过去生中造作何种业，于今生果报成熟，得大富贵，生于王宫，得见佛，知圣谛理，却又于后时遭儿子叛逆，被刺脚、禁闭、身受饥渴困苦，并惊怖而死？"

【本生故事大意】昔，影胜王生在陶家，一辟支佛与诸商人等共同止息于陶家轮舍。有人夜里于舍中大便，主人以为是辟支佛所为，未加审查即对辟支佛发恶言："汝出家人，脚不被刺，因何不出外大便，在房内放不净物？"便锁门，欲饿死辟支佛。其后，主人嗔息，乃留辟支佛住宿，并设净妙饮食以为供养。辟支佛为利益此人，变现说法，主人彻心悔过，顶礼佛足发愿言："我对圣者所发恶意，愿无业报。又愿此供养功德，善根在未来世得广大财富，亦常供养如来，心无厌离。"

【今昔人物对照】（今）频婆娑罗王（影胜王）——（昔）陶家主人。

【主旨】影胜王于过去生中对辟支佛心怀恶意，口出恶言，此恶业于今世成熟，故遭脚被刺，并被系闭在禁房，饥饿、惊怖而死。因其曾生忏悔心，并发心侍养辟支佛，并发愿故，此业亦于今生成熟感果，得生为王，且富贵多财，并信佛学法，证预流果。

46. 金帽＝提婆达多造金色身（卷十八·页一九一中）

【讲经因缘】提婆达多要未生怨王（阿阇世王）立他为佛。王言："佛有金色身，你无金色身，如何立你为佛？"提婆达多要金匠为他造金色身，乃忍痛让金匠以热油和金箔涂身。诸比丘前往白佛："提婆达多为做金色身，受极大苦。”佛遂说其过去的类似事件。

【本生故事大意】昔，提婆达多生为乌鸦，时有一妇人，其夫远行，乌鸦至妇人前美言美语。妇言：“一切若真如你的美语，我夫早日平安归来，我将赠以金帽。”后夫归，乌鸦仍常至妇人前美言美语，妇掷赠以金帽。乌鸦得金帽，即到处招摇，结果鸱鸟为夺金帽，打乌鸦头，令乌鸦落地致死。

【今昔人物对照】（今）提婆达多——（昔）乌鸦。

【主旨】昔提婆达多生为乌鸦，为金帽而辛苦，今世习性犹存，又为烧涂金箔于身上而受辛苦。

47. 野干量象迹＝提婆达多造金轮（卷十八・一九一下）

【讲经因缘】提婆达多要未生怨王立他为佛。王言：“佛足下有妙轮相，你若能建立足下妙轮相，即立你为佛。”提婆遂召巧匠为造妙轮相，巧匠烧轮形铁拓印其足，提婆受烧脚苦，痛声叫唤。诸比丘心生怪，往白佛。

【本生故事大意】昔，提婆达多生为野干，雪山中有大象下山饮水，野干随象后而行，见象脚迹，自作量度，我于此殁当生天上。因兹跳掷，忽被枯木插其身而致死。

【今昔人物对照】（今）提婆达多——（昔）野干。

【主旨】提婆达多昔生为野干时，度量脚迹，忘作观意。今世习性仍在，又为做脚轮受大苦。

48. 猎人护仙人＝金毗罗药叉护佛丧命（卷十八·一九二上）

【讲经因缘】提婆达多在灵鹫山令工匠造五百抛车害佛，金毗罗药叉执金刚杵护佛，不幸为碎石打死，因发善念往生三十三天，并诣佛请法，闻四圣谛，证预流果，皈依三宝，受学五戒，获大利益。诸比丘为此事，心中有疑问佛，佛故说。

【本生故事大意】昔，梵授王治国时，佛生为仙人，在波罗奈斯城的山中修行，金毗罗药叉为猎人，常到山中打猎以活命。岁寒，仙人愍猎人往来辛苦，遂以根果供养猎人，仙人待猎人如子，猎人事仙人亦如父。一日，梵授王游鹿园，射杀鹿，仙人愤恨责王，王及群臣起嗔欲杀害仙人。猎人护仙人，令仙人走避，自己却被王所杀害。

【今昔人物对照】（今）佛——（昔）仙人；（今）金毗罗药叉——（昔）猎人。

【主旨】金毗罗药叉前生为感恩护佛而丧命，今世又为护佛而丧命。

49. 长者子生毒疮＝大迦叶发愿令佛足康复（卷十八·页一九三中）

【讲经因缘】提婆达多抛石害佛，伤及佛足，佛足流血不止，医王侍缚迦用牛头旃檀木、童女乳汁等替佛疗伤，仍血流不止。大迦叶以真实语发大誓愿：“若佛世尊对一切人生普作子想，此为真实不虚的话，即令血流止息，疮得平复如故。”才作誓愿已，血流便止息，疮即除差。诸比丘问佛：“大迦叶才发誓愿已，血流便止，疮即平复，此究竟有何因缘？”

【本生故事大意】昔，佛生为长者子，及长，为求善法，时时往诣仙人，并承事供养。后长者子身患毒疮，种种医药、咒术都无效。其父母哀告仙人，诸仙人为子疗病，仙人即作实语发愿：“此长者子于亲于怨皆生平等，无有异心，若此语属实，则疮当即除愈。”长者子毒疮寻即除愈。

【今昔人物对照】（今）佛——（昔）长者子；（今）大迦叶——（昔）仙人。

【主旨】大迦叶过去生中发愿使佛病愈，今世又发愿，而使佛的脚伤病愈。

50. 乌鸦与野干＝孤迦里迦与提婆达多（卷十八・页一九四）

【讲经因缘】孤迦里迦比丘与提婆达多为友。提婆害佛，众人议论之，孤迦里迦袒护提婆，讲提婆为大人，不会做恶事。众比丘为此二人的行为感到疑惑、不耻，前往问佛何故如是。

【本生故事大意】昔，佛生为仙人，提婆达多为乌鸦，孤迦里迦为野干。一日有黄门被弃尸于林中，野干先食之，乌鸦在树上想吃肉，出不实之绮语，以拍野干的马屁，野干很受用，请乌鸦同享食腐尸，并相互绮语，赞赏对方如狮子、孔雀。仙人听不惯，作了一首偈颂揶揄该乌鸦是鸟中卑，野干是兽中贱。乌鸦起大嗔心，以粪溅污仙人的祭火坛，并打破其净水瓶。仙人归来，睹见情景，终于体悟："是类非是类，一切莫共言，应言少共说，无言最安乐。"

【今昔人物对照】（今）佛——（昔）仙人；（今）提婆达多——（昔）乌鸦；（今）孤迦里迦——（昔）野干。

【主旨】说明孤迦里迦与提婆达多今生前世均互相类聚，互相绮语，标榜对方。

【备注】《生经》中有类似之经。

51. 共命鸟＝提婆达多与佛结怨（卷十八·页一九五中）

【讲经因缘】诸比丘问佛："提婆达多老是要害佛，世尊与他，宿世以来究竟有何恶缘？"

【本生故事大意】昔，有一共命鸟，一头二身，一名法，一名非法。一日，非法鸟睡眠，法鸟见甘果逐流水而来，以嘴取之。法鸟本欲唤醒非法共食，又想二人共身，已食彼亦饱，遂径自食之。非法眠觉知晓，大为不快。一日，法鸟睡眠，非法未睡，见一毒果逐流水漂来，亦引嘴取食之，法与非法二俱迷闷，心狂乱。尔时，非法更作誓愿道："当来所生之处，生生世世，与汝为怨，常相害。"法鸟答道："愿我生生世世常与汝共为善友。"

【今昔人物对照】（今）佛——（昔）法鸟；（今）提婆达多——（昔）非法鸟。

【主旨】说明提婆达多于过去生中，即生怨结，要与佛生生世世为怨，而佛则于过去生中即发心常行利益，与提婆为善友。

52. 渔师儿＝提婆达多与佛结怨（卷十八—十九·页一九五中）

【讲经因缘】同51。

【本生故事大意】昔，佛与提婆达多共为波罗奈斯城白胶香国之同父异母王子，提婆为太子号“名初”，前王崩，太子嗣位时，异母怀胎未生。大臣受前王之命，保护二王子，以免为太子所杀，乃于王妃生子之后，与渔妇易女以抚之。渔师儿长大入城，相师告诉王：“此渔师儿必杀王。”王通令捕杀渔师儿，渔师儿以其机智，逃过一连串的追杀，最后入山依附修仙人道的舅父。舅父以神通令渔师儿化为美女身，令其返波罗奈斯王苑中，守苑人见之，往白王，王召见，惊为天人，迎之入宫，渔师儿伺机变女身为丈夫身，夺取王位。

【今昔人物对照】（今）佛——（昔）渔师儿；（今）提婆达多——（昔）白胶王。

【主旨】说明佛与提婆达多过去生中的积怨。

【备注】以子换女以全王子命，与我宋朝“狸猫换太子”类同。

53. 争购宝物＝提婆达多与佛结怨（卷十九·页一九七上）

【讲经因缘】同51。

【本生故事大意】昔，佛与提婆达多俱为宝物收购商，有一贫者持宝物来卖，一收购商出价极低，贫者不肯出售宝物，另一商人出价平和，遂卖与后者。出价低者，未买着宝物，即生起嗔心，与购得宝物者起争言："我先见此宝物，为何抢买我属意的物品？"从那时起二人结怨。

【今昔人物对照】（今）佛——（昔）出高价宝物商；（今）提婆达多——（昔）出低价宝物商。

【主旨】同51。

【备注】《生经》中有类似。

54. 兄弟＝提婆达多与佛结怨（卷十九·页一九七）

【讲经因缘】同51。

【本生故事大意】昔，佛与提婆达多为二兄弟，提婆为兄，先娶妻，妻问夫，弟弟来参与分财产否？夫言世俗之法兄弟同分。妻言："你儿子极多，当把令弟杀却，以减少分财产的对象。”兄听妻言，遂把弟骗入山中，取大石头打破弟头，弟因此命终。

【今昔人物对照】（今）佛——（昔）弟；（今）提婆达多——（昔）兄。

【主旨】同52。

55. 乞女＝提婆达多与佛结怨（卷十九·页一九七中）

【讲经因缘】同51。

【本生故事大意】昔，一居士生一女，形貌端严，人所爱乐。居士欲以女施赠先来乞者。一日，一婆罗门来乞，居士欲施赠以女，婆罗门言：“我占星宿，此时非稳便，我今不受，待他日星宿稳便时再来娶。”又一日，另一婆罗门来乞，居士以女施赠，婆罗门不占星宿即受此女而归。前婆罗门闻已别有人乞女而去，便前往争吵，生怨恶嗔恚，怨害之心从此不息。

【今昔人物对照】（今）佛——（昔）不占星宿婆罗门；（今）提婆达多——（昔）占星宿婆罗门。

【主旨】同52。

【备注】此为女人而结怨之事，《生经》中亦有类似者。

56. 鹅王＝阿难不舍离佛（卷十九·页一九九上）

【讲经因缘】提婆达多在王舍城怂恿未生怨王放恶象护财杀佛，结果恶象反被佛调伏，当恶象冲出时，众人都躲开，唯阿难不离佛身边。诸比丘问佛："恶象来害佛时，诸声闻都走避，唯独阿难一人不离佛，是何因缘？"

【本生故事大意】昔，佛生为白鹅王子，身色胜妙，后领五百只鹅在无热池中绍继王位。一日率众至波罗奈斯池中游戏，王会猎师勿伤而捕之。鹅王令诸鹅速返无热池中，时五百只鹅悉皆走散，唯有一鹅涕泪而住。猎人带鹅王见王，彼鹅亦径自随往，王睹此景甚为感动，遂放鹅而去，同时令大臣击鼓诏告天下自今而后勿伤诸鹅。

【今昔人物对照】（今）佛——（昔）鹅王；（今）阿难——（昔）随身鹅；（今）五百比丘——（昔）五百只鹅。

【主旨】说明阿难前生与今世常随侍佛，即使遇危难亦不舍离佛。

57. 杖瓶不离阿吒王＝阿难不舍离佛（卷十九·页一九九下）

【讲经因缘】同 56。

【本生故事大意】昔，佛生为波罗奈斯王，名阿吒，有五百佐臣，后又增一臣名杖瓶，此人能一人挡千敌，王以厚赐礼用之。稍后劲敌率强大军马来犯，亦被打退，劲敌乃遣密探以财宝收买五百臣佐，希五百人勿参与作战。五百人受敌国之财宝，当敌国来犯时，即不参与作战，只有杖瓶随阿吒王作战，不舍离王，并把五百叛逆大臣杀死。

【今昔人物对照】（今）佛——（昔）阿吒王；（今）阿难——（昔）杖瓶。

【主旨】同 56。

58. 野干救师子＝阿难不舍离佛（卷十九·页二〇〇上）

【讲经因缘】同 56。

【本生故事大意】昔，佛生为师子身，阿难为野干。师子居山中，有五百野干常随后求残食。一日，师子夜觅虫兽，不慎落入枯井中。五百野干中有一野干见师子落井，独自留下，以脚推土入井中，把井填满，救出师子，余野干则于师子落井时，自行逐鹿而去。

【今昔人物对照】（今）佛——（昔）师子；（今）阿难——（昔）野干。

【主旨】同56。

59. 母鹿不舍夫＝阿难不舍离佛（卷十九·页二〇〇上）

【讲经因缘】同56。

【本生故事大意】昔，佛为鹿王身，将五百鹿于河边。一猎人设网捕之，鹿王在前被捕，诸鹿并偕走散，仅一母鹿随伴鹿王侧，不走弃，并图救之。猎人来了，母鹿以身就猎人，请猎人先杀自己再杀鹿王，猎人怪之，问："鹿王系汝何人？"答言："我夫主。"猎人感动，遂解放二鹿，任其他去。

【今昔人物对照】（今）佛——（昔）鹿王；（今）阿难——（昔）母鹿。

【主旨】同56。

60. 粪打野干＝提婆达多贪利自害（卷十九·页二〇〇中）

【讲经因缘】诸比丘问佛："提婆达多何以为臭秽利养而损害自身？"佛云提婆岂止今生如此，前生亦吃过如此的苦头。

【本生故事大意】昔，提婆达多生为一野干。山中有大花池，一大象住池边，一野干亦住池边，身多秽臭。一日，象从水中出，野干命令象避路，否则将与敌斗。象自思维："此野干臭秽无比，以足践之，鼻触之，牙刺之，皆脏浊，不如以秽物害彼。"象不理野干，若无其事地走开，野干扬扬得意，跟在象后，象见野干靠近，极力放粪打野干，野干命终。

【今昔人物对照】（今）提婆达多——（昔）野干。

【主旨】提婆达多前生、今生皆为利养，不但自取脏浊，又自害己身。

61. 二群猴＝依提婆达多者蒙难（卷二十·页二〇〇下）

【讲经因缘】诸比丘问佛："何以依佛教者，皆能渡生死苦难，依提婆达多的皆坠入苦难中？"

【本生故事大意】昔，佛与提婆达多俱生为猴王，各将五百只猴居止于村林中。其中一王，梦见二王五百只猴俱被掷于热镬中，随即召集群猴说此梦不是好预兆，须弃此处迁址而居，五百只猴随王而去。此王将梦告知另一王，其王不信，仍居于原处，时村中有女婢炒麦，引起火灾，王家群象被烧伤，需猴油敷伤。王下令至村中捕捉猴子，结果未走的五百只猴子及猴王悉被丢入热镬中炼为油脂。

【今昔人物对照】（今）佛——（昔）见梦猴王；（今）提婆达多——（昔）不信梦之猴王。

【主旨】听取佛所言教者，能于生死大怖畏中得到解脱。不听佛教，而听信提婆达多之言教者，遭大苦患。

62. 二群猴＝依提婆达多者蒙难（卷二十·页二〇一）

【讲经因缘】同61。

【本生故事大意】昔，佛与提婆达多俱生为猕猴王，各将五百只群猴。一日，一王领一群猴到一聚落，中有一金波伽树，枝叶扶疏，果实茂盛，群猴欲采食，猴王言："此树近聚落，村童不食，此果必不堪食。"诸猴即便舍离而去。未久，另一群猴来，见果树，便语猴王："我等疲累，欲采食果物。"猴王言善，群猴采食，悉皆中毒而死。

【今昔人物对照】（今）佛——（昔）不食果猕猴王；（今）提婆达多——（昔）食果猕猴王。

【主旨】同61。

63. 老猫坐禅＝提婆达多非法示现正法（卷二十·页二〇一）

【讲经因缘】提婆达多以石击佛，诸居士欲杀提婆，提婆获悉，即于树下安详而坐，居士见其现威仪，便息嗔而去。诸比丘深觉奇怪，问佛："是何缘故？提婆达多做非法恶事，却于诸居士前示修善法？"佛言："提婆达多非法而现正法，非始于今生，前世亦常如此，并诳诱老鼠以害鼠命。"

【本生故事大意】昔，提婆达多生为一猫，名火焰，年轻时杀鼠极多，年老已无力气捕食老鼠，便设方便法。时，有一鼠王与五百鼠为眷属，住于一穴中，老鼠乃就鼠穴口外坐禅，诸鼠见之，问老猫做何？老猫言："昔年轻时杀鼠太多，今欲修福以忏除旧罪。"鼠不防猫，日日绕猫三匝而入穴，后鼠渐少，猫渐肥，鼠王起疑心，观察猫粪，始知老猫是假修行，真骗子。

【今昔人物对照】(今)提婆达多——(昔)老猫。

【主旨】说明提婆达多的恶计为人所识破，即假现修行相以唬人，实际上是个大骗子，许多人不究事理遂为所骗。

64. 顺正顺邪＝依提婆达多者蒙难(卷二十·页二〇二中)

【讲经因缘】同61。

【本生故事大意】昔，有队商主各领五百车乘，经沙漠，后遇水草，遂停留，澡浴，令牛吃水草，时一牛王语群牛："此处水草丰足，可恣意而食，若商主起驾时，莫听使唤，须卧地不动。"另一牛王语群牛言："我等应知，商主有大力量，能调伏难调伏之物，我等宜随顺之，以免遭伤害。"稍后，商主欲起程驾牛，部分牛卧地不起，商主见此，各执棒棍痛打之，牛皮洞裂流血，并令驾车。余牛牵车而去者，皆未被打。

【今昔人物对照】(今)佛——(昔)出正教牛王；(今)提婆达多——(昔)出恶教牛王。

【主旨】说明随顺正教者得安稳，随顺邪教者受苦难。

65. 猕猴捞月＝提婆愚痴（卷二十·页二〇二中）

【讲经因缘】同61。

【本生故事大意】昔，提婆达多为猕猴王，居止于一闲林中。一日，群猴出游至一井边，观井底见月影，以为月亮落跌井底，往白猴王。猴王出计，群猴连肱为索以捞救月亮。时一猴手攀井傍树枝，余猴一一以手相接，结果枝断，猴皆落水溺死。

【今昔人物对照】（今）提婆达多——（昔）猕猴王。

【主旨】说明提婆达多以愚引愚，结果众皆遇难。

【备注】《百喻经》中亦有此故事。

66. 二仙＝提婆达多破和合僧（卷二十·页二〇二下）

【讲经因缘】提婆达多于夏安居结束时，鼓动不欢喜依四依法生活的人可用猗筹的方式离开佛。五百比丘听了他的话，随他而去。舍利弗、目犍连用方便把五百比丘带回，诸比丘问佛："过去生中有何业因，致被破和合僧团？"佛说此是我过去生积业，今生自受。

【本生故事大意】昔，有一大仙领五百小仙于清净山林中共修道。有一客仙来，主人不如法供给看侍，客仙懊恼生恨，便破和合仙众。主人大仙知悉，劝客仙莫拐诱小仙破和合仙众，客仙不听。后大仙遇辟支佛，心生欢喜，恭敬供养，发愿：“以此供养辟支佛功德，于将来得大智慧，客仙成一切智，愿我能破其和合僧众。”

【今昔人物对照】（今）佛——（昔）客仙；（今）提婆达多——（昔）大仙。

【主旨】说明有所作业，必有所受，即便已成佛，所作业不消，因缘会合时果报还自受。

67. 野干乘象＝提婆达多颠倒（卷二十·页二〇四上）

【讲经因缘】诸比丘问佛：“提婆达多何故颠倒，内作外，外作内？”

【本生故事大意】昔，提婆达多为一野干，性饕餮，常游至村中求食，一日至染家，不慎掉入蓝色染缸中，为染主掷出于地，入河沐浴，身毛光泽似蓝色，众野干甚怪，问之，乃答：“我为帝释天使者，册我为兽中王。”时众野干报师子，师子王前往检视，见野干骑于白象上，众兽围绕，师子遣野干去调查，见蓝色野干母，经谈话后，证实骑白象者为野干。遂以野干法试之。野干法——若一鸣时，余不鸣者，身毛脱落。结果蓝色野干在象背上鸣，象知是野干，以鼻牵下，用双脚踏杀之。

【今昔人物对照】（今）提婆达多——（昔）野干。

【主旨】提婆达多颠倒造业，前世今生俱自身受大害。

68. 痴象＝提婆达多妄嗔（卷二十·页二〇四中）

【讲经因缘】提婆达多破和合僧，带走五百比丘，又被舍利弗带回。提婆达多因是起妄嗔，怒打孤迦利迦等随党徒众。诸比丘问佛："舍利弗把人带走，提婆达多应该对他起嗔，却未对他起嗔，反而漫打骂无辜的同党，是何因缘？"佛说提婆达多非但今生枉作业，前世亦曾枉杀他人。

【本生故事大意】昔，有夫妇二象住于山泽中。母象淫泆与外象通奸，欲随他去，恐夫象发现，乃诱骗其夫比赛潜水，看谁耐最久。妇象与并夫伺夫象未出水，相偕私奔他去。夫象没水多时，乃出看，不见二象，复没水，如是再三，至疲累困乏已极，遂出水寻妇，陆上寻不着，又入水，水中寻不着，复上陆，处处讨捕，因此枉踏无量众生致死。诸天乃嘲颂言：象身虽复大，智慧甚微浅；好妇被他将，枉杀诸含识。

【今昔人物对照】(今)提婆达多——(昔)公象。

【主旨】说明提婆达多愚痴，把别人所作之业，让其他的人受殃报。

【备注】《百喻经》中亦有此故事。

69. 射师・弟子・贼=舍利弗破提婆达多(卷二十・页二〇四下)

【讲经因缘】诸比丘问佛："舍利弗、目犍连何以能以善巧方便，劝化导诱五百比丘舍邪归正，返回佛所？"

【本生故事大意】昔，提婆达多与舍利弗为同学，共向一师习弓射诸艺。一人学成五种，一人仅习一种，其师以女妻习成五种技艺者，艺不成者怀恨而去，与劫贼为伴党，欲于途中杀害同学。艺成者勇战群贼，贼全军覆没，仅存艺不成者一人相与决斗，艺成者箭悉断坏，留一箭不发，妻问何故，言保命用，妻遂于坐车上起舞，艺不成者观之，遂忘禁御，艺成者趁机放箭，同学应箭而死。

【今昔人物对照】(今)舍利弗——(昔)艺成者；(今)提婆达多——(昔)艺不成者；(今)目犍连——(昔)妻。

【主旨】说明舍利弗与目犍连今生前世均能善用方便，并合作而成就大事。

【备注】《生经》中有此故事。

（选自佛光出版社出版·依淳法师著《本生经的起源及其开展》）

参考书目

一、中文经典部

1.《六度集经》 大正三、页一—五十二

2.《菩萨本缘经》 大正三、页五十二—七十

3.《生经》 大正三、页七十—一〇八

4.《佛说菩萨本行经》 大正三、页一〇八—一二四

5.《大方便佛报恩经》 大正三、页一二四—一六六

6.《悲华经》 大正三、页一六七—二三三

7.《大乘本生心地观经》 大正三、页二九一—三三一

8.《菩萨本生鬘论》 大正三、页三三一—三八五

9.《长寿王经》 大正三、页三八六—三八八

10.《金色王经》 大正三、页三八八—三九〇

11.《佛说妙色王因缘经》 大正三、页三九〇—三九一

12.《佛说师子素驮娑王断肉经》 大正三、页三九二—三九三

13.《佛说顶生王因缘经》 大正三、页三九三—四〇六

14.《佛说月光菩萨经》 大正三、页四〇六—四〇八

15.《佛说太子墓魄经》 大正三、页四〇八—四一一

16.《佛说月明菩萨经》 大正三、页四一一

17.《佛说德光太子经》 大正三、页四一二—四一八

18.《太子须大拏经》 大正三、页四一八—四二四

19.《佛说菩萨投身饲饿虎起塔因缘经》 大正三、页四二四—四二八

20.《佛说福力太子因缘经》 大正三、页四二八—四三六

21.《佛说菩萨睒子经》 大正三、页四三六—

四四三

22.《佛说师子月佛本生经》 大正三、页四四三—四四六

23.《佛说大意经》 大正三、页四四六—四四七

24.《前世三转经》 大正三、页四四七—四五〇

25.《银色女经》 大正三、页四五〇—四五二

26.《过去世佛分卫经》 大正三、页四五二

27.《佛说九色鹿经》 大正三、页四五二—四五四

28.《佛说鹿母经》 大正三、页四五四—四五七

29.《一切智光明仙人慈心因缘不食肉经》 大正三、页四五七—四六〇

30.《修行本起经》 大正三、页四六一—四七二

31.《太子瑞应本起经》 大正三、页四七二—四八三

32.《普曜经》 大正三、页四八三—五八三

33.《方广大庄严经》 大正三、页五三九—六一七

34.《异出菩萨本起经》 大正三、页六一七—六二〇

35.《过去现在因果经》 大正三、页六二〇—六五四

36.《佛本行经》 大正三、页六五五—九三二

37.《众许摩诃帝经》 大正三、页九三二—九四七

38.《僧伽罗刹所集经》 大正四、页一一五一一四五
39.《佛说十二游经》 大正四、页一四六——四七
40.《中本起经》 大正四、页一四七——六三
41.《兴起经》卷上 大正四、页一六四——七三
42.《义足经》 大正四、页一七四——八九
43.《佛五百弟子自说本起经》 大正四、页一九〇—二〇二
44.《大庄严论经》 大正四、页二五七—三四八
45.《贤愚经》 大正四、页三四九—四四七
46.《杂宝藏经》 大正四、页四四七—四九九
47.《杂阿含经》 大正二
48.《增一阿含》 大正二
49.《中阿含》 大正一
50.《长阿含》 大正一
51.《十诵律》 大正二十三
52.《摩诃僧祇律》 大正二十二
53.《四分律》 大正二十二
54.《根本说一切有部毗奈耶》 大正二十三
55.《根本说一切有部毗奈耶药事》 大正二十四
56.《根本说一切有部毗奈耶破僧事》 大正二十四
57.《根本说一切有部毗奈耶皮革事》 大正二十四

58.《根本说一切有部毗奈耶杂事》 大正二十四
59.《弥沙塞部和醯五分律》 大正二十二
60.《大智度论》 大正二十五
61.《阿毗达磨大毗婆沙论》 大正二十七
62.《异部宗轮论》 大正二十八
63.《阿毗达磨顺正理论》 大正二十九
64.《成实论》 大正三十二
65.《南传大藏经》中译本　夏丏尊等译　佛教书局出版
66.《妙法莲华经》 大正九
67.《华严经》 大正九、十
68.《大阿弥陀经》 大正十二
69.《阿閦鞞佛国经》 大正十一
70.《大正藏》宝积部　大正十一、十二
71.《大正藏》经集部　大正十四、十五、十六
72.《大正藏》大集部　大正十三

二、日文经典部

1.《国译一切经》
2. 日译本《南传大藏经》

三、中文论著

1.《印度的发现》(中译本) 尼赫鲁著

2.《初期佛教之起源与开展》 印顺法师著 正闻出版社

3.《原始佛教圣典之集成》 同上 同上

4.《说一切有部为主的论书与论师》 同上 同上

5.《印度文学欣赏》 糜文开著 三民书局

6.《印度文化十八篇》 糜文开著 东大图书公司

7.《印度文学历代名著选》 糜文开著 东大图书公司

8.《印度三大圣典》 糜文开著 华冈出版社

9.《印度两大史诗》 糜文开译 台湾商务印书馆

10.《中印文学研究》 裴溥言著 台湾商务印书馆

11.《大唐西域记》 玄奘述·辩机撰 地平线出版社

12.《天方夜谭》 东方出版社编委会 东方出版社

13.《伊索寓言》 大众书局编委会 大众出版社

14.《五卷书》 卢前译 出版者佚

15.《五卷书》 季羡林译 丹青图书公司

16.《佛教基础知识》 张曼涛编 大乘文化出版社

17.《世界文明史——印度与南亚》(*India Her Neighbors-The story of civilization*) 幼狮编译馆编译

幼狮出版社
18.《日本文学概论》 刘崇稜著 水牛出版社
19.《西洋史》 黎东方编
20.《印度童话故事集》 东方出版社
21.《印度哲学宗教史》 高楠顺次郎、木村泰贤著 高观卢译 商务印书馆
22.《大乘佛教之发展》 张曼涛编 大乘文化出版社
23.《印度通史》 李志夫译 国立编译馆
24.《奥义书》 林建国译 长鲸出版社
25.《印度部派佛教思想观》 演培法师著 慧日讲堂
26.《大乘佛教思想论》 木村泰贤著 演培法师译 慧日讲堂
27.《小乘佛教思想论》 木村泰贤著 演培法师译 慧日讲堂
28.《原始佛教思想论》 木村泰贤著 欧阳瀚存译 商务印书馆
29.《印度佛学思想概论》 吕澂著 天华出版公司
30.《印度文化史》 英・麦唐纳著 异史氏译 广文书局
31.《印度文学》 许地山著 商务印书馆
32.《观世音菩萨本事》 后藤大用著 黄佳馨译

天华出版公司

33.《四大菩萨圣德丛书》 蓝吉富编　弥勒出版社

四、日文论著

1.《本生经类思想の研究》 干潟龙祥　东洋文库

2.《ジャ——タカ概观》 干潟龙祥　春秋社

3.《大乘佛教成立论序说》 山田龙城　平乐寺书店

4.《佛典解题事典》 地平线出版社

5.《梵话佛典の诸文献》 山田龙城　平乐寺书店

6.《木村泰贤全集》(第六卷) 木村泰贤全集刊行委员会

7.《大乘菩萨道の研究》 西义雄编

8.《佛教思想史论集》 结城教授颂寿纪念论文刊行会　平乐寺书店

9.《初期大乘佛教の研究》 平川彰著　大藏出版

10.《原始佛教》 水野弘元　春秋社

11.《上代印度佛教思想史》 渡边梅雄　平乐寺书店

12.《印度の文化史》 山口益著　大法轮阁

13.《印度学佛学研究》第2卷第1号　印度学佛教学学会　平乐寺书店

14.《印度学佛学研究》第14卷第28号　印度学

佛教学学会

15.《佛教文学概论》 深浦正文　永田文昌堂

五、辞典类

1.《佛学大辞典》 丁福保编　新文丰出版公司

2.《望月大辞典》 望月信亨著

3.《佛教语大辞典》 中村元编

4.《佛书解说大辞典》

5.《世界百科事典》

6.《大藏经索引》

出版后记

星云大师说："我童年出家的栖霞寺里面，有一座庄严的藏经楼，楼上收藏佛经，楼下是法堂，平常如同圣地一般，戒备森严，不准亲近一步。后来好不容易有机缘进到藏经楼，见到那些经书，大都是木刻本，既没有分段也没有标点，有如天书，当然我是看不懂的。"大师忧心《大藏经》卷帙浩繁，又藏于深山宝刹，平常百姓只能望藏兴叹；藏海无边，文辞古朴，亦让人望文却步。在大师倡导主持下，集合两岸近百位学者，经五年之努力，终于编修了这部多层次、多角度、全面反映佛教文化的白话精华大藏经——《中国佛教经典宝藏》，将佛教深睿的奥义妙法通俗地再现今世，为现代人提供学佛求法的方便途径。

完整地引进《中国佛教经典宝藏》是我们的夙愿，

三年来，我们组织了简体字版的编审委员会，编订了详细精当的《编辑手册》，吸收了近二十年来佛学研究的新成果，对整套丛书重新编审编校。需要说明的是此次出版将丛书名更改为《中国佛学经典宝藏》。

佛曰：一旦起心动念，也就有了因果。三年的不懈努力，终于功德圆满。一百三十二册，精校精勘，美轮美奂。翰墨书香，融入经藏智慧；典雅庄严，裹沁着玄妙法门。我们相信，大师与经藏的智慧一定能普应于世，济助众生。

东方出版社

图书在版编目（CIP）数据

本生经的起源及其开展 / 依淳 著 . —北京：东方出版社，2019.11
（中国佛学经典宝藏）
ISBN 978-7-5060-8549-6

I. ①本…　Ⅱ. ①依…　Ⅲ. ①佛经—研究　Ⅳ. ① B942.1

中国版本图书馆 CIP 数据核字（2015）第 267861 号

本生经的起源及其开展
（BENSHENGJING DE QIYUAN JIQI KAIZHAN）

作　　者：依　淳
责任编辑：王梦楠
出　　版：东方出版社
发　　行：人民东方出版传媒有限公司
地　　址：北京市朝阳区西坝河北里 51 号
邮　　编：100028
印　　刷：北京大兴县新魏印刷厂
版　　次：2019 年 11 月第 1 版
印　　次：2019 年 11 月第 1 次印刷
开　　本：880 毫米 ×1230 毫米　1/32
印　　张：12.25
字　　数：207 千字
书　　号：ISBN 978-7-5060-8549-6
定　　价：68.00 元
发行电话：（010）85924663　85924644　85924641